개정판

알기 쉬운

C 프로그래밍

조정호 · 최명수 · 전현민 · 김응주 · 장문수 · 김영진 공저

光 文 閣
www.kwangmoonkag.co.kr

머리말

C PROGRAMMING FOR BEGINNERS

C 언어는 실무에서 가장 많이 사용되는 언어 중의 하나이다. 컴퓨터의 하드웨어에 기초하여 개발된 C 언어는 간결하고 효율적인 표현으로 강력한 기능을 발휘한다. C 언어를 쉽게 배울 수 있는 방법은 '간단한 C 프로그램'을 몇 개 선택하고, 이들을 완전히 이해한 다음, 직접 실행해 보는 것이다. 이를 통하여 몇 가지의 중요한 C 문법을 이해한다. 처음 방문하는 대도시에서 그 도시의 도로망을 제대로 이해하려면, 먼저 그 도시의 큰 도로부터 몇 개 알아야 한다. 큰 도로에 곁가지로 붙어 있는 작은 도로는 일단 넘어가고, 큰 도로 위주로 이해하여 전체적인 도로망을 파악하는 것이 우선이다. 이와 비슷하게 C 언어를 제대로 알려면 프로그램의 세부적인 내용보다는 기본적인 구조와 전체적인 윤곽을 파악하는 것이 중요하다. 세부적인 내용은 필요할 때마다 하나씩 추가하면 된다.

이 책은 누구나 쉽게 이해하고 따라할 수 있도록, C 언어를 간단명료하게 설명한 것이다. 특징적인 내용은 다음과 같다.

- **모든 내용을 간결하고 명확하게 설명**하였다.
- **핵심 내용은 첫 문장이나 첫 문단에서 설명**하였다.
- **중요한 부분은 그림이나 표를 이용하여 표현**하였다.
- **필요한 부분은 금방 찾을 수 있도록 체계적으로 정리**하였다.
- **표준 입력 함수로 scanf( ) 대신에 scanf_s( )를 사용**하였다.
- **다양한 실습 예제를 제시**하였다.
- **각 장의 끝에는 학습과제를 제시**하였다.

C 프로그래밍을 쉽게 설명하기 위해 노력하였으나, 미흡한 점이 있을 것이다. 앞으로 이런 점은 보완하고 좋은 내용은 추가하려 한다. 끝으로 이 책이 나오기까지 도와주신 여러분께 감사드린다. 이 책을 출판한 광문각출판사 박정태 회장님과 임직원 여러분께도 깊이 감사드린다.

저자 씀

목차

C PROGRAMMING FOR BEGINNERS

PART 13 지역 변수와 전역 변수 ······ 283

PART 14 구조체와 공용체 ······ 305

PART 15 전처리기 ······ 341

PART 01

C 프로그래밍의 개요

- 프로그래밍 언어를 이해한다.
- 언어 처리기의 기능을 익힌다.
- C 언어의 역사와 특징을 이해한다.
- C 프로그램의 실행 과정을 이해한다.
- C 컴파일러를 설치하는 방법과 이를 사용하는 방법을 익힌다.

PART 01

C 프로그래밍의 개요

1.1 프로그래밍 언어

우리는 컴퓨터를 사용하여 각종 업무나 다양한 작업을 할 수 있다. 컴퓨터는 윈도우즈와 같은 운영체제 프로그램과 여러 가지 응용 프로그램의 지시에 따라 주어진 작업을 실행한다.

프로그래머(programmer)는 컴퓨터 프로그램을 작성하는 사람을 말한다.

프로그래밍(programming)은 프로그래머가 프로그램을 작성하는 일을 말한다.

프로그래밍 언어(programming language)는 컴퓨터가 실행할 작업을 구체적으로 명시하기 위해 만들어진 언어로서, 사람과 컴퓨터 간의 커뮤니케이션 수단이 된다. 프로그래밍 언어는 크게 세 가지로 분류할 수 있다.

- 기계어(machine language)
- 어셈블리어(assembly language)
- 고급언어(high level language)

① 기계어는 컴퓨터가 직접 이해하고 실행할 수 있는 언어로서, 숫자 0과 1을 조합시킨 2진수로 구성된다. 기계어로 작성된 프로그램은 별도의 변환 과정을 실행하지 않고 바로 실행할 수 있다. 기계어는 컴퓨터 하드웨어의 종류에 따라 사용 방법이 서로 다를 뿐만 아니라 프로그램의 작성이나 수정이 어렵다.

② 어셈블리어는 기계어의 명령어(instruction)를 사람이 이해하기 쉬운 기호 코드(mnemonic code)와 일대일로 대응시킨 언어이다. 프로그래머는 2진수가 아닌 기호 코드를 사용하므로, 기계어에 비해 프로그램의 작성이나 수정이 쉽다. 어셈블리어는 컴퓨터의 기종마다 사용 방법이 다르고 호환성이 없다. 컴퓨터에 대한 전문 지식이 있어야만 사용할 수 있다. 어셈블리어로 작성된 프로그램은 어셈블러(assembler)라는 프로그램을 이용하여 기계어로 변환해야 실행이 가능하다.

③ 고급언어는 자연언어(natural language)나 수식과 비슷한 구조를 가지는 언어이다. 프로그램을 작성하거나 이해하는 것이 쉽다. 또한, 컴퓨터의 하드웨어에 무관하게 프로그램을 작성하여 실행할 수 있다. 이와 같이 특정한 컴퓨터의 하드웨어에 얽매이지 않고 독립적으로 프로그램을 작성할 수 있는 언어를 고급언어라 한다. 고급언어로 작성된 프로그램은 컴파일러(compiler)나 인터프리터(interpreter)에 의하여 기계어로 변환된다. 대표적인 고급언어로는 C, C++, Java, FORTRAN, COBOL, PASCAL, BASIC, LISP, Python 등이 있다. 아래의 예는 기계어와 어셈블리어, 고급언어를 비교한 것이다.

기계어	어셈블리어	고급언어
00111110 00000011	MOV A, #3	printf("%d", 3+5);
11000110 00000101	ADD A, #5	
11010011 00000011	MOVX @DPTR, A	
……	……	……
……	……	……
명령어: 3+5를 계산하여 그 결과를 모니터에 출력하라.		

1.2 언어 처리기

컴퓨터가 해독하고 실행할 수 있는 유일한 언어는 기계어이다. 어셈블리어나 고급언어로 작성된 프로그램은 컴퓨터가 직접 실행할 수 없으므로, 이들을 기계어로 변환하는 과정이 필요하다.

언어 처리기(language processor)는 어셈블리어나 고급언어로 작성된 프로그램을 기계어로 변환해 주는 프로그램으로 여기에는 어셈블러(assembler), 컴파일러(compiler) 그리고 인터프리터(interpreter)가 있다. 다음의 표는 언어 처리기의 기능을 설명한 것이다.

소스 프로그램(source program)		언어 처리기(language processor)	목적 프로그램(object program)
기계어		→ (변환 과정 없음) →	기계어(2진 코드)
어셈블리어		→ 어셈블러 →	기계어(2진 코드)
고급언어	C, C++, Java, FORTRAN COBOL, PASCAL 등	→ 컴파일러 →	기계어(2진 코드)
고급언어	BASIC, LISP, Python 등	→ 인터프리터 →	없음

소스 프로그램(source program)은 사용자가 작성한 원래의 프로그램, 즉 언어 처리기에 의하여 기계어로 변환되기 전의 프로그램을 말한다. 소스 파일(source file)이라고도 한다.

목적 프로그램(object program)은 언어 처리기에 의하여 기계어로 변환된 프로그램을 말한다.

어셈블러는 어셈블리어로 작성된 소스 프로그램을 기계어로 된 목적 프로그램으로 변환하는 프로그램을 말한다.

컴파일러는 고급 언어로 작성된 소스 프로그램의 전체를 읽고, 한꺼번에 기계어로 된 목적 프로그램으로 변환하는 프로그램을 말한다. 컴파일러를 사용하는 언어로는 C, C++, Java(자바), FORTRAN, COBOL, PASCAL 등이 있다.

인터프리터는 고급언어로 작성된 소스 프로그램을 한 줄씩 기계어로 변환하면서 곧바로 실행하는 프로그램이다. 별도의 목적 프로그램을 생성하지 않는다. 인터프리터를 사용하는 언어로는 BASIC, LISP, Python(파이선) 등이 있다.

1.3 C 언어의 역사와 특징

C 언어는 1971년 벨 연구소(Bell Labs)의 데니스 리치(Dennis Ritchie)에 의해 개발된 프로그래밍 언어이다. C 언어는 켄 톰슨(Ken Thompson)이 개발한 B 언어의 장점을 계승하고 단점을 개선한 언어로서, 유닉스(UNIX) 시스템이라는 운영체제를 개발하는 데 사용되었다. 이후로 개인용 컴퓨터의 보급과 함께 C 언어는 다양한 분야로 발전하여 과학기술 분야부터 사무 처리, 그래픽, 디자인, 게임 프로그램 등 광범위한 분야에서 사용되고 있다. 1980년 이후로 C 언어는 더욱 개선되어, 객체 지향 프로그래밍(OOP: Object Oriented Programming) 기법을 도입한 C++로 확장되었다. C++는 새로운 언어이지만 기본적인 내용은 C 언어에 기초를 두므로, C++ 환경에서도 대부분의 C 언어를 그대로 사용할 수 있다. Java(자바)나 C#(C-sharp)도 C와 C++에 기초를 둔 언어이다.

C 언어의 특징은 다음과 같다.

- C 언어는 다양한 분야에 사용되는 범용 프로그래밍 언어이다.
- 고급언어처럼 프로그램의 작성이 편리하다.
- 기계어 수준의 프로그래밍이 가능하여 컴퓨터의 하드웨어를 제어할 수 있다.

- 표기법이 간결하면서 강력한 기능을 가지고 있다.
- C 언어로 작성된 프로그램은 다른 하드웨어 플랫폼(platform)이나 운영체제에서도 사용할 수 있다.
- C 언어로 작성된 프로그램은 크기가 작고 실행 속도가 빠르다.
- 메모리 영역을 효율적으로 사용한다.

C 언어의 이용 분야는 과학기술 계산, 영상 및 오디오 처리, PC 응용 프로그래밍, 드론(drone)과 로봇 제어, 게임용 소프트웨어, 가전제품, 통신장비, 계측기기, 윈도우즈 운영체제, UNIX 운영체제 등 컴퓨터로 할 수 있는 대부분의 분야이다.

1.4 C 프로그램의 실행 과정

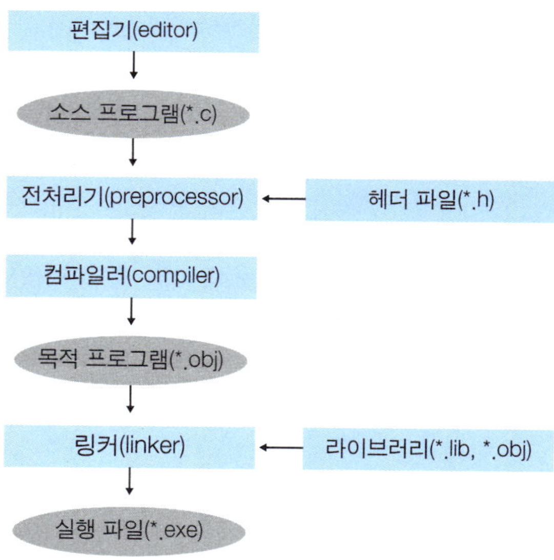

[그림 1-1]

C 언어로 작성된 프로그램은 컴파일러를 이용하여 기계어로 변환하여야 실행이 가능하다. [그림 1-1]은 C 프로그램을 작성한 후, 실행 가능한 파일로 만드는 과정을 나타낸다.

1.4.1 소스 프로그램을 작성

편집기(editor)를 사용하여 C 프로그램을 작성한다. 컴파일러에 내장되어 있는 편집기를 사용하면, 이후로 연결되는 처리 과정을 쉽게 수행할 수 있다. 편집기로 작성된 프로그램을 소스 프로그램이라 한다. 이 프로그램을 저장할 때 확장자는 ".c"로 지정한다. C++ 문법으로 작성된 프로그램인 경우에는 확장자를 ".cpp"로 지정한다. C++ 컴파일러는 확장자가 ".c"인 프로그램은 C로, 확장자가 ".cpp"인 프로그램은 C++로 각각 인식하여 컴파일(compile) 과정을 실행한다.

코딩(coding)이란 프로그래밍 언어를 사용하여 프로그램을 작성하는 일을 말한다. C, Java(자바), Python(파이선) 등의 언어로 프로그램을 만드는 것이다.

1.4.2 목적 프로그램을 생성

컴파일러를 사용하여 소스 프로그램을 목적 프로그램으로 변환한다. 소스 프로그램에 대해 컴파일을 실행하면 전처리기(preprocessor)는 헤더 파일(header file)이나 다른 프로그램을 현재의 소스 프로그램에 포함시킨다. 컴파일러는 전처리기에 의해 수정된 소스 프로그램을 기계어로 변환하여, 목적 프로그램(object program)을 생성한다. 목적 프로그램의 확장자는 ".obj"이다.

전처리기(preprocessor)는 컴파일러가 소스 프로그램을 컴파일하기 전에 소스 프로그램을 먼저 처리하는 프로그램이다. 전처리기는 소스 프로그램의 내용 중에서 전처리기가 해야 할 명령만 먼저 실행하여 새로운 C 프로그램을 만든다.

헤더 파일(header file)은 C 언어에서 사용하는 각종 함수가 선언되어 있는 파일로서 확장자는 ".h"이다.

컴파일(compile)은 컴파일러를 이용하여 소스 프로그램을 기계어로 된 목적 프로그램으로 변환하는 작업이다. 컴파일러는 소스 프로그램을 분석하여 구문 오류를 찾는다. 오류를 발견하면 모니터에 오류 메시지를 출력한다. 프로그래머가 모든 오류를 수정해야만 컴파일이 완료된다.

1.4.3 실행 파일을 생성

링커를 사용하여 목적 프로그램을 실행 파일로 변환한다. 목적 프로그램은 기계어이지만 컴퓨터에서 이를 바로 실행할 수는 없다.

링크(link)는 목적 프로그램과 라이브러리(library)의 여러 목적 코드를 결합하여 실행 파일(executable file)을 생성하는 작업이다. 생성된 실행 파일의 확장자는 ".exe"이다.

라이브러리는 서브루틴(subroutine)이나 함수(function) 등이 저장된 파일의 집합을 말한다. 다른 프로그램과 링크될 수 있는 목적 코드 형태로 컴파일러에 내장되어 있다.

목적 코드(object code)는 컴파일러나 어셈블러에 의해 만들어진 코드를 말한다.

서브루틴(subroutine)은 특정 작업을 실행하는 프로그램의 일부분을 말한다.

링커(linker)는 링크 작업을 실행하는 프로그램이다.

1.4.4 실행

생성된 실행 파일을 더블클릭하거나 실행 메뉴를 누른다.

1.5 C 컴파일러의 종류

C 컴파일러는 C의 문법에 따라 작성된 소스 프로그램을 기계어로 변환하는 프로그램이다. C 컴파일러는 개발한 회사에 따라 여러 종류가 있다. 대표적인 컴파일러는 볼랜드(Borland)사의 터보(Turbo) C/C++와 볼랜드(Borland) C/C++, 마이크로소프트(Microsoft)사의 비주얼(Visual) C++, GNU 라이선스로 보급되는 Dev-C++와 gcc이다.

이 교재에서 사용하는 C 컴파일러는 마이크로소프트사의 비주얼 C++이다. 이 컴파일러가 없을 경우에는 다른 컴파일러를 사용해도 된다. 교재의 내용과 같이 순수한 C 언어로 작성된 프로그램은 어느 C 컴파일러를 사용하더라도 실행하는 데 문제가 없다. 비주얼 C++는 윈도우즈용 프로그램을 쉽게 작성하기 위한 통합개발환경(IDE: integrated development environment)을 제공한다.

통합개발환경(IDE)은 편집, 컴파일, 링크, 디버깅 그리고 실행까지 각 단계가 하나의 프로그램 속에 통합되어 있는 개발 환경을 말한다. 이 환경에서는 프로그램을 작성하고, 바로 컴파일하여 실행시킬 수 있다.

1.6 C 컴파일러의 설치

요즘 많이 사용되는 컴파일러는 마이크로소프트사의 비주얼 스튜디오(Visual studio)이다. 무료로 다운로드하여 쓸 수 있는 비주얼 스튜디오 커뮤니티(Visual Studio Community)는 다음과 같은 과정으로 설치한다.

① 마이크로소프트사의 공식 사이트(https://www.visualstudio.com/ko/)에서 Visual Studio 다운로드/Community 2019를 클릭한다.

② 화면의 하단에 있는 "vs_community_182....exe"의 [파일 열기]를 클릭한다.

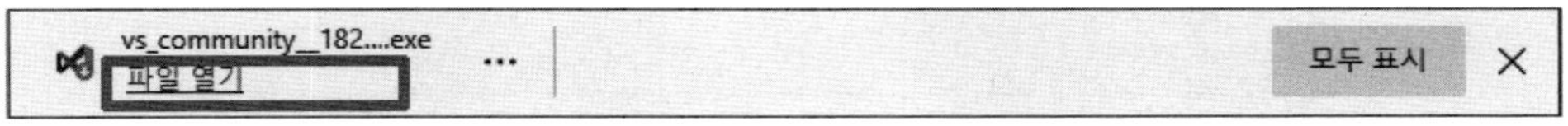

사용 조건에 동의하여 [계속]을 클릭한다.

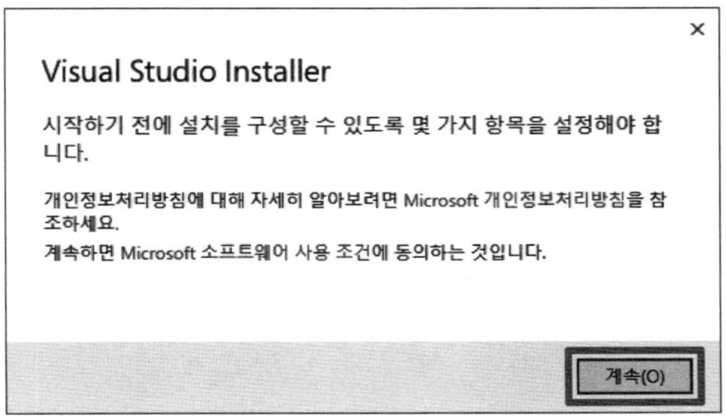

③ 필요한 개발 툴을 체크한다. 여기서는 [C++를 사용한 데스크톱 개발]을 체크하고 [설치]를 클릭한다.

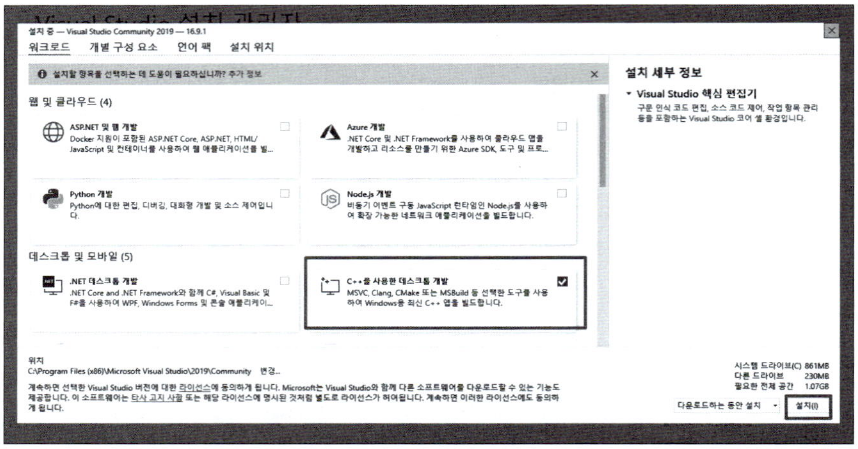

④ 설치가 진행된다.

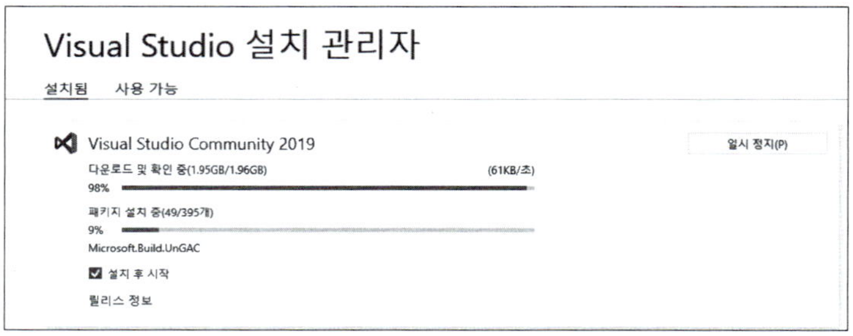

1.7 C 컴파일러의 사용 방법

비주얼 스튜디오(Visual studio)를 실행하면 다음의 시작 화면이 나타난다.

① [새 프로젝트 만들기(N)]을 클릭한다.

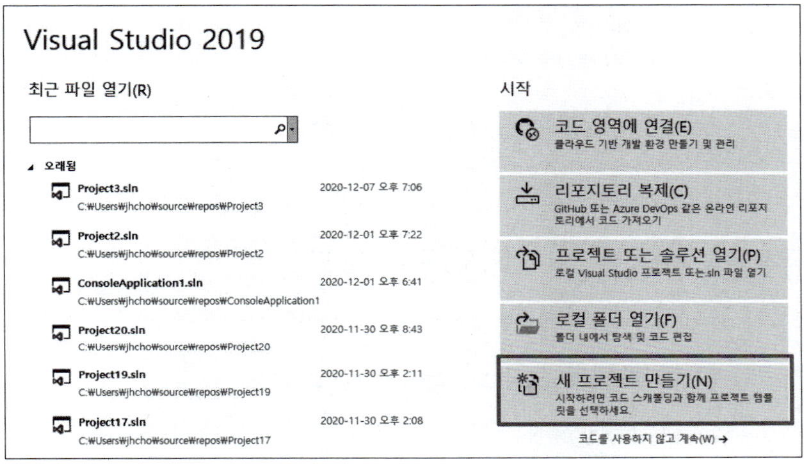

② [Windows 데스크톱 마법사]를 체크하고 [다음(N)]을 클릭한다.

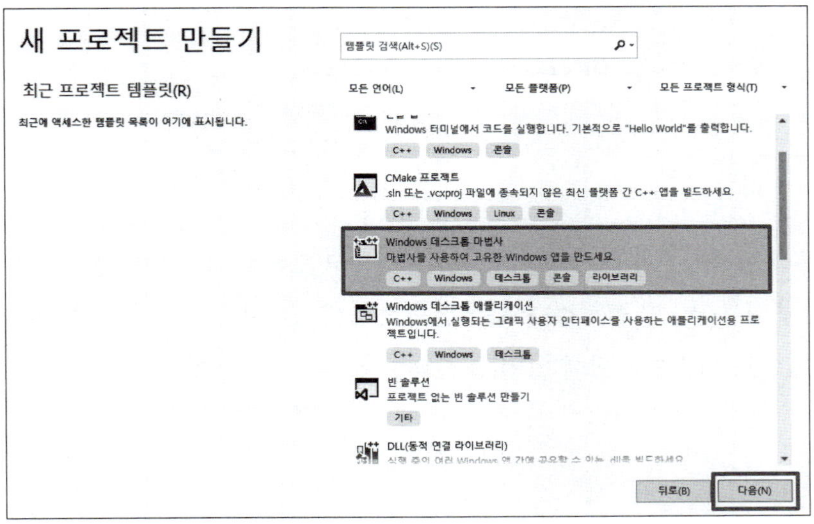

[프로젝트 이름(N)]를 입력하고 [만들기(C)]를 클릭한다.

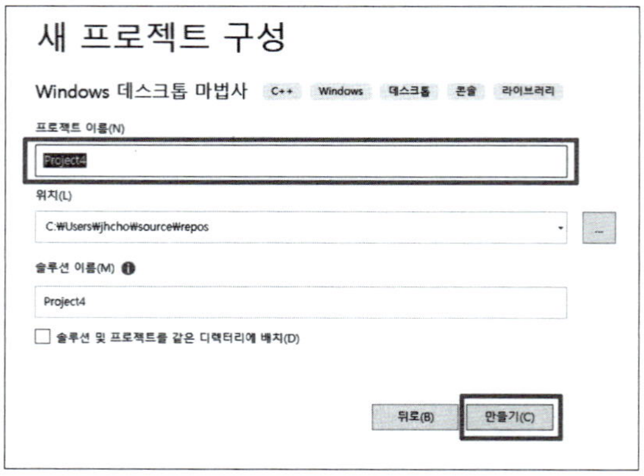

③ [빈 프로젝트(E)]를 체크하고 [확인]을 클릭한다.

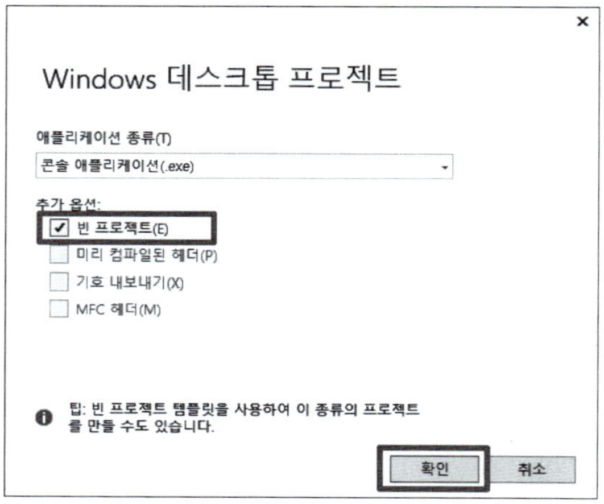

④ 솔루션 탐색기에서 [소스 파일] 항을 선택하고 오른쪽 마우스를 클릭 → [추가(D)] → [새 항목(W)]을 클릭한다. 솔루션 탐색기가 보이지 않으면 메뉴 표시줄에서 → [보기(V)] → [솔루션 탐색기(P)]를 선택한다.

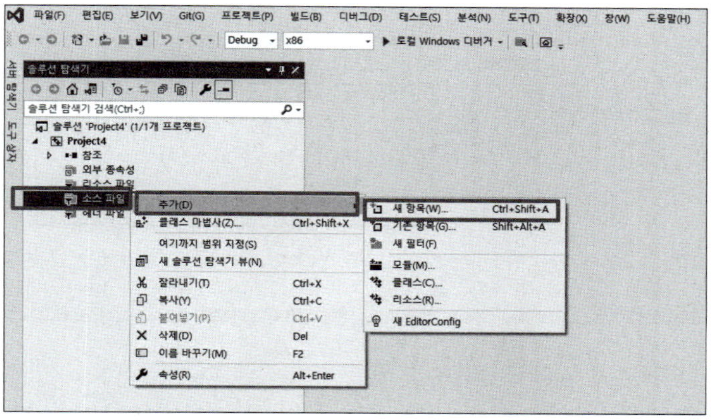

⑤ [C++ 파일(.cpp)]을 클릭 → 이름을 입력 → [추가(A)]를 클릭한다. 이름에서 확장자의 기본 값은 ".cpp"이다. 작성하려는 프로그램이 C 언어임을 명시하기 위하여 확장자는 ".c"로 둔다. 여기서 이름은 test1.c로 두기로 한다.

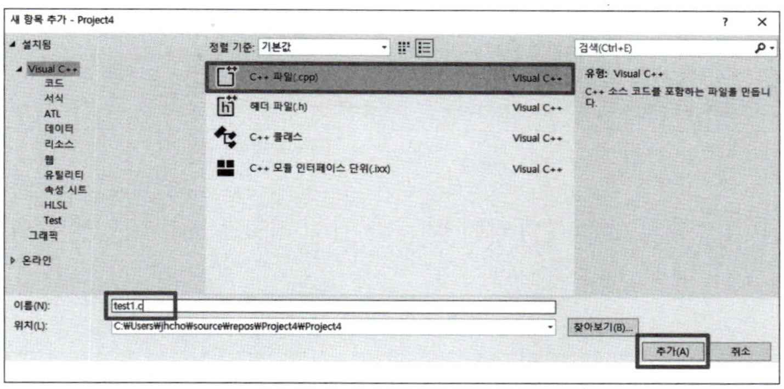

⑥ 편집기에서 다음의 예시 프로그램을 작성한다.

```
#include <stdio.h>
int main()
{
    printf(" 안녕 ? \n \n ");
    return 0;
}
```

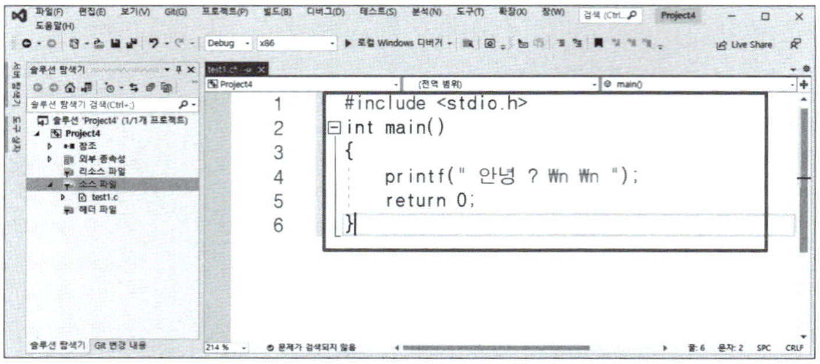

⑦ 메뉴 표시줄에서 [디버그(D)] → [디버그하지 않고 시작(H)](단축키 Ctrl+F5)을 클릭한다.

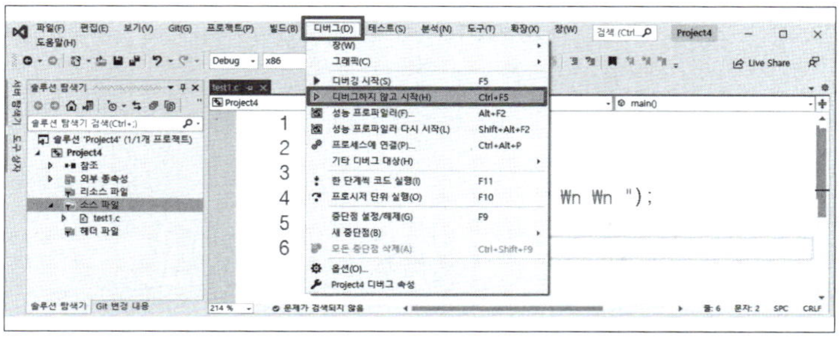

⑧ 프로그램이 정상적으로 실행되면 다음과 같이 새로운 창이 뜨면서 실행 결과가 나타난다.

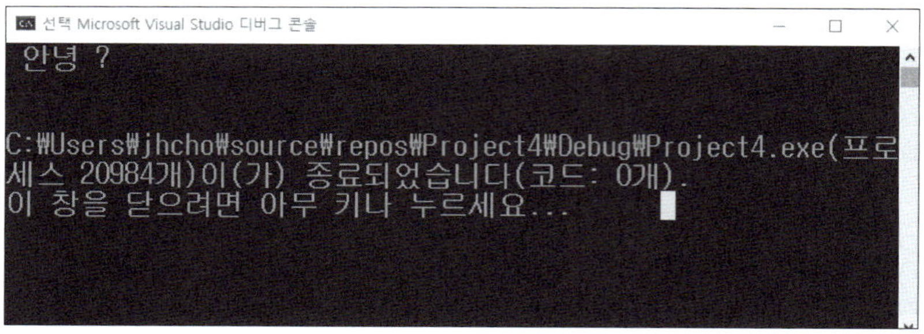

C 프로그래밍의 개요

학습과제

[과제 1] 기계어와 어셈블리어 그리고 고급언어를 설명하시오.

① 기계어

② 어셈블리어

③ 고급언어

[과제 2] 다음의 언어 처리기를 설명하시오.

① 어셈블러(assembler)

② 컴파일러(compiler)

③ 인터프리터(interpreter)

[과제 3] C 언어의 특징을 설명하시오.

[과제 4] 다음의 용어를 설명하시오.

① 소스 프로그램

② 목적 프로그램

③ 전처리기

④ 링커

⑤ 통합 개발 환경

[과제 5] C 컴파일러의 종류를 설명하시오.

PART 02

C 언어의 기초

- C 프로그램의 기본 구조를 이해한다.
- 전처리 지시문을 이해한다.
- 함수를 이해한다.
- 기본적인 C 문법과 용어를 익힌다.
- 디버깅과 오류에 대해 이해한다.

PART 02

C 언어의 기초

2.1 C 프로그램의 기본 구조

C 프로그램은 다음과 같은 기본 구조를 가진다. 맨 앞에는 #include와 같은 전처리 지시문이 있고, 이어서 함수가 나온다. 함수는 머리(header)와 본체(body)로 구성되어 있다. 프로그래머는 주로 함수의 본체에서 필요한 프로그램을 작성한다.

```
#include <stdio.h>        ← 전처리 지시문
int main()                ← 머리
{
    printf(" 안녕 ? \n \n ");   ← 본체
    return 0;
}
```

(머리 + 본체 = 함수)

문장(statement)은 고급언어의 구성단위로서 프로그램의 각 행을 나타낸다. 각 문장에는 선언이나 정의, 연산, 함수, 각종 명령 등의 내용이 들어간다. 문장의 끝에는 세미콜론 ';'을 붙인다.

2.2 전처리 지시문

전처리기(preprocessor)는 컴파일러가 소스 프로그램을 컴파일하기 전에 소스 프로그램을 먼저 처리하는 프로그램이다.

전처리 지시문(preprocessor directive)은 프로그램을 컴파일하기 전에 전처리기(preprocessor)가 먼저 처리할 일을 지시하는 문장이다. C 프로그램에는 #include와 같이

기호로 시작하는 지시문이 있는데, 이것이 전처리 지시문이다. 이는 상수나 수식을 선언하거나 외부 파일을 삽입하는 작업 등을 한다(15장 전처리기 참조).

- 전처리 지시문은 프로그램의 맨 앞에 작성한다.
- 전처리 지시문의 끝에는 세미콜론 ';'을 붙이지 않는다.
- 주로 쓰이는 전처리 지시문은 #include 문이나 #define 문이다.

#include 문은 파일명의 파일을 읽어 들여, 현재의 위치에 삽입시키는 전처리 지시문이다.

형식

```
#include <파일명>
#include "파일명"
```

- #include 〈파일명〉은 이미 지정되어 있는 include라는 디렉터리에서 파일을 읽어 들인다.
- #include "파일명"은 현재 사용 중인 디렉터리에서 파일을 읽어 들인다.

아래의 예는 stdio.h라는 헤더 파일을 읽어 들인다. stdio.h는 표준 입출력 헤더 파일이다.

헤더 파일(header file)은 C 언어에서 사용하는 각종 함수가 선언되어 있는 파일로서 확장자는 ".h"이다.

예

```
#include <stdio.h>
```

#define 문은 기호상수를 뒤의 문자열로 선언하는 지시문이다. 전처리기는 컴파일을 실행하기 전에 프로그램 안의 모든 기호상수를 뒤의 문자열로 치환한다.

형식

```
#define 기호상수 문자열
```

기호상수(symbolic constant)는 상수(값이 변하지 않는 데이터)를 기호로 표현한 것이다. 예를 들어 PI를 3.14로 지정하면, PI는 3.14를 나타내는 기호상수이다.

문자(character)는 하나의 글자를 의미한다. 예를 들어 'a'와 'A' 같은 한 개의 글자를 의미한다. 7을 숫자로 보면 값이 7인 수치이고, 7을 문자로 보면 ASCII(아스키) 코드 55(10진수)인 문자 '7'이다.

문자열(string)은 연결된 여러 개의 글자를 의미한다. 예를 들어 "computer"와 같이 여러 개의 문자가 연결된 것을 말한다.

아래의 예는 기호상수 BAEK을 "100"으로, SEVEN을 '7'로 선언한다.

예

```
#define  BAEK    100
#define  SEVEN   7
```

전처리기를 거치면 각 기호상수는 뒤의 문자열로 치환된다.

```
#define  BAEK    100
#define  SEVEN   7
int main()
{
    int i = BAEK ;

    int j = SEVEN ;
}
```

원래의 소스 프로그램

```
int main()
{
    int i = 100

    int j = 7
}
```

전처리를 실행한 후의 소스 프로그램

설명 전처리기는 #define 문의 지시대로 BAEK은 "100"으로, SEVEN은 '7'로 치환한다.

2.3 함수

함수(function)는 특정한 기능을 실행하도록 만들어진 독립적인 프로그램이다. 어떤 함수에서 또 다른 함수가 필요하면 그 함수를 호출(call)하여 사용한다. 호출된 함수는 기능을 실행한 후 결괏값(이를 "반환값"이라 함)을 자신을 호출한 함수에게 되돌려준다.

반환값(return value)은 호출된 함수가 자신을 호출한 함수에게 되돌려 주는 값이다.

함수형(function type)은 반환값의 데이터형이다. 아래의 예에서, 함수형 int는 fcn()이라는 함수가 int 형의 값(정숫값)을 되돌려 준다는 의미이다.

함수명은 함수들을 구분하기 위하여 붙이는 함수의 이름이다. 함수명의 뒤에는 반드시 괄호 ()를 붙이고 함수명( )의 뒤에는 세미콜론 ';'을 붙이지 않는다.

형식

```
함수형   함수명()          ← 머리
{                          ← 본체의 시작
    문장1;
    문장2;                 ← 본체
      ⋮
    return 0;
}                          ← 본체의 끝
```

예

```
int   fcn()
{
    문장1;
    문장2;
    return 0;
}
```

함수의 본체를 작성할 때 알아야 할 내용은 다음과 같다.

- 중괄호 '{'는 본체의 시작을 나타낸다.
- 중괄호 '}'는 본체의 끝을 나타낸다.
- 필요한 명령문은 본체에 작성한다.
- 모든 문장의 끝에는 세미콜론 ';'을 붙인다.
- 문장과 문장 사이의 공백은 컴파일되지 않으므로 공백을 적절히 사용하여 보기에 편한 프로그램을 작성한다.

return 문은 현재 실행 중인 함수를 끝내고, 이 함수를 호출한 함수 쪽으로 프로그램의 제어를 되돌려 준다. return 문의 뒤에 반환값을 넣어서 호출한 함수로 되돌려 준다. 보통 '0'을 반환하면 프로그램이 성공적으로 실행되었음을 의미한다.

형식 return 반환_값;

메인함수(main function)는 C 프로그램이 실행될 때 가장 먼저 실행되는 함수이다. C 프로그램은 하나 이상의 함수로 구성되는데, 이 중에 반드시 메인함수가 포함되어 있어야 한다.

형식

```
int main()
{
    문장;
      ⋮
    return 0;
}
```

2.4 기본적인 C 문법

엔터티(entity)는 C 언어의 구문 요소, 즉 변수나 배열, 형(type), 값, 식, 문장 등 기술의 대상이 되는 것을 말한다.

식별자(identifier)는 변수나 함수, 기호상수 등을 구분하기 위해 붙인 고유한 이름(문자와 문자열)이다. 식별자는 영문자, 숫자 또는 밑줄 기호 '_'로만 구성하며, 영문자의 대문자와 소문자는 서로 다른 문자로 취급된다. 식별자의 첫 글자는 반드시 영문자 또는 밑줄 기호 '_'로 시작해야 한다.

분리자(separator)는 괄호 (), 중괄호 {}, 세미콜론 ';', 콤마 ',' 등의 기호를 말하며 문장의 구성 요소들을 분리하거나 감쌀 때 이용된다.

상수(constant)는 프로그램 실행 중 그 값이 변하지 않는 정수, 실수, 문자 및 문자열을 의미한다.

주석(comment)은 프로그램의 제목이나 설명을 위한 문장이다.

- C에서 주석은 기호 /*와 */의 사이에 넣는다. /*는 주석의 시작이고, */는 주석의 끝을 나타낸다.
- 주석은 한 줄 또는 여러 줄로 만들 수도 있다.
- C++에서는 기호 /*와 */를 사용하는 주석뿐만 아니라, 기호 //를 사용하는 주석을 만들 수도 있다. 기호 //의 다음에 나오는 내용은 주석으로 처리된다. 기호 //를 사용하면 해당 줄의 끝까지만 주석으로 간주된다.
- 주석은 컴파일되지 않는 문장이므로 프로그램의 실행에 영향을 주지 않는다.
- 대부분의 C 컴파일러는 C와 C++를 모두 지원하므로, C에서도 기호 //를 사용하는 주석을 쓸 수 있다.

형식	/* 주석 */	← C에서 주석 사용 방법
	// 주석	← C++에서 추가된 주석 사용 방법

예

```
/* C에서 사용하는 주석. C++에서도 사용할 수 있습니다. */
/**********************************
 *  함수 이름: swap()          (여러 줄로 된 주석)
 *  파일 이름: swap.c
 *  작성일: 1월 1일
**********************************/
// C++에서 추가된 방법. 이 줄의 끝까지만 쓸 수 있습니다.
```

들여쓰기(indentation)는 문장의 시작을 오른쪽으로 몇 자 들여서 쓰는 것으로 주변의 문장과 구분하기 위한 것이다. 공백을 몇 개 삽입하여 같은 수준의 문장을 같은 위치에서 시작하도록 만들면 프로그램을 보기가 편해진다.

예

```
#include <stdio.h>                    #include <stdio.h>
int main()                            int main()
{                                     {
printf(" 안녕 ? \n \n ");      →          printf(" 안녕 ? \n \n ");
return 0;                                 return 0;
}                                     }
```

원래의 프로그램 → **들여쓰기를 한 프로그램**

변수(variable)는 컴퓨터의 메모리에서 데이터를 저장하는 공간이다. 하나의 변수에 하나의 데이터만 저장할 수 있다. 변수의 값은 수시로 달라질 수 있다.

변수 선언은 변수의 데이터형과 변수명을 지정해 주는 것이다. 변수는 사용하기 전에 먼저 변수 선언을 하여야 한다(3.4 변수와 변수 선언 참조). C에서 사용하는 데이터형과 선언되는 변수는 다음의 표와 같다.

데이터형	선언되는 변수
정수(integer)	int 형 변수
float 형 실수	float 형 변수
double 형 실수	double 형 변수
문자(character)	char 형 변수

형식	데이터형 변수명	← 지정한 데이터형을 가지는 변수를 선언

예	int i;	← int형 변수 i를 선언
	float f;	← float형 변수 f를 선언
	double d;	← double형 변수 d를 선언
	char ch;	← char형 변수 ch를 선언

등호 '='는 등호의 오른쪽에 있는 데이터나 변수, 연산식의 결과를 등호의 왼쪽에 있는 변수에 대입하는 대입 연산자(assignment operator)이다. 수학에서 등호 '='는 등호의 왼쪽과 오른쪽의 값이 같다는 의미이지만, C에서 등호는 오른쪽에 있는 값을 왼쪽의 변수에 대입한다는 의미이다.

형식	변수 = 데이터;	← 데이터를 변수에 대입
	변수 = 변수;	← 오른쪽 변수의 값을 왼쪽 변수에 대입
	변수 = 연산식;	← 연산식의 값을 변수에 대입

예	a = 100;	← 데이터 100을 변수 a에 대입
	b = a;	← 변수 a의 값을 변수 b에 대입
	c = 2*b + 100;	← 연산식 (2×b+100)을 계산하고 그 결과를 변수 c에 대입
	a = b = c = 8;	← 변수의 값을 오른쪽에서 왼쪽으로 차례로 대입

콘솔 창(console window)은 아래와 같이 프로그램의 실행 결과가 나타나는 창으로 명령 프롬프트(command prompt) 창이라고도 한다. 이는 텍스트 기반의 출력 창으로 숫자, 문자, 특수문자 또는 문자열을 출력한다.

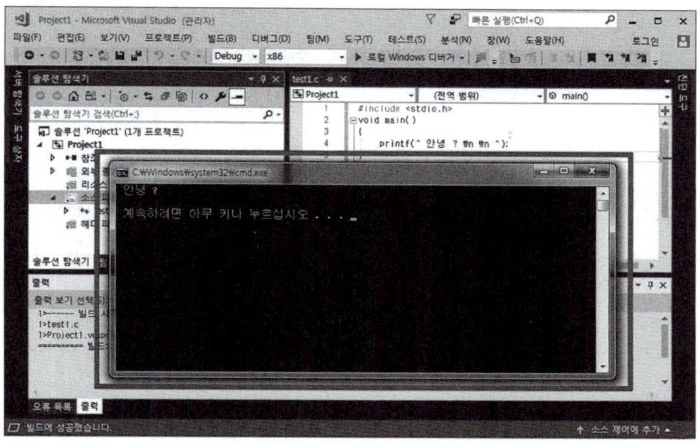

printf()는 숫자, 문자, 특수문자 또는 문자열을 콘솔 창으로 출력하는 함수이다.

① 출력할 문자열(string)은 괄호 () 안의 이중 인용부호 " " 속에 넣는다.

형식	printf("출력할_문자열");	← "출력할_문자열"을 콘솔 창에 나타낸다.

예	printf(" 이 글씨가 "); printf(" 보이는 창이 "); printf(" 콘솔 창입니다.");	← 세 줄의 문자열이 하나로 연결되어 콘솔 창에 나타난다.

실행 결과	이 글씨가 보이는 창이 콘솔 창입니다.

② 줄 바꿈 문자 '\n'(또는 '₩n')은 줄 바꿈 기능을 하는 제어 문자이다. 이것은 커서를 다음 줄의 맨 앞으로 이동시킨다. 제어 문자 '\n'은 괄호 () 안의 이중 인용부호 속에 넣는다. '\'(역 슬래시)는 글씨체에 따라 '₩'로도 표시된다. 이 교재에서는 주로 '\n'으로 표시한다.

형식	printf("출력할_문자열 \n");	← "출력할_문자열"을 콘솔 창에 나타내고 줄 바꿈을 한다.

예	printf(" 이 글씨가 \n"); printf(" 보이는 창이 \n"); printf(" 콘솔 창입니다. \n");	← 세 줄의 문자열이 줄 바꿈을 하여 콘솔 창에 나타난다.

실행 결과	이 글씨가 보이는 창이 콘솔 창입니다.

③ 형식 지정자는 출력되는 형식을 지정하는 문자로서, 괄호 () 안의 이중 인용부호 " " 속에 넣는다. 출력할 데이터는 숫자, 문자, 문자열 또는 수식 등이다.

형식 지정자 %d는 데이터를 10진수(decimal number)로 출력한다.

형식	printf("형식_지정자", 출력할_데이터); ← 출력할_데이터를 형식_지정자가 지정하는 형식으로 출력한다.

➚ 예	printf("%d \n", 1234);	← %d는 형식_지정자 숫자 1234를 10진수로 출력
	int a = 56;	← int형(정수형) 변수 a를 선언하고 56을 대입
	int b = 78;	← int형(정수형) 변수 b를 선언하고 78을 대입
	printf("%d \n", a);	← 변수 a의 값을 10진수로 출력
	printf("%d %d \n", a, b);	← 변수 a와 b의 값을 10진수로 출력

실행 결과

```
1234
56
56 78
```

④ 문자열과 데이터를 동시에 출력하려면, 다음의 형식과 같이 이중 인용부호 " " 속에 출력할 문자열과 형식 지정자를 넣고, 뒤에는 출력할 데이터를 넣는다.

➚ 형식

printf("출력할_문자열 형식_지정자", 출력할_데이터);
← 출력할_문자열을 콘솔 창에 표시한다. 또 출력할_데이터를 형식_지정자의 형식으로 출력한다.

➚ 예	printf(" 정숫값 a = %d \n", a);	← 문자열과 데이터를 동시에 출력 - 출력할 문자열 = "정숫값 a =" - 형식_지정자 = %d - 출력할_데이터 = a

실행 결과

```
정숫값 a = 56
```

산술연산자는 +(덧셈), -(뺄셈), *(곱셈), /(나눗셈) 등이 있다.

➚ 예

```
a = 3 + 4;
a = 3 - 4;
a = 3 * 4;
a = 3 / 4;
```

자유로운 C 프로그래밍 형식이란 한 줄에 여러 문장을 쓸 수도 있고, 하나의 문장을 여러 줄에 나누어 쓸 수도 있다는 의미이다. 한 줄에 여러 문장을 쓸 경우에 각 문장은 세미콜론 ';'으로 분리하여야 한다. 문장과 문장 사이의 공백은 컴파일 되지 않으므로 공백을 적절히 사용하여 보기에 편한 프로그램을 작성한다.

예

```
int a = 1;   double b = 12.34;        // 한 줄에 두 개의 문장
printf(" a = %d b = %f   \n",
       a,      b);                    // 한 문장을 두 줄로 작성
```

예약어(reserved word, keyword)는 컴파일러에 의해 그 의미와 용도가 고유하게 정해져 있는 단어로서, 이들을 식별자로 사용하면 안 된다. 위의 예에서 int와 double은 예약어이다. 예약어는 소문자로만 표기한다. ANSI(American National Standards Institute) C에 의해 선언된 예약어는 다음의 표와 같다.

ANSI C 예약어			
auto	break	case	char
const	continue	default	do while
double	else	enum	extern
float	for	goto	if
int	long	register	return
short	signed	sizeof	static
struct	switch	typedef	union
unsigned	void	volatile	while

2.5 디버깅

디버깅(debugging)은 프로그램의 오류(bug)를 찾아서 수정하거나 오류를 피해가는 과정을 말한다.

디버거(debugger)는 프로그램의 오류를 찾아내는 프로그램이다. 작성된 프로그램을 문장 단위로 실행할 수 있으므로, 실행 도중에 변수의 값을 확인할 수 있다. 디버거는 컴파일러에 내장되어 있는 경우가 많다.

오류(error)와 경고(warning)는 컴파일러가 프로그램의 오류를 찾아서 보내는 메시지이다.

- 오류: 심각한 문제가 생긴 경우로서, 이후의 내용에 대해 컴파일을 중단한다. 링크도 되지 않으므로 실행 파일을 만들 수 없다.
- 경고: 컴파일, 링크가 가능하고 실행 파일을 만들 수 있으나 잠재적인 오류가 있는 경우를 말한다.

오류의 종류는 구문 오류(syntax error), 실행 시간 오류(run time error) 그리고 논리적 오류(logical error)가 있다.

① **구문 오류**는 작성된 프로그램의 구문에 잘못이 생긴 것을 말한다. 컴파일러가 보내는 오류 메시지(error message)는 작성된 프로그램에 구문 오류가 있음을 나타낸다. 프로그래머가 모든 오류를 수정해야만 컴파일이 완료된다. 컴파일러가 경고 메시지(warning message)를 보인다면 컴파일이 완료되더라도 프로그램을 다시 검토할 필요가 있다.

② **실행 시간 오류**는 프로그램을 실행할 때 생기는 오류를 말한다.

③ **논리적 오류**는 구문 오류는 없지만 논리적으로 잘못된 결과가 생기는 것을 말한다.

오류의 예를 보기 위하여 다음과 같이 문장의 끝에 세미콜론을 빠뜨린 경우를 살펴보자.

예

```
#include <stdio.h>

int main()
{
    printf(" 안녕 ? \n \n ")       ← 문장의 끝에 세미콜론을 빠뜨림
    return 0;
}
```

이 프로그램을 컴파일하면 다음과 같이 오류 목록이 나타난다.

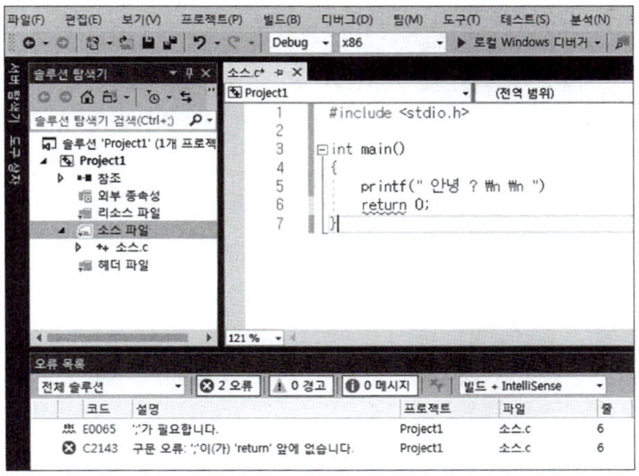

코드	설명	프로젝트	파일	줄
E0065	';' 필요합니다.	Project1	소스.C	6
C2143	구문 오류: ';'이(가) 'return' 앞에 없습니다.	Project1	소스.C	6

오류 목록에서

- 설명은 오류의 원인을 나타낸다.
- 파일은 현재 프로그램이 저장된 파일명이다.
- 줄은 오류가 생긴 줄(행 번호)을 나타낸다.

실제 오류는 5번 줄에 있지만, 6번 줄부터 오류가 생기므로 6번으로 표시된다. 컴파일러가 오류를 보일 때는 오류가 생긴 줄 뿐만 아니라 그 전의 모든 줄을 살펴보아야 한다. 편집 창의 문장에서도 오류가 생긴 부분에 빨간색 밑줄 기호가 표시된다.

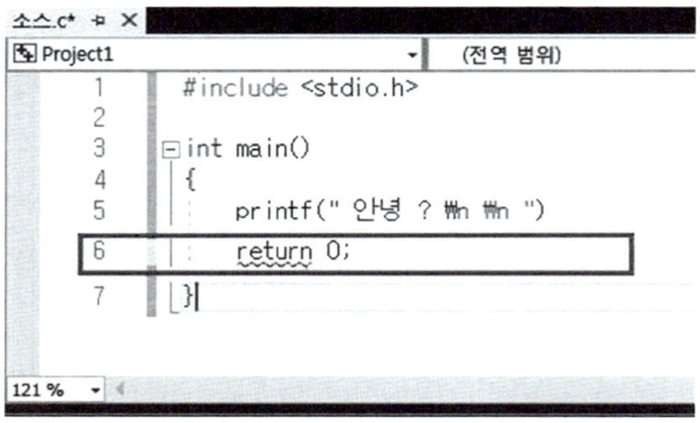

윈도우즈 프로그래밍(windows programming)은 콘솔 창과 모양이 다른 윈도우(window)를 띄우고, 그 윈도우에서 입출력을 하는 프로그램을 작성하는 것이다. 윈도우즈 프로그램을 개발하기 위해서는 윈도우즈가 제공하는 API 라이브러리나 MFC와 같은 윈도우즈용 클래스 라이브러리를 사용해야 한다.

- API(application programming interface): 운영체제와 응용 프로그램 사이에 사용되는 함수의 집합을 말한다.
- MFC(Microsoft Foundation Class): 마이크로소프트 비주얼 C++에 포함되어 있는 클래스 라이브러리이다. 윈도우즈 프로그래밍에 필요한 대부분의 요소를 포함하고 있다. 강력한 기능을 제공하므로 규모가 큰 프로그램의 작성에 적합하다.

예제 1 프로그래밍 기초: 주석, #include 문, 문자열 출력, 제어문자

```
/* 예제 프로그램입니다. */
#include <stdio.h>
int main()
{
    printf(" 1. 이 줄은 표시됩니다. \n");        // 여기에 주석을 넣음
//  printf(" 2. 이 줄은 주석이므로 출력되지 않습니다. \n");
    printf(" 3. 다시 이 줄은 출력됩니다.");     // 줄 바꿈 '\n'을 생략
    printf(" 4. 줄 바꿈을 하지 않으면 앞줄에 연결되어 출력됩니다. \n");
    return 0;
}
```

실행 결과

```
1. 이 줄은 표시됩니다.
3. 다시 이 줄은 출력됩니다. 4. 줄 바꿈을 하지 않으면 앞줄에 연결되어 출력됩니다.
```

예제 2 프로그래밍 기초: #define 문, 형식 지정자

```
#include <stdio.h>
#define  MAN   10000
#define  SEVEN   7
int main()
{
   printf(" 숫자를 그대로 출력합니다. 숫자 = %d \n", 3 );
   printf(" MAN을 출력합니다.  MAN = %d \n", MAN );
   printf(" SEVEN, SEVEN, SEVEN = %d %d %d \n", SEVEN, SEVEN, SEVEN );
   return 0;
}
```

실행 결과

```
숫자를 그대로 출력합니다. 숫자 = 3
MAN을 출력합니다.  MAN = 10000
SEVEN, SEVEN, SEVEN = 7 7 7
```

설명

#define 문은 기호상수를 뒤의 문자열로 선언하는 지시문이다. "MAN"은 "10000"으로, "SEVEN"은 '7'로 각각 치환된다. 다만 이중 인용부호 " " 속에 들어 있는 "MAN"과 "SEVEN"은 뒤의 문자열로 치환되지 않는다.

예제 3 프로그래밍 기초: 변수 선언, 변숫값 출력

```
#include <stdio.h>
int main()
{
    int a;                                    // 변수 a를 정수형으로 선언
    a=100;                                    // 변수 a에 숫자 100을 대입
    printf(" 변수 a = %d \n", a );            // 변수 a의 값을 출력
    a = 200;                                  // 변수 a의 값을 200으로 변경
    printf(" 변경된 변수 a = %d \n", a );     // 변경된 변수 a의 값을 출력
    return 0;
}
```

실행 결과

```
변수 a = 100
변경된 변수 a = 200
```

예제 4 프로그래밍 기초: 사칙계산

```
#include <stdio.h>
int main()
{
    int a, b;                                 // 변수 a, b를 정수형으로 선언
    a = 100;                                  // 변수 a에 숫자 100을 대입
    b = 100;                                  // 변수 b에 숫자 100을 대입
    printf(" a + b = %d \n", (a+b) );         // (a+b)의 값을 출력
    printf(" a - b = %d \n", (a-b) );         // (a-b)의 값을 출력
    printf(" a * b = %d \n", (a*b) );         // (a×b)의 값을 출력
    printf(" a / b = %d \n", (a/b) );         // (a/b)의 값을 출력
    return 0;
}
```

실행 결과

```
a + b = 200
a - b = 0
a * b = 10000
a / b = 1
```

예제 5 프로그래밍 기초: 산술 연산

```
#include <stdio.h>
int main()
{
    int a, b, c;                    // 변수 a, b, c를 정수형으로 선언
    a = 100;
    b = a;                          // 변수 a의 값을 변수 b에 대입
    c = 2*b + 100;                  // 산술연산 (2×b+100)을 하고
                                    // 그 결과를 변수 c에 대입
    printf(" 원래의 변숫값 : a = %d, b = %d, c = %d \n", a, b, c );
                                    // 변수 a, b, c의 값을 동시에 출력
    a = b = c = 8;                  // 오른쪽에서 왼쪽으로 변수의 값을 대입
    printf(" 새로운 변숫값 : a = %d, b = %d, c = %d \n", a, b, c );
    return 0;
}
```

실행 결과

```
원래의 변숫값 : a = 100, b = 100, c = 300
새로운 변숫값 : a = 8, b = 8, c = 8
```

C 언어의 기초

학습과제

[과제 1] 다음의 전처리 지시문을 설명하시오.

① #include

② #define

[과제 2] 함수의 작성 방법을 설명하시오.

[과제 3] C 언어의 특징을 설명하시오.

① 헤더 파일

② 기호상수

③ 문자

④ 문자열

⑤ 상수

[과제 4] **함수와 관련된 용어를 간단히 설명하시오.**

① 반환값

② return 문

③ 메인함수

[과제 5] **다음의 용어를 간단히 설명하시오.**

① 식별자(identifier)

② 분리자(separator)

③ 주석(comment)

④ 변수

⑤ 콘솔 창

⑥ 줄 바꿈 문자

⑦ 형식 지정자

⑧ 예약어

[과제 6] 다음의 프로그램을 실행시킬 경우, 콘솔 창에 출력되는 내용을 적으시오.

```
#include <stdio.h>
#define  Aplus  98
int main()
{
    int  j, k;
    j = 10;
    k = 100 - j*2;
    printf(" %d 월  %d 일입니다. \n", 1, 1 );
    printf(" Aplus  = %d \n", Aplus );
    printf(" j = %d \n k = %d \n", j, k );
    return 0;
}
```

[과제 7] 다음의 프로그램을 실행시킬 경우, 콘솔 창에 출력되는 내용을 적으시오.

```
#include <stdio.h>
int main()
{
    int a, b;
    a = 10;
    b = 5;
    printf(" a + b = %d \n", (a+b) );
    printf(" a - b = %d \n", (a-b) );
    printf(" a * b = %d \n", (a*b) );
    printf(" a / b = %d \n", (a/b) );
    return 0;
}
```

PART 03

데이터형과 변수

- 데이터형을 이해한다.
- 상수에 대해 이해한다.
- 변수를 선언하는 방법을 익힌다.
- 변수와 상수를 콘솔 창에 출력하는 방법을 익힌다.
- 데이터형 변환을 이해한다.
- sizeof 연산자를 이해한다.

PART 03

데이터형과 변수

3.1 데이터형

C 언어에서 사용하는 데이터의 종류는 다음과 같다.

- 정수(integer): 소수점 이하의 값이 없는 수
- 실수(floating point number): 소수점 이하의 값을 가지는 수
- 문자(character): 하나의 글자
- 문자열(string): 여러 개의 글자

변수나 상수는 특정한 데이터형(data type)을 가진다. 기본 데이터형은 다음의 표와 같이 정수형, 실수형 그리고 문자형이 있다.

- 정수형(integer type): 소수점 이하의 값이 없는 데이터형
- 실수형(floating type): 소수점 이하의 값을 가지는 데이터형
- 문자형(character type): ASCII(아스키) 코드로 표시하는 데이터형

구분	데이터형	길이(byte)	표현할 수 있는 범위
정수형	short (int)	2	-32768(-2^{15}) ~ 32767 ($2^{15}-1$)
	unsigned short (int)	2	0 ~ 65535 ($2^{16}-1$)
	int	4	-21억 (-2^{31}) ~ 21억 ($2^{31}-1$)
	unsigned int	4	0 ~ 43억 ($2^{32}-1$)
	long (int)	4	-21억 (-2^{31}) ~ 21억 ($2^{31}-1$)
	unsigned long (int)	4	0 ~ 43억 ($2^{32}-1$)
실수형	float	4	$\pm1.2\times10^{-38}$ ~ $\pm3.4\times10^{38}$
	double	8	$\pm2.2\times10^{-308}$ ~ $\pm1.7\times10^{308}$
문자형	char	1	-128 (-2^{7}) ~127 ($2^{7}-1$)
	unsigned char	1	0 ~ 255 ($2^{8}-1$)

(주) 정수형의 길이는 컴파일러나 운영체제에 따라 다른 값을 가질 수 있다.

3.2 데이터형의 내부적 표현 형식

3.2.1 정수형의 종류

C 언어에서 정수형은 short (int), int 그리고 long (int)이 있다. 32 비트 플랫폼에서 short 형은 2 바이트, int형은 4 바이트 그리고 long형은 4 바이트의 길이를 가진다. 정수형은 부호의 유무에 따라 signed(부호 있는)형과 unsigned(부호 없는)형으로 나누어진다. 이들을 조합하면 다음과 같이 6 가지의 정수형이 있다. signed라는 예약어는 생략할 수 있다.

비트(bit)는 binary digit의 약자로서 2진수 한 자리를 나타낸다. 2진수에서 숫자 0 또는 1을 나타내는 최소의 데이터 단위를 비트라 한다.

바이트(byte)는 8비트를 말하며, 데이터의 기본 단위가 된다. 1바이트는 2^8가지의 수를 표현할 수 있다. 양의 정수만 표현하는 경우에는 0 ~ 255(2^8-1)까지 수를 나타낼 수 있다. 양수와 음수를 모두 표현하는 경우, 1바이트는 –128 ~ +127까지 정수를 나타낼 수 있다.

3.2.2 정수의 표현

(1) signed형

signed형은 최상위 비트(MSB: Most significant bit)를 부호 비트(sign bit)로 쓴다. 부호 비트가 0이면 양수를, 1이면 음수를 각각 나타낸다. 나머지 비트는 수의 크기를 표현한다. 음수는 2의 보수 표현법으로 표현된다.

short형 정수는 16비트(2바이트)의 길이를 가지는데, 다음과 같이 맨 앞의 최상위 비트는 부호를 나타낸다. 나머지 15비트는 수의 크기를 표현한다. 표현할 수 있는 정수의 범위는 –32768(-2^{15}) ~ 32767 (2^{15}-1)이다.

short 형 정수(16 비트)

0	0	0	0	0	0	0	0	1	1	1	1	1	1	1	1

↑

부호 비트(이 비트가 0이면 양수, 1이면 음수)

(2) unsigned형

uunsigned형은 최상위 비트(MSB)를 부호 비트로 쓰지 않는 정수형이다. 전체 비트가 수의 크기를 표현한다.

unsigned short형 정수는 16비트(2바이트)의 길이를 가지는데, 최상위 비트를 포함하여, 16비트 전체가 수의 크기를 표현한다. 표현할 수 있는 정수의 범위는 0 ~ 65535(2^{16}-1)이다.

3.2.3 실수의 표현

실수를 표현에는 방법은 다음의 표와 같이 고정 소수점(fixed point) 방식과 부동 소수점(floating point) 방식이 있다. 부동 소수점 방식은 수를 가수(mantissa) 부분과 지수(exponent) 부분으로 나누어 표현한다. 가수는 실수 부분을 나타내고 지수는 소수점의 위치를 나타낸다. 예를 들면 숫자 1.234×10^{-2}에서 가수는 1.234, 밑(base)은 10이고 지수는 –2이다. C 언어에서 밑은 'e' 또는 'E'로 표기한다. 예를 들어 1.234×10^{-2}는 $1.234E^{-2}$로 표기한다.

고정 소수점 방식	0.01234 1.234 123.4	
부동 소수점 방식	1.234×10^{-2} 1.234×10^{0} 1.234×10^{2}	} 가수 = 1.234 밑 = 10

지수 부분의 길이는 그 수의 표현 범위를 결정하고, 가수 부분의 길이는 표현의 정밀도를 결정한다. 실수의 정밀도에는 단정도(single precision)와 배정도(double precision)가 있다.

(1) float형 실수

float형 실수는 단정도(single precision) 실수로서, 길이는 32비트(4바이트)이다. 아래의 그림과 같이 부호 비트에 1비트, 지수에 8비트 그리고 가수에 23비트가 할당되어 있다.

float형 실수(32비트)		
1비트	8비트	23비트
부호 비트	지수 부분	가수 부분

(2) double형 실수

double형 실수는 배정도(double precision) 실수로서, 길이는 64비트(8바이트)이다. 아래의 그림과 같이 부호 비트에 1비트, 지수에 11비트 그리고 가수에 52비트가 할당되어 있다. 가수에 할당되는 비트 수가 float형 실수보다 2배 이상이 되므로, 더 정밀한 수를 표현할 수 있다.

double형 실수(64비트)		
1비트	11비트	52비트
부호 비트	지수 부분	가수 부분

3.2.4 문자의 표현

문자를 표현하는 char형이나 unsigned char형은 문자 코드를 8비트 길이의 데이터로 저장한다. 문자 코드는 ASCII(American Standard Code for Information Interchange : 아스키) 코드와 유니코드(unicode)가 있다.

(1) ASCII 코드

ASCII 코드는 영문자나 숫자, 그 외의 기호를 표현하기 위한 표준 코드로 한 글자당 8비트의 길이를 가진다. 예를 들어 문자 'A'는 10진수로 65, 16진수로 0x41, 2진수로 01000001이다. 숫자 '1'도 ASCII 코드로 표현하면 10진수로 49, 16진수로 0x31이다. ASCII 코드에는 NULL 문자 '\0', 줄 바꿈 문자 '\n'과 같은 특수 문자도 포함되어 있다. ASCII 코드 표는 다음과 같다.

NULL 문자(null character)는 문자열의 끝을 나타내는 특수 문자로서 ASCII 코드는 0x00이다. NULL 문자는 '0x00' 또는 '\0'으로 쓴다.

줄 바꿈 문자(line feed character : 개행 문자) '\n'의 ASCII 코드는 10진수로 10, 16진수로 0x0A이다.

(2) 유니코드(unicode)

유니코드는 컴퓨터에서 세계 각국의 언어를 공통으로 표기하기 위한 코드 체계로서, 한 글자당 16비트의 길이를 가진다. 유니코드는 한글과 영문 모두 16비트(2바이트)의 길이로 표시한다.

[표 3-1[ASCII 코드 표

10진수	16진수	문자	10진수	16진수	문자	10진수	16진수	문자	10진수	16진수	문자
0	00	NULL	32	20	SP	64	40	@	96	60	`
1	01	SOH	33	21	!	65	41	A	97	61	a
2	02	STX	34	22	"	66	42	B	98	62	b
3	03	ETX	35	23	#	67	43	C	99	63	c
4	04	EOT	36	24	$	68	44	D	100	64	d
5	05	ENQ	37	25	%	69	45	E	101	65	e
6	06	ACK	38	26	&	70	46	F	102	66	f
7	07	BEL	39	27	'	71	47	G	103	67	g
8	08	BS	40	28	(	72	48	H	104	68	h
9	09	HT	41	29	)	73	49	I	105	69	i
10	0A	LF	42	2A	*	74	4A	J	106	6A	j
11	0B	VT	43	2B	+	75	4B	K	107	6B	k
12	0C	FF	44	2C	,	76	4C	L	108	6C	l
13	0D	CR	45	2D	-	77	4D	M	109	6D	m
14	0E	SO	46	2E	.	78	4E	N	110	6E	n
15	0F	SI	47	2F	/	79	4F	O	111	6F	o
16	10	DLE	48	30	0	80	50	P	112	70	p
17	11	DC1	49	31	1	81	51	Q	113	71	q
18	12	DC2	50	32	2	82	52	R	114	72	r
19	13	DC3	51	33	3	83	53	S	115	73	s
20	14	DC4	52	34	4	84	54	T	116	74	t
21	15	NAK	53	35	5	85	55	U	117	75	u
22	16	SYN	54	36	6	86	56	V	118	76	v
23	17	ETB	55	37	7	87	57	W	119	77	w
24	18	CAN	56	38	8	88	58	X	120	78	x
25	19	EM	57	39	9	89	59	Y	121	79	y
26	1A	SUB	58	3A	:	90	5A	Z	122	7A	z
27	1B	ESC	59	3B	;	91	5B	[	123	7B	{
28	1C	FS	60	3C	〈	92	5C	\	124	7C	|
29	1D	GS	61	3D	=	93	5D	]	125	7D	}
30	1E	RS	62	3E	〉	94	5E	·	126	7E	~
31	1F	US	63	3F	?	95	5F	_	127	7F	DEL

문자를 표현하는 char형과 unsigned char형도 int형처럼 사용할 수 있다. char형은 –128 (-2^7) ~ 127 (2^7-1) 사이의 정숫값을 표현할 수 있다. unsigned char형은 0 ~ 255 (2^8-1) 사이의 정숫값을 표현할 수 있다.

3.3 상수

상수(constant)는 프로그램의 실행 중 그 값이 변하지 않는 데이터를 말한다. C에서 사용하는 상수에는 정수형 상수, 실수형 상수, 문자형 상수 및 문자열형 상수가 있다.

리터럴 상수(literal constant) 또는 리터럴은 프로그램에서 직접 값을 나타내는 숫자나 문자열을 말한다. 지금까지 사용해 온 숫자와 문자열은 리터럴 상수이다. 예를 들어 123은 그 자체로 정수 123을 나타내는 숫자 리터럴 상수이다. "ABC"는 문자열 ABC를 나타내는 문자 리터럴 상수이다. 다른 데이터를 참조하지 않고 자신이 직접 데이터가 된다.

(1) 정수형 상수

정수형 상수는 소수점 이하의 값이 없는 수로서 양수, 0 그리고 음수가 있다. 나이나 인구와 같이 소수점 이하의 값이 없는 데이터를 나타내는 데 사용한다. 정수형 상수는 진법이나 데이터형에 따라 다음과 같이 여러 가지 형태로 표현된다.

정수형 상수	예	설명
10진수로 표현	20	10진수는 그대로 쓴다.
16진수로 표현	0x14	16진수 앞에 "0x"를 붙인다.
8진수로 표현	024	8진수 앞에 '0'을 붙인다.
unsigned 정수형 상수	20u	'u' 또는 'U'를 10진수의 뒤에 붙인다.
long 정수형 상수	20l	'l' 또는 'L'을 10진수의 뒤에 붙인다.
unsigned long 정수형 상수	20ul	'ul' 또는 'UL'을 10진수의 뒤에 붙인다.

(2) 실수형 상수

실수형 상수는 소수점 이하의 값이 있는 수이다. 실수형 상수는 고정 소수점 방식이나 부동 소수점 방식으로 표현한다. 고정 소수점 방식이나 부동 소수점 방식은 모두 double형 상수로 8바이트의 크기를 가진다.

- 실수형 상수를 4바이트의 크기를 가지는 float형 상수로 쓸 때는 'f' 또는 'F'를 고정 소수점 방식의 뒤에 붙인다. 예를 들면

  float a =12.345f;

  float b =12.345F;

  로 쓴다. 여기서 float a;와 float b;는 실수형 변수 a와 b를 각각 선언한 것이다.
- 소수점이 없는 수 123은 정수형 상수이고, 소수점이 있는 수 123.0은 실수형 상수이다.

실수형 상수	예	설명
고정 소수점 방식으로 표현(8바이트)	123.45	고정 소수점 방식
부동 소수점 방식으로 표현(8바이트)	1.2345e-2	1.2345e-2는 1.234×10^{-2}을 나타낸다.
float형 상수(4바이트)	123.45f 123.45F	'f' 또는 'F'를 고정 소수점 방식의 뒤에 붙인다.

(3) 문자형 상수

문자형 상수는 문자(character) 한 글자를 의미하며, 인용부호 ' ' 안에 표기한다. 컴퓨터 내부에서는 ASCII 코드로 표현된다. 각 문자 상수는 1바이트 길이를 가지며, 이를 1바이트 길이의 정수처럼 취급할 수 있다. 문자형 상수에는 문자, 숫자 또는 특수문자가 있다.

문자형 상수	예	설명
문자 또는 숫자	'A' 'a' '3'	인용부호 ' ' 안에 표기한다.
특수문자	'\43'	\의 다음에 특수 문자의 ASCII_코드를 8진수로 적음
	'\x23'	\x의 다음에 특수 문자의 ASCII_코드를 16진수로 적음
	'\n'	줄 바꿈 문자

(4) 문자열형 상수

문자열형 상수는 연결된 여러 개의 문자를 말한다. 예를 들어 "ABC"처럼 여러 개의 문자가 연결된 것은 문자열형 상수이다. 이것은 이중 인용부호 " "안에 표기한다. 문자열형 상수의 끝에는 문자열의 끝을 알리는 NULL 문자가 자동으로 삽입된다. 문자열 "ABC"의 뒤에는 NULL 문자가 들어가 있다.

	예	ASCII 코드(16진수)	길이
문자형 상수	'A'	0x41	1바이트
문자열형 상수	"ABC"	0x41 0x42 0x43 0x00 ↓ ↓ ↓ ↓ 'A' 'B' 'C' 'NULL'	4바이트

3.4 변수와 변수 선언

변수(variable)는 컴퓨터의 메모리에서 데이터를 저장하는 공간이다. 하나의 변수에는 하나의 데이터만 저장할 수 있다. 변수에는 정수나 실수, 문자 등의 값을 넣을 수 있다. 변수의 값은 수시로 바꿀 수 있다. 변수에는 정수형 변수, 실수형 변수, 문자형 변수 등이 있다.

변수명은 변수의 이름으로 메모리의 특정한 공간을 나타낸다. 모든 변수는 서로 다른 이름을 가진다.

변수명을 작성하는 규칙은 다음과 같다.

- 변수명은 영문자의 대 · 소문자, 숫자, 밑줄 기호 '_'로만 구성한다.
- 변수명의 첫 글자는 반드시 영문자나 밑줄 기호 '_'만 사용해야 한다.
- 영문자의 대문자와 소문자는 서로 다른 문자로 취급된다.
- 변수명의 중간에 공백(space)이나 특수문자를 넣으면 안 된다.
- 예약어(keyword)를 변수명으로 사용할 수 없다.

예1

sum_value
C_lang
_123

} 모두 사용 가능한 변수명이다.

sum&value	← 특수문자 '&'가 포함되어 있어서 사용할 수 없다.
error flag	← 공백이 포함되어 있어서 사용할 수 없다.
3M	← 첫 글자에 숫자가 있어서 사용할 수 없다.
int	← int는 예약어이므로 사용할 수 없다.
C++	← 특수문자 '+'가 포함되어 있어서 사용할 수 없다.
C-lang	← 특수문자 '-'가 포함되어 있어서 사용할 수 없다.
#123	← 특수문자 '#'가 포함되어 있어서 사용할 수 없다.

변수 선언은 변수의 데이터형과 변수명을 지정해 주는 것이다. 프로그램에서 사용하는 모든 변수는 사용하기 전에 먼저 선언해야 한다.

형식	데이터형 변수명	← 지정한 데이터형으로 변수를 선언
예2	char ch; int i; float f; double d;	← char형 변수 ch를 선언 ← int형 변수 i를 선언 ← float형 실수 변수 f를 선언 ← double형 실수 변수 d를 선언
예3	int j, k, l; • 선언된 변수 j, k, l은 모두 같은 int형 변수이다. • 여러 변수를 동시에 선언할 때는 변수 사이에 콤마 ','를 넣어 분리한다.	← int형 변수 j, k, l을 동시에 선언

변수가 선언되면 컴파일러는 변수의 데이터형에 따라 변수가 사용할 메모리를 할당한다.

- char형 변수에는 1바이트, int형 변수에는 4바이트, float형 실수 변수에는 4바이트 그리고 double형 실수 변수에는 8바이트의 메모리가 각각 할당된다.
- 변수의 이름은 그 변수가 할당된 메모리의 주소를 나타낸다.
- 변수가 할당된 주소에 접근하여 저장된 값을 읽을 수 있고, 변수의 값을 바꿀 수도 있다.
- 변수의 값을 수정할 때는 변수의 데이터형과 같은 형을 가지는 데이터를 넣어야 한다.

i = 100;	← i에 100을 대입한다.
i = 200;	← i의 값을 200으로 수정한다.
i = 300;	← i의 값을 300으로 수정한다.

다음은 여러 가지 데이터형으로 변수를 선언하는 예이다.

예4

데이터형		변수를 선언하는 예	
short (int) unsigned short (int) int unsigned int long (int) unsigned long (int)	→	short unsigned short int unsigned int long unsigned long	a; b; c; d; e; f;
float double	→	float double	g; h;
char unsigned char	→	char unsigned char	i; j;

변수의 초기화(initialization)는 새로 선언된 변수에 특정한 값을 대입하는 것이다. 새로운 변수에 할당된 메모리에는 이전에 다른 용도로 사용했던 쓰레기(trash) 값이 남아있을 수 있다. 변수를 사용하기 전에 변수의 초깃값을 대입해 주어야 한다.

예5

```
int j, k;                    ← 변수 j와 k를 선언, 변수와 변수는 콤마 ','로 분리
j = 10;                      ← 변수 j를 10으로 초기화
k = 20;                      ← 변수 k를 20으로 초기화
int l = 10;                  ← 변수 l을 선언하고 10으로 초기화
double a = 1.1, b = 2.2;     ← 변수 a를 선언하고 1.1로 초기화
                               변수 b를 선언하고 2.2로 초기화
char ch = 'X';               ← 변수 ch를 선언하고 'X'로 초기화
```

const는 변수의 값이 변경되는 것을 막는 키워드이다. 이 키워드가 붙은 변수는 상수로 취급된다.

const 변수는 값을 변경할 수 없는 변수를 말한다. 변수를 선언할 때 const라는 키워드를 붙여주면 그 변수의 값은 변경할 수 없다.

형식 const 데이터형 변수명=초기_값 ← const 변수를 선언

예6

```
const char ch = 'A';        ← const 변수 ch = 'A'를 선언
const int   i =  100;       ← const 변수 i = 100을 선언
const float f = 12.34f;     ← const 변수 f = 12.34를 선언
```

3.5 변수와 상수의 출력

printf() 함수는 숫자, 문자, 특수문자 또는 문자열을 콘솔 창으로 출력하는 함수이다(2.4절과 4.2절 참조).

형식 지정자는 출력되는 형식을 지정하는 문자이다. 괄호 () 안의 이중 인용부호 " " 속에 넣는다. 출력할 데이터는 숫자, 문자, 문자열, 수식 등이다. 출력할 데이터의 데이터형과 형식 지정자의 데이터형은 같아야 한다.

형식 지정자	설명
%d	10진수(decimal number)로 변환하여 출력
%f	실수 형식으로 변환하여 출력
%c	문자(character)로 변환하여 출력
%s	문자열(string)로 변환하여 출력

형식

printf("형식_지정자", 출력할_데이터);
← 출력할_데이터를 형식_지정자가 지정하는 형식으로 출력한다.

예

```
printf( "%d", 123 );          ← 상수 123을 10진수로 변환하여 출력
printf( "%f", a );            ← 변수 a의 값을 실수로 변환하여 출력
printf( "%c", ch );           ← 변수 ch의 값을 문자로 변환하여 출력
printf( "%s", "Hello ?" );    ← 문자열 "Hello ?"를 출력
printf( "안녕 %d %f", a, b );  ← 문자열, 변수 a, 변수 b를 모두 출력
                                • a는 %d에, b는 %f에 각각 대응
```

예제 1 숫자와 문자를 출력

```
#include <stdio.h>
int main()
{
    printf(" %c 의 ASCII 코드 = %d \n", 'A', 'A');
    printf(" ASCII 코드 %d 의 문자 = %c \n", 65, 65);
    return 0;
}
```

실행 결과

```
A 의 ASCII 코드 = 65
ASCII 코드 65 의 문자 = A
```

설명 문자의 값은 그 문자의 ASCII 코드 값이다. ASCII 코드 값을 해당 문자로 변환할 수 있다.

예제 2 변수의 값을 출력

```
#include <stdio.h>
int main()
{
    int   j;        // int 형 변수의 선언
    float f;        // float 형 변수의 선언
    char c;         // char 형 변수의 선언
    j = 33;
    f = 12.34f;
    c = 'A';
    printf(" j = %d, f = %f, c = %c \n", j, f, c);
    return 0;
}
```

실행 결과

```
j = 33, f = 12.340000, c = A
```

설명 출력할 변수의 데이터형과 형식 지정자의 데이터형은 같아야 한다.

3.6 변수의 표현 범위와 정밀도

변수의 표현 범위는 다음의 표에서 보는 바와 같이 변수의 데이터형에 따라 다르다.

구분	데이터형	길이(byte)	표현할 수 있는 범위
정수형	short (int)	2	-32768(-2^{15}) ~ 32767 ($2^{15}-1$)
	unsigned short (int)	2	0 ~ 65535 ($2^{16}-1$)
	int	4	-21억 (-2^{31}) ~ 21억 ($2^{31}-1$)
	unsigned int	4	0 ~ 43억 ($2^{32}-1$)
	long (int)	4	-21억 (-2^{31}) ~ 21억 ($2^{31}-1$)
	unsigned long (int)	4	0 ~ 43억 ($2^{32}-1$)
실수형	float	4	$\pm 1.2 \times 10^{-38}$ ~ $\pm 3.4 \times 10^{38}$
	double	8	$\pm 2.2 \times 10^{-308}$ ~ $\pm 1.7 \times 10^{308}$
문자형	char	1	-128 (-2^{7}) ~ 127 ($2^{7}-1$)
	unsigned char	1	0 ~ 255 ($2^{8}-1$)

(주) 정수형의 길이는 컴파일러나 운영체제에 따라 다른 값을 가질 수 있다.

오버플로우(overflow)는 어떤 데이터의 크기가 변수의 표현 범위를 넘어가는 현상을 말한다. 오버플로우가 발생하면 데이터는 비정상적인 값이 되므로 그 데이터는 더 이상 의미가 없다. 항상 데이터가 표현할 수 있는 범위를 염두에 두고 오버플로우가 생기지 않도록 유의해야 한다.

예제 3 변수의 표현 범위

```
#include <stdio.h>
int main()
{
    short s = 32767+1;          // short 형 정수 s에 수치 대입
    long l = 2147483847+1;      // long 형 정수 l에 수치 대입
    printf(" s = %d  \n", s);
    printf(" l = %d \n", l);
    return 0;
}
```

실행 결과

```
s = -32768
l = -2147483448
```

설명	• short형 변수에 32767+1의 계산 값을 대입하면 오버플로우가 발생하여 -32768로 넘어간다. • long형 변수에 2147483847+1의 계산 값을 대입하면 오버플로우가 발생하여 -2147483448이 된다.

예제 4 오버플로우

```
#include <stdio.h>
int main()
{
    float  x=1.2e+40;              // 오버플로우
    double y=1.2e+40;
    printf(" float x = %f \n", x );
    printf(" double y = %f \n", y);
    return 0;
}
```

실행 결과	float x = inf double y = 11999999999999999880972906266552730386432.000000

설명	• float형 실수 x에 대입한 값은 x의 표현 범위를 넘어가므로 오버플로우가 발생한다. • inf는 무한대(infinite)를 의미한다.

언더플로우(underflow)는 데이터의 절댓값이 변수가 다룰 수 있는 가장 작은 절댓값보다 작은 값으로 내려가는 현상을 말한다. 이 경우 데이터는 0으로 표현된다. 실수형 변수에 매우 작은 값을 대입하면 언더플로우가 생긴다.

예제 5 언더플로우

```
#include <stdio.h>
int main()
{
    float  x=1.2e-50;         // 언더플로우
    double y=1.2e-50;
    printf(" float x = %e \n ", x );
    printf(" double y = %e \n", y);
    return 0;
}
```

실행 결과

```
float x = 0.000000e+00
double y = 1.200000e-50
```

설명

float형 변수 x에 절댓값이 너무 작은 수를 대입하였으므로 언더플로우가 발생한다. 데이터는 0으로 저장된다.

변수의 정밀도는 변수에 저장되어 있는 유효 숫자(significant digit)의 개수이다. 정밀도는 가수부의 길이에 의해 결정된다. float형 실수의 가수는 23비트로, double형 실수의 가수는 52비트로 각각 할당되어 있다. double형 실수는 float형 실수보다 훨씬 더 정밀한 수를 표현할 수 있다.

예제 6 정밀도 비교

```
#include <stdio.h>
int main()
{
    float  f = 0.123456789876543210f;
    double d = 0.123456789876543210;
    printf("f = %.20f \n", f);
    printf("d = %.20f \n", d);
    return 0;
}
```

실행 결과

```
f = 0.12345678910432815551 8
d = 0.12345678987654321035
```

설명

- float형 실수 f는 유효 숫자 7자리를 정확하게 표현하고 있다. 이를 7자리 유효 숫자(seven significant digits)라 한다.
- double 형 실수 d는 15자리 유효 숫자(15 significant digits)이다.

3.7 데이터형의 변환

데이터형 변환(data type conversion)은 데이터의 형을 바꾸는 것이다. 예를 들면 정수형의 값을 실수형의 값으로 바꾸거나, 실수형의 값을 정수형의 값으로 바꾸는 것을 데이터형 변환이라 한다. 일반적으로 수식에 사용하는 변수나 상수의 데이터형은 서로 같다. 데이터의 형이 서로 다른 경우가 생기면 데이터의 형이 같아지도록 데이터형을 변환해야 한다. 데이터형 변환은 묵시적 데이터형 변환(implicit data type conversion)과 명시적 데이터형 변환(explicit data type conversion)이 있다.

3.7.1 묵시적 데이터형 변환

묵시적 데이터형 변환은 컴파일러가 자동으로 데이터형을 변환하는 것으로 "자동 변환"이라고도 한다.

(1) 연산에서 묵시적 데이터형 변환

컴파일러는 연산의 종류에 따라 피연산자의 데이터형을 다음의 표와 같이 자동 변환한다. 같은 데이터형을 가지도록 변환된 데이터에 대해 연산을 실행한다.

연산의 종류	자동 변환되는 데이터형
정수형(char형, short형, int형)과 정수형(char형, short형, int형)간의 연산	모두 int형 정수(4바이트)
정수형(char형, short형, int형)과 실수형(float형, double형)간의 연산	모두 double형 실수(8바이트)
실수형(float형, double형)과 실수형(float형, double형)간의 연산	모두 double형 실수(8바이트)

예 1

```
int i;
i = 5/2;
```

← 정수형 간에 연산을 하면 계산 값의 소수점 이하는 버리므로 정숫값만 남는다. 즉 i = 2인 int 형(4바이트)이다.

예 2	double f; f = 1.5 + 2.5;	← 연산의 결과 1.5+2.5=4.0은 double형 실수(8바이트)이다.

예 3	double f; f = 3 + 2.5;	← 정수형과 실수형 간에 연산을 하면 정수 3은 double형 실수인 3.0으로 자동 변환된다. 연산의 결과 3.0 + 2.5=5.5는 double형 실수(8바이트)이다.

예제 7 연산에서 묵시적 데이터형 변환

```
#include <stdio.h>
int main()
{
    double f;
    f = 100 + 23.45;
    printf(" f = %f \n", f);
    printf(" 3/2 = %d \n", 3/2);
    printf(" 3.0/2 = %f \n", 3.0/2);
    return 0;
}
```

실행 결과

```
f = 123.450000
3/2 = 1
3.0/2 = 1.500000
```

설명

- int형 정수와 double형 실수의 연산 결과는 double형 실수이다.
- int형 정수와 int형 정수의 연산 결과는 int형 정수이다. 소수점 이하의 숫자는 버린다.
- 3은 정수이고 3.0은 double형 실수형이다.

(2) 대입에서 묵시적 데이터형 변환

대입문에서도 데이터형의 변환이 이루어진다. 등호(=)의 오른쪽에 있는 데이터는 왼쪽에 있는 문자의 데이터형으로 자동 변환된다. 변환하는 데이터의 형에 따라 값의 손실이 생기면 컴파일러가 경고(warning) 메시지를 내보낸다.

예제 8 대입에서 묵시적 데이터형 변환

```
#include <stdio.h>
int main()
{
    char ch='A';
    int i;
    i = ch;                  // char형 ch를 int형 i에 대입
    printf(" char ch를 int i에 대입 i = %d \n", i);
    float f;
    f = i;                   // int형 i를 float형 f에 대입
    printf(" int i를 float f에 대입 f = %f \n", f);
    double d;
    d = f;                   // float형 f를 double형 d에 대입
    printf(" float f를 double d에 대입 d = %f \n", d);
    return 0;
}
```

실행 결과

```
char ch를 int i에 대입 i = 65
int i를 float f에 대입 f = 65.000000
float f를 double d에 대입 d = 65.000000
```

설명

- 위의 프로그램을 컴파일하면 다음과 같은 경고 메시지가 나온다.
  'int'에서 'float'(으)로 변환하면서 데이터가 손실될 수 있습니다.

예제 9 대입에서 묵시적 데이터형 변환(값의 손실)

```
#include <stdio.h>
int main()
{
    double d = 12.345;
    float f = d;                  // double형 d를 float형 f에 대입
    printf(" double d를 float f에 대입 f = %f \n", f);
    int i = f;                    // float형 f를 int형 i에 대입
    printf(" float f를 int i에 대입 i = %d \n", i);
    i = 0x1241;                   // int형 i에 0x1241(16진수)을 대입
    printf(" i = %x(16진수), i = %d(10진수) \n", i, i);
    char ch = i;                  // int형 i를 char형 ch에 대입
    printf(" int i를 char ch에 대입 ch = %x(16진수) \n", ch);
                                  // char형 ch의 값을 16진수로 출력
    printf(" char ch를 문자로 출력 ch = %c \n", ch);
                                  // char형 ch의 값을 문자로 출력
    return 0;
}
```

실행 결과

```
double d를 float f에 대입 f = 12.345000
float f를 int i에 대입 i = 12
i = 1241(16진수), i = 4673(10진수)
int i를 char ch에 대입 ch = 41(16진수)
char ch를 문자로 출력 ch = A
```

설명

- 위의 프로그램을 컴파일하면 다음과 같은 경고 메시지가 나온다.

  'double'에서 'float'(으)로 변환하면서 데이터가 손실될 수 있습니다.
  'float'에서 'int'(으)로 변환하면서 데이터가 손실될 수 있습니다.

- float형 f를 int형 i로 변환하면 소수점 이하의 숫자는 버려진다.
- int형 i를 char형 ch에 대입하면 i의 상위 바이트는 버려지고 하위 1바이트의 데이터만 ch에 대입된다.
- ASCII 코드 0x41은 문자 'A'이다.

3.7.2 명시적 데이터형 변환

명시적 데이터형 변환(강제 변환)은 cast 연산자를 이용하여 강제로 데이터형을 변환하는 것이다.

cast 연산자는 데이터형을 변환하는 연산자이다. 다음의 형식과 같이 변환할 데이터의 앞에 (데이터형)을 명시한다. 변환할 데이터는 상수, 변수 또는 수식이다.

형식	(데이터형) 변환할_데이터	

예		
	(int)3.7;	← 3.7을 int형 정수로 변환
	(int)a;	← a를 int형 정수로 변환
	(int)(a-b);	← (a-b)를 int형 정수로 변환
	(float)2;	← 2를 float형 실수로 변환
	(double)a;	← a를 double형 실수로 변환

예제 10 cast 연산자

```
#include <stdio.h>
int main()
{
    printf(" %d \n",  (int)3.7 );
    printf(" %f \n",  (float)5 );
    printf(" %d \n",  5+(int)3.7 );
    printf(" %f \n",  (int)3.7 + 4.5 );
    printf(" %d \n",  (int) (3.7+4.5) );
    return 0;
}
```

실행 결과

```
3
5.000000
8
7.500000
8
```

설명

- (int)3.7은 double형 실수 3.7을 int형 정수 3으로 변환한다.
- (float)5는 int형 정수 5를 float형 실수 5.0으로 변환한다.

3.8 sizeof 연산자

sizeof 연산자는 오퍼랜드(데이터형, 상수, 변수, 수식, 배열 등)의 길이를 바이트 단위로 구하여 반환하는 연산자이다.

형식	sizeof(오퍼랜드)	
예	sizeof(int);	← 데이터형 int의 길이
	sizeof(float);	← 데이터형 float의 길이
	sizeof(double);	← 데이터형 double의 길이
	sizeof(3);	← int형 정수 3의 길이
	sizeof(3.0);	← double형 실수 3.0의 길이
	sizeof('A');	← 문자 'A'의 길이
	sizeof("ABC");	← 문자열 'ABC'의 길이

예제 11 sizeof 연산자

```
#include <stdio.h>
int main()
{
    printf(" char : %d 바이트 \n",  sizeof(char));
    printf(" short : %d 바이트 \n",  sizeof(short));
    printf(" int : %d 바이트 \n",  sizeof(int));
    printf(" long : %d 바이트 \n",  sizeof(long));
    printf(" float : %d 바이트  \n",  sizeof(float));
    printf(" double : %d 바이트 \n",  sizeof(double));
    printf(" 정수 3 : %d 바이트 \n",  sizeof(3));
    printf(" double형 실수 3.0 : %d 바이트 \n",  sizeof(3.0));
}
```

실행 결과

```
char: 1바이트
short: 2바이트
int: 4바이트
long: 4바이트
float: 4바이트
double: 8바이트
정수 3: 4바이트
double 형 실수 3.0: 8바이트
```

설명	정수의 기본형(default type)은 int형 정수(4바이트)이다. 실수의 기본형은 double형 실수(8바이트)이다.

데이터형과 변수

학습과제

[과제 1] 다음의 용어를 간단히 설명하시오.

① signed형 정수와 unsigned형 정수

② 고정 소수점 방식

③ 부동 소수점 방식

④ float형 실수

⑤ double형 실수

⑥ NULL 문자

⑦ 오버플로우

⑧ 언더플로우

[과제 2] 다음 표에는 잘못 작성된 변수가 있습니다. 잘못된 변수명을 찾아서 이유를 설명하시오.

변수명	잘못된 이유
KT%G	
_abc	
sum-ab	
A+	
#1566	
3x	
강아지1	

[과제 3] 다음과 같이 선언된 변수가 나타낼 수 있는 최댓값과 최솟값을 구하여 빈칸에 기재하시오.

변수	최댓값	최솟값
int j;		
float x;		
char c;		

[과제 4] 다음 프로그램을 실행할 경우, 콘솔 창에 나타나는 내용을 기재하시오.

```
#include <stdio.h>
int main()
{
  printf(" %c 의 ASCII 코드 = %d \n", 'x', 'x');
  printf(" ASCII 코드 %d의 문자 = %c \n", 120, 120);
}
```

[과제 5] 다음 프로그램을 실행할 경우, 콘솔 창에 나타나는 내용을 기재하시오.

```
#include <stdio.h>
int main()
{
    float a;
    a = 10 + 5.5;
    printf(" a = %f \n", a);
    printf(" 10.0/4 = %f \n", 10.0/4);
}
```

[과제 6] 다음 프로그램을 실행할 경우, 콘솔 창에 나타나는 내용을 기재하시오.

```
#include <stdio.h>
int main()
{
    printf(" %d \n",  (int)4.2 );
    printf(" %f \n",  (float)15 );
    printf(" %d \n",  5+(int)5.7 );
    printf(" %f \n",  3.7 + (float)4 );
}
```

[과제 7] 다음 프로그램을 실행할 경우, 콘솔 창에 나타나는 내용을 기재하시오.

```
#include <stdio.h>
int main()
{
    printf(" sizeof(100) = %d 바이트 \n", sizeof(100));
    printf(" sizeof(6.6/2) = %d 바이트 \n", sizeof(6.6/2));
    printf(" char : %d 바이트 \n",  sizeof(char));
    printf(" float : %d 바이트  \n",  sizeof(float));
    printf(" double : %d 바이트 \n",  sizeof(double));
}
```

PART 04
데이터의 출력

- 입력 장치와 출력 장치에 대해 이해한다.
- 형식에 의한 출력을 이해한다.
- 형식 지정자를 이해하고 사용하는 방법을 익힌다.
- 필드 폭과 정밀도에 대해 이해한다.
- 문자나 문자열의 출력 함수를 이해하고 이들을 사용하는 방법을 익힌다.

PART 04

데이터의 출력

4.1 데이터의 입력과 출력

컴퓨터로 데이터를 처리하려면 우선 컴퓨터의 외부에 있는 데이터를 컴퓨터의 내부로 입력하는 과정이 필요하다. 또한, 컴퓨터가 처리한 정보를 컴퓨터의 외부로 출력하는 과정도 필요하다. 다음 그림은 데이터를 입출력하는 과정이다.

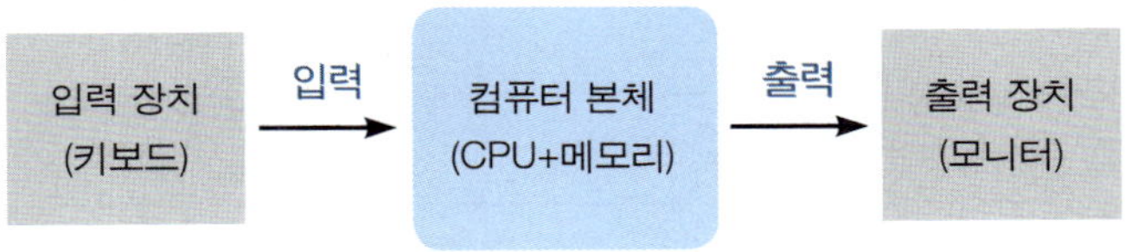

표준 입력 장치는 키보드(keyboard)이다.

표준 출력 장치는 모니터(monitor)이다.

콘솔(console)은 표준 입력 장치(키보드)와 표준 출력 장치(모니터)를 합쳐서 부르는 말이다.

표준 입출력 함수는 표준 입출력 장치를 이용하는 함수를 말하며, 아래의 표와 같이 여러 가지 종류가 있다.

표준 출력 함수	기능
printf()	데이터를 형식에 맞추어 모니터에 출력
putchar()	하나의 문자를 모니터에 출력
puts()	문자열(string)을 모니터에 출력

표준 입력 함수	기능
scanf_s()	키보드에서 형식에 맞추어 데이터를 읽음
getchar()	키보드에서 하나의 문자를 읽음
gets_s()	키보드에서 문자열을 읽음

위와 같은 표준 입출력 함수의 원형은 표준 라이브러리(library) 함수의 일종으로서 stdio.h(standard input output header)라는 헤더 파일(header file)에 들어 있다. 이 함수들을 이용하려면 프로그램의 맨 앞에 #include <stdio.h>라는 전처리 지시문을 기술하여야 한다.

4.2 형식에 의한 출력

형식에 의한 데이터의 출력은 printf()문을 이용한다. printf는 "형식이 지정된 출력 함수(formatted print function)"란 뜻을 가진다. 괄호 () 안에 이중 인용부호 " "로 둘러싸인 문자열을 "형식 문자열"이라 한다. printf() 문은 형식 문자열에 맞추어 데이터를 콘솔 창에 출력하는 함수이다.

형식 printf("형식_문자열", 출력할_데이터);

4.2.1 형식 문자열

형식 문자열은 콘솔 창에 출력되는 형식을 지정하는 문자열이다. 형식 문자열은 괄호 () 안의 이중 인용부호 " " 속에 넣는다. 여기에는 도형문자(graphic character), 형식 지정자 그리고 제어문자(control character)가 있다.

"형식 문자열" = "도형_문자 + 형식_지정자 + 제어_문자"

예

printf("	안녕하세요?	%d	\n	",	a);
	↑	↑	↑		↑
	도형_문자	형식_지정자	제어_문자		출력할_데이터

(1) 도형문자

도형문자는 문자, 숫자 또는 특수문자를 말한다. 적혀 있는 내용이 그대로 콘솔 창에 출력된다.

도형문자	종류
문자	A, B, c, d 등, 한글, 한자 등
숫자	1, 2, 3, 4 등
특수문자	+, -, *, /, =, [, # 등

형식 printf("도형_문자_열"); ← "도형_문자_열"을 콘솔 창에 나타낸다.

(2) 제어문자

제어문자는 콘솔 창에 나타나지는 않지만 다음과 같은 기능을 제어하는 문자이다. 제어문자는 역 슬래시(back slash) '\'로 시작된다. 이 문자는 글씨체에 따라 '₩'로 표시되기도 한다.

제어 문자	기능
\n	new line(줄 바꿈) ~ 커서를 다음 줄의 맨 앞으로 이동시킨다.
\r	return ~ 커서를 현재 줄의 맨 앞으로 이동시킨다.
\b	back space ~ 커서를 한 칸 왼쪽으로 이동시킨다.
\t	tab ~ 커서를 오른쪽 방향 탭이 있는 곳으로 이동시킨다.
\a	alarm ~ 알람 음(비프 음, beep sound)을 낸다.

형식 printf("제어_문자"); ← "제어문자"의 기능을 실행한다.

(3) 형식 지정자

형식 지정자는 출력되는 형식을 지정하는 문자이다.

형식_지정자	설명
%c	문자 상수(character constant)로 변환하여 출력
%d	10진수(decimal number)로 변환하여 출력
%e (%E)	실수를 부동 소수점(floating point) 방식으로 변환하여 출력
%f	실수를 고정 소수점(fixed point) 방식으로 변환하여 출력
%g (%G)	실수를 %d, %e (%E), %f 중 간단한 형식으로 변환하여 출력
%s	문자열(string)로 변환하여 출력
%o	무부호 8진수(octal number)로 변환하여 출력
%u	무부호 10진수(unsigned decimal)로 변환하여 출력
%x (%X)	무부호 16진수(hexadecimal)로 변환하여 출력
%p	포인터나 변수의 주소를 16진수로 출력

형식

printf("형식_지정자", 출력할_데이터); ← 출력할_데이터를 형식_지정자가 지정하는 형식으로 출력한다.

예제 1 도형 문자

```
#include <stdio.h>
int main()
{
    printf( " 안녕 ? -> " );
    printf( " 안녕 ?  \n" );
    printf( " 강아지 [%d] 마리가 있다. \n", 2 );
    return 0;
}
```

실행 결과

```
안녕 ? -> 안녕 ?
강아지 [2] 마리가 있다.
```

설명 형식_지정자 '%d'가 있는 자리에 오른쪽의 출력할_데이터 '2'가 들어간다.

예제 2 제어 문자

```
#include <stdio.h>
int main()
{
    printf("123456789 \n");                 // \n은 줄 바꿈
    printf("---123\n456789 \n");            // \n은 줄 바꿈
    printf("12345\r6789\n");                // \r에 의한 return
    printf("12345\b6789\n");                // \b에 의한 back space
    printf("12345\t6789\n");                // \t에 의한 tab
    printf("12345\a6789\n");                // \a에 의한 alarm
    return 0;
}
```

실행 결과

```
123456789
---123
456789
67895
12346789
12345    6789
123456789
```

문자열과 데이터를 동시에 출력하려면, 다음의 형식과 같이 이중 인용부호 " " 속에 도형 문자열과 형식 지정자를 넣고 뒤에 출력할 데이터를 넣는다.

형식

printf("도형_문자_열 형식_지정자", 출력할_데이터);
← 도형 문자열을 콘솔 창에 표시한다. 이어서 출력할_데이터를 형식_지정자의 형식으로 변환하여 표시한다.

예제 3 형식 지정자

```
#include <stdio.h>
int main()
{
    int  a =100, b = 200, c = 300;
    printf( " 변수 a = %d \n", a);                      // 도형문자와 변수 a를 함께 출력
    printf( " 변수 b = %d, 변수 c = %d \n", b, c);   // 도형문자와 변수 b, c를 함께 출력
    return 0;
}
```

실행 결과

```
변수 a = 100
변수 b = 200, 변수 c = 300
```

예제 4 형식 지정자

```
#include <stdio.h>
int main()
{
    printf(" 10진수 %d \n", 20);              // 10진수로 변환하여 출력
    printf("  8진수 %o \n", 20);              // 8진수로 변환하여 출력
    printf(" 16진수 %x \n", 20);              // 16진수로 변환하여 출력
    printf(" 고정 소수점 %f \n", 3.14);        // 고정 소수점 형식으로 변환하여 출력
    printf(" 부동 소수점 %e \n", 456.7);       // 부동 소수점 형식으로 변환하여 출력
    printf(" 문자 %c \n", 'G');               // 문자로 변환하여 출력
    printf(" 문자열 %s \n", "one");           // 문자열로 변환하여 출력
    printf(" %s %s %s\n", "This  statement will print " ,
         "one long line of text" , "on the screen." ) ;
    return 0;
}
```

실행 결과

```
10진수 20
8진수 24
16진수 14
고정 소수점 3.140000
부동 소수점 4.567000e+002
문자  G
문자열 one
This statement will print one long line of text on the screen.
```

4.3 필드 폭과 정밀도

printf() 문에서 필드 폭과 정밀도는 다음의 형식과 같다.

- 필드는 데이터가 출력되는 자리를 나타낸다.
- 필드 폭은 출력되는 전체 자릿수를 나타낸다.
- 정밀도는 출력되는 전체 자릿수에서 소수점 아래의 자릿수를 나타낸다.

지정을 하지 않으면 기본(default) 값인 6자리로 간주된다.

	1	2	3	4	.	5	6	7	9

점 ← 정밀도 →

← 필드 폭 →

형식 printf("%필드_폭. 정밀도 형식_지정자", 출력할_데이터);

예

printf("%5d", a);	← 필드 폭을 5자리로 지정, a를 5자리로 출력
printf("%10.4f", x);	← 필드 폭을 10자리, 정밀도는 4자리로 지정, 전체 10자리를 확보하고 소수점 아래는 4자리를 지정
printf("%5c", 'A');	← 필드 폭을 5자리로 지정

예제 5 필드 폭과 정밀도

```
#include <stdio.h>
int main()
{
    int a = 7;   float x =1234.5678901f; char ch='A';
    printf( "%5d \n", a );
    printf( "%10.4f \n", x );
    printf( "%5c \n", ch );
    return 0;
}
```

실행 결과

				7					
	1	2	3	4	.	5	6	7	9
				A					

설명

%5d는 5자리를 확보하여 오른쪽 정렬로 출력한다. %10.4f는 10자리를 확보하여 그 중 소수점 아래에 4자리를 할당한다. %5c는 5자리를 확보하여 오른쪽 정렬로 출력한다.

예제 6 필드 폭

```
#include <stdio.h>
int main()
{
    printf("1. %15d %15d %15d \n", 1, 22, 333);
    printf("2. %15e %15e %15e \n", 1.0, 23.4, 0.0000567);
    printf("3. %15f %15f %15f \n", 1.0, 23.4, 0.0000567);
    printf("4. %15g %15g %15g \n", 1.0, 23.4, 0.0000567);
    printf("5. %15c %15c %15c \n", 'A', 'B', 'C');
    printf("6. %15s %15s %15s \n", "A", "AB", "ABC");
    printf("7. %3d, %3f, %3s \n", 12345, 12.345, "string");
    return 0;
}
```

실행 결과

```
1.               1              22             333
2.  1.000000e+00    2.340000e+01    5.670000e-05
3.        1.000000       23.400000        0.000057
4.               1            23.4        5.67e-05
5.               A               B               C
6.               A              AB             ABC
7. 12345, 12.345000, string
```

설명

- 기본적으로 모든 데이터가 오른쪽으로 정렬되어 있다.
- %e의 기본(default) 필드 폭은 13이다. 가수부(8자리)+e(1자리)+지수부(4자리)로 구성된다.
- %f와 %e의 기본(default) 정밀도는 6이다.
- %g에서 실수는 정수형, 고정 소수점 방식, 부동 소수점 방식으로 각각 출력되었다.
- 데이터의 폭이 지정한 필드의 폭보다 크면, 지정된 필드 폭을 무시되고 데이터의 폭에 따라 출력된다.

예제 7 정밀도

```
#include <stdio.h>
int main()
{
    printf(" %e,  %.2e,  %.5e \n", 23.456,  23.456,  23.456);
    printf(" %f,  %.2f,  %.5f \n",   23.456,  23.456,  23.456);
    printf(" %s,  %.2s,  %.4s \n",  "abcde", "abcde", "abcde");
    printf(" %14E %14.2E %14.5E\n", 23.456, 23.456, 23.456);
    printf(" %14f %14.2f %14.5f\n",   23.456, 23.456, 23.456);
    return 0;
}
```

실행 결과

```
2.345600e+01, 2.35e+01, 2.34560e+01
23.456000,  23.46, 23.45600
abcde, ab, abcd
2.345600E+01    2.35E+01      2.34560E+01
     23.456000          23.46          23.45600
```

설명 형식 지정자가 %e이면 출력되는 값의 지수기호가 e이고, %E이면 출력되는 값의 지수기호는 E이다.

4.4 플래그

플래그(flag)는 필드에서 데이터의 정렬 방식, +부호, 왼쪽 0 채우기 그리고 진법 표시를 나타내는 기호이다. 형식 지정자의 앞에 붙인다.

플래그	의미
-	데이터를 왼쪽으로 정렬한다. 이를 생략하면 오른쪽으로 정렬한다.
+	양수에 +부호를 출력한다. 이를 생략하면 +부호를 출력하지 않는다.
0	지정한 필드 폭이 데이터의 폭보다 클 때 왼쪽 여백을 0으로 채운다.
#	%#d는 10진수로, %#o는 8진수로, %#x는 16진수로 각각 출력한다. 정수 앞에 진법기호를 붙여서 출력한다.

형식 printf("% 플래그 형식 지정자", 출력할_데이터);

예

```
printf( "%-7d", a );    ← 왼쪽 정렬한다.
printf( "%+7d", a );    ← +부호를 붙인다.
printf( "%07d", a );    ← 데이터의 왼쪽 여백을 0으로 채운다.
printf( "%#x", a );     ← 16진수로 출력한다.
```

예제 8 플래그

```
#include <stdio.h>
int main()
{
    int a=123;
    printf(" (1) %7d \n", a);     // 오른쪽 정렬, +부호 생략
    printf(" (2) %+7d \n", a);    // 오른쪽 정렬, +부호 붙임
    printf(" (3) %-7d \n", a);    // 왼쪽 정렬, +부호 생략
    printf(" (4) %-+7d \n", a);   // 왼쪽 정렬, +부호 붙임
    printf(" (5) %07d \n", a);    // 데이터의 왼쪽 여백을 0을 채움
    printf(" (6) %+07d \n", a);
    printf(" (7) %#d = %#o = %#x \n", 15, 15, 15);
    return 0;
}
```

실행 결과

```
(1)     123
(2)    +123
(3) 123
(4) +123
(5) 0000123
(6) +000123
(7) 15 = 017 =0xf
```

4.5 특수 문자의 출력

특수문자 \ , % 등을 출력하려면 다음의 표와 같은 제어 문자를 사용한다. 예를 들어 역 슬래시 \를 출력하기 위해서는 \\로 쓴다. 이 문자는 글씨체에 따라 ₩로 표시되기도 한다.

출력할 문자	출력을 위한 제어문자
\(역 슬래시)	\\
'(인용부호)	\'
"(이중 인용부호)	\"
%(퍼센트 기호)	%%
ASCII 문자	\ 다음에 ASCII_코드를 8진수로 적음 \ x 다음에 ASCII_코드를 16진수로 적음

예제 9 특수문자 출력

```
#include <stdio.h>
int main()
{
    printf(" 역 슬래시는 \\로 출력합니다. \n");
    printf(" 인용부호는 \'로 출력합니다. \n");
    printf(" 이중 인용부호는 \"로 출력합니다. \n");
    printf(" 퍼센트 기호는 %%로 출력합니다. \n");
    printf(" ASCII code A는 \101(8진수)로 출력할 수 있습니다. \n");
    printf(" ASCII code A는 \x41(16진수)로 출력할 수 있습니다. \n");
    return 0;
}
```

실행 결과

```
역 슬래시는 \로 출력합니다.
인용부호는 '로 출력합니다.
이중 인용부호는 "로 출력합니다.
퍼센트 기호는 %로 출력합니다.
ASCII code A는 A(8진수)로 출력할 수 있습니다.
ASCII code A는 A(16진수)로 출력할 수 있습니다.
```

4.6 문자나 문자열의 출력 함수

문자나 문자열을 형식 없이 단순히 출력하는 경우에는 다음의 표와 같은 출력 함수를 쓰는 것이 편하다. 이 함수들은 형식 문자열을 지원하지는 않지만, 명령문이 간단하다.

문자나 문자열의 출력 함수	헤더 파일	기능
putchar()	stdio.h	하나의 문자를 콘솔 창에 출력
_putch()	conio.h	하나의 문자를 콘솔 창에 출력
puts()	stdio.h	문자열을 콘솔 창에 출력

4.6.1 putchar() 문

출력할 문자나 값을 문자로 변환하여 콘솔 창에 출력한다.

형식 putchar(출력할_문자나_값); ← 하나의 문자를 콘솔 창에 출력

예

```
putchar('A');
putchar(65);        ← 괄호 속에는 ASCII 코드를 10진수로 넣는다.
```

예제 10 putchar()

```
#include <stdio.h>
int main()
{
    char ch = 'A';
    putchar('A');    // 문자
    putchar(ch);     // 문자형 변수
    putchar(65);     // 문자 'A'의 ASCII 코드를 10진수로 적음
    putchar('\n');   // 줄 바꿈
    return 0;
}
```

실행 결과 AAA

4.6.2 _putch() 문

putchar()와 기능은 같으나 출력 과정에 버퍼를 거치지 않는다. 출력할 문자나 값을 문자로 변환하여 콘솔 창에 출력한다. 이 함수는 conio.h에 들어 있으므로 프로그램의 맨 앞에 #include <conio.h>라는 전처리 지시문을 기술하여야 한다.

형식		
	#include 〈conio.h〉	← 전처리 지시문
	_putch(출력할_문자나_값);	← 하나의 문자를 콘솔 창에 출력

예		
	_putch('A');	
	_putch(65);	← 괄호 속에는 ASCII 코드를 10진수로 넣는다.

예제 11 _putch()

```
#include 〈conio.h〉
int main()
{
    char ch='B';
    _putch('B');     // 문자
    _putch(ch);      // 문자형 변수
    _putch(66);      // 문자 'B'의 ASCII 코드를 10진수로 적음
    _putch('\n');    // 줄 바꿈
    return 0;
}
```

실행 결과

```
BBB
```

설명 _putch()를 사용하기 위해서는 전처리 지시문 #include 〈conio.h〉을 프로그램의 맨 앞에 기술한다.

4.6.3 puts() 문

한 줄의 문자열을 특별한 형식 없이 간단히 출력하기 위해서는 puts() 함수를 이용할 수 있다. 이 함수는 출력할 문자열을 콘솔 창에 출력하고 자동으로 줄 바꿈을 한다.

형식	puts("출력할_문자열");	← put a string !

예	puts("ABC"); puts(ch);	← 문자열 "ABC"를 콘솔 창에 출력 ← 문자형 배열 ch를 콘솔 창에 출력 (문자형 배열은 8.2 일차원 배열 참조)

예제 12 puts()

```
#include <stdio.h>
int main()
{
    puts(" puts() 함수는 자동 줄 바꿈을 한다. ABC");
    puts(" XYZ");
    printf(" printf() 문은 자동 줄 바꿈을 하지 않는다. abc");
    printf(" xyz");
    return 0;
}
```

실행 결과

```
puts() 함수는 자동 줄 바꿈을 한다. ABC
XYZ
printf() 문은 자동 줄 바꿈을 하지 않는다. abc xyz
```

설명

- puts() 문은 문자열을 출력하고 NULL 문자('\0')에 의해 자동으로 줄 바꿈을 한다.
- printf() 문은 NULL 문자에 의한 자동 줄 바꿈을 하지 않는다.

데이터의 출력

학습과제

[과제 1] 표준 입출력 함수를 열거하고 각각을 설명하시오.

[과제 2] 표에 있는 제어문자의 기능을 설명하시오.

제어문자	최솟값
\n	
\r	
\b	

[과제 3] 표에 있는 형식 지정자의 기능을 설명하시오.

형식 지정자	기능
%c	
%d	
%e	
%f	
%s	
%p	

[과제 4] 다음의 함수를 사용하는데 필요한 헤더 파일과 전처리 지시문을 기재하시오.

함수	헤더 파일	전처리 지시문
putchar()		
printf()		
puts()		
_putch()		

[과제 5] 다음의 프로그램을 실행하는 경우, 콘솔 창에 나타나는 결과를 적으시오.

```
#include <stdio.h>
int main()
{
    double d =3.14;
    printf(" %7.2f \n", d);
    printf(" %+7.2f \n", d);
    printf(" %-7.2f \n", d);
    printf(" %07.2f \n", d);
    printf(" \"이중 인용부호\"도 출력됩니다.");
    return 0;
}
```

[과제 6] 다음의 프로그램을 실행하는 경우, 콘솔 창에 나타나는 결과를 적으시오.

```
#include <stdio.h>
#include <conio.h>
int main()
{
    char ch='W';
    putchar(ch);
    putchar('\n');
    _putch('X'); _putch('X'); _putch('X');
    _putch('\n');
    puts("ABCDEF");
    return 0;
}
```

[과제 7] 다음의 프로그램을 실행하는 경우, 콘솔 창에 나타나는 결과를 적으시오.

```
#include <stdio.h>
int main()
{
    int a = 123;   float x =12.34567f;  char ch='X';
    printf( "%6d \n", a );
    printf( "%14.3f \n", x );
    printf( "%5c \n", ch );
    printf( "%5s %5s %5s \n", "X", "XY", "XYZ");
    return 0;
}
```

PART 05

데이터의 입력

- 버퍼화 입력과 비버퍼화 입력을 이해한다.
- scanf_s() 함수를 이해하고 사용하는 방법을 익힌다.
- scanf_s() 함수의 필드 폭 지정 방법을 익힌다.
- 문자나 문자열의 입력 함수를 이해하고 이들을 사용하는 방법을 익힌다.

PART 05

데이터의 입력

5.1 버퍼화 입력과 비버퍼화 입력

버퍼화 입력(buffered input)은 키보드로부터 읽어 들인 데이터를 입력 버퍼(input buffer)에 저장하였다가, 엔터키(enter key, ↵)를 누르면 프로그램으로 들어가게 하는 방식이다. 버퍼화 입력 함수로는 scanf_s(), getchar() 및 gets_s()가 있다. 이들 함수는, 입력 버퍼가 비었을 때는 새로운 값을 받기 위해 대기 상태가 되고, 입력 버퍼에 데이터가 들어 있으면 그 내용을 읽어 들인다.

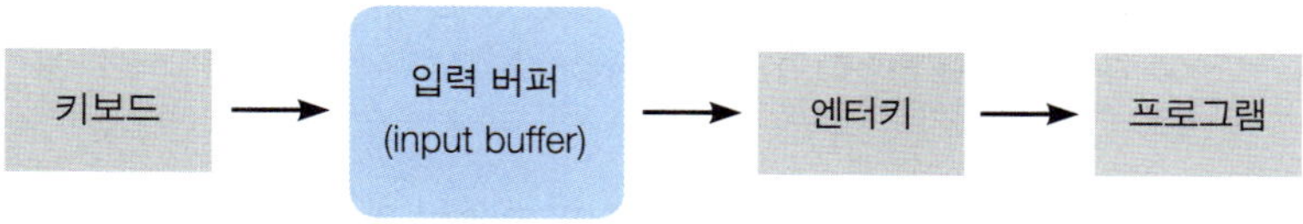

버퍼화 입력 방식은 키보드에서 입력된 모든 문자를 ASCII 코드 형태로 입력 버퍼에 임시로 저장하였다가 엔터키를 누르면 프로그램의 변수에 입력한다. 버퍼화 입출력 함수는 표준 라이브러리 함수로서 헤더 파일 stdio.h에 들어 있다. 이 함수를 이용하려면 프로그램의 맨 앞에 #include <stdio.h>라는 전처리 지시문을 기술하여야 한다.

비버퍼화 입력(unbuffered input)은 키보드의 입력 데이터가 입력 버퍼를 거치지 않고, 바로 프로그램으로 들어가게 하는 방식이다. 키보드로 데이터를 입력하고 나서, 엔터키를 누르지 않아도 입력 데이터는 바로 프로그램의 변수에 들어간다. 비버퍼화 입력 함수로는 _getche()와 _getch()가 있다. 이전이 쓰던 getche()와 getch()는 더 이상 사용되지 않는다. 비버퍼화 입출력 함수는 헤더 파일 conio.h에 들어 있다. 프로그램의 맨 앞에 #include <conio.h>를 적는다.

5.2 scanf_s() 함수

scanf_s() 함수는 키보드에서 데이터를 읽어 들여 변수에 저장한다. scanf_s() 함수는 형식 지정자가 지정하는 형식으로, 데이터를 읽어 들여서 저장할 변수의 주소에 저장한다. 예를 들어

```
scanf_s("%c", &ch, sizeof(ch));
```

는 키보드로 읽어 들인 데이터를 변수 ch의 주소에 저장한다. 여기서 &는 변수의 주소를 나타내는 주소 연산자이다. &ch는 변수 ch의 주소를 나타낸다. sizeof(ch)는 ch의 길이를 바이트 단위로 나타낸다(6.9 기타 연산자 참조).

형식 scanf_s("형식_지정자", 저장할_변수의_주소, 변수의_길이);

- scanf_s()는 키보드에서 읽어 들인 데이터를 저장할_변수의_주소에 저장한다.
- 형식_지정자는 읽어 들일 데이터의 형식을 지정한다.
- double형 실수를 입력할 때는 형식_지정자를 "%lf"나 "%lg"로 지정해야 한다.

형식 지정자는 입력되는 형식을 지정하는 문자로서 다음의 표와 같이 여러 가지가 있다. 이것은 printf() 문의 형식 지정자와 비슷하나 키보드에서 데이터를 읽는다는 점에서 차이가 있다.

형식_지정자	설명
%c	문자 상수(character constant)를 입력
%d	10진수(decimal number)를 입력
%e(%E)	float형 실수를 입력
%f	
%g(%G)	
%lf	double형 실수를 입력
%lg	
%s	문자열(string)을 입력
%o	무부호 8진수(octal)를 입력
%u	무부호 10진수(unsigned decimal)를 입력
%x(%X)	무부호 16진수를 입력

scanf_s() 함수의 반환값은 키보드에서 정상적으로 읽어 들인 데이터의 개수이다. 예를 들어

```
scanf_s("%d %d", &a, &b);
```

을 실행하여, 정상적으로 a와 b의 데이터를 읽은 경우, scanf_s() 함수의 반환값은 2가 된다.

숫자를 입력할 경우(문자나 문자열이 아닌 경우)에는 형식 지정자와 저장할 변수의 주소만 지정한다.

예 1

```
scanf_s("%d", &a);      ← 읽어 들인 10진수를 변수 a에 저장한다.
scanf_s("%f", &b);      ← 읽어 들인 실수를 변수 b에 저장한다.
```

문자나 문자열을 입력할 경우에는 형식 지정자와 저장할 변수의 주소, 변수의 길이를 명시한다. 변수의 길이는 sizeof() 함수를 이용하여 구한다.

예 2

```
canf_s("%c", &ch, sizeof(ch));        ← 읽어 들인 문자를 변수 ch에 저장한다.
scanf_s("%s", &str, sizeof(str));     ← 읽어 들인 문자열을 문자형 배열 str에 저장한다.
```

배열(array)은 동일한 데이터형을 가지는 여러 개의 변수를 하나의 변수명에 집합시킨 것이다(8.1 배열이란 참조).

문자형 배열이란 여러 개의 문자(character)가 나열된 것을 하나의 변수명으로 표시한 것이다(8.2 일차원 배열 참조). 예를 들어 char a[15]는 문자 15개로 구성되는 문자형 배열을 선언한 것이다. 문자형 배열에는 문자열(string)을 저장할 수 있다.

[참고] 이전의 scanf() 함수를 쓰지 않는 이유

잘 알려진 사실이지만, 마이크로소프트사의 Visual studio를 사용하는 독자는 다음의 내용을 한 번 짚고 가는 것이 좋다. scanf()는 C 언어의 표준 입력 함수로 사용된다. 사용 형식은

```
scanf("형식_지정자", 저장할_변수의_주소);
```

이다. 이 함수는 키보드의 입력값을 변수의 주소에 넣는 과정에서, 할당된 메모리의 크기를 넘어가는 경우가 있는데, 이를 "버퍼 오버플로우"라 한다. 마이크로소프트사는 "버퍼 오버플로우"를 방지하기 위하여 scanf() 대신에 scanf_s()라는 새로운 함수를 표준으로 지정하였다. Visual studio 2005 버전 이후로 scanf()를 사용하면 다음과 같은 오류 메시지가 보인다.

This function or variable may be unsafe. Consider using scanf_s instead. To disable deprecation, use _CRT_SECURE_NO_WARNINGS. See online help for details.

이 오류를 무시하고 프로그램을 컴파일하여 실행하면, 실행 결과에 오류가 있을 수 있다. 그러므로 scanf() 대신에 scanf_s()를 사용하는 것이 안전하다.

예제 1 정수 하나를 입력

```
#include <stdio.h>
int main()
{
    int age;
    scanf_s("%d", &age);    // 읽어 들인 10진수를 변수 age에 저장
    printf("입력한 값은 %d입니다. \n", age);
    return 0;
}
```

실행 결과

```
20 ↵                // 입력 후 엔터키 ↵
입력한 값은 20입니다.
```

설명

프로그램을 실행시키면 콘솔 창에 커서가 깜박인다. 이때 숫자를 입력하고 엔터키 ↵를 누른다.

예제 2 정수 두 개를 입력

```
#include <stdio.h>
int main()
{
    int i, j, k;
    printf(" 정수 두 개를 입력하시오: ");
    scanf_s(" %d %d", &i, &j );  // 데이터는 공백 또는 엔터키로 구분
    k= i + j;
    printf("%d + %d =%d\n", i, j, k);
    return 0;
}
```

실행 결과

```
정수 두 개를 입력하시오: 10 20 ↵  // 입력 후 엔터키 ↵
10 + 20 =30
```

설명

- 두 개 이상의 수를 입력할 경우 공백 문자 또는 엔터키 ↵ 로 구분하여 입력한다.
- 실행 창에서 데이터를 입력할 때, 데이터를 구분하기 위하여 입력하는 공백(space) 문자나 엔터키, 탭 문자 등을 "화이트 스페이스"(화면에 표시되지 않는 문자)라고 부른다.
- 엔터키(↵)를 눌러야 입력이 완료된다.

분리자(separator)는 형식 지정자 안에 들어 있는 도형문자를 말한다. 키보드에서 입력할 때는 분리자와 데이터를 함께 입력해야 한다(분리자는 2.4 절 참조).

예제 3 분리자와 데이터를 함께 입력

```
#include <stdio.h>
int main()
{
    int y, m, d;
    printf(" 오늘을 연-월-일 순으로 입력(yy-mm-dd): ");
    scanf_s("%d-%d-%d", &y, &m, &d );            // 연월일을 -로 구분하여 입력
    printf("\n 오늘은 %d년 %d월 %d일입니다. \n", y, m, d);
    return 0;
}
```

실행 결과

오늘을 연-월-일 순으로 입력(yy-mm-dd): 2022-1-1 ↵
오늘은 2022년 1월 1일입니다.

설명

형식 지정자에 들어있는 공백은 의미가 없다. 공백이 아닌 도형문자가 들어 있으면 이것은 분리자로서, 분리자와 데이터를 함께 입력해야 한다.

예제 4 실수 입력

```
#include <stdio.h>
int main()
{
    float a, b, c;
    printf(" 실수를 두 개 넣으시오: ");
    scanf_s("%f %f", &a, &b );
    c= a * b;
    printf("%f * %f =%f \n", a, b, c);
    printf(" 다시 실수를 두 개 넣으시오: ");
    scanf_s("%e %g", &a, &b );    // %e, %g는 %f와 동일함
    c= a / b;
    printf("%f / %f =%f\n", a, b, c);
    return 0;
}
```

실행 결과

실수를 두 개 넣으시오: 2.345 7 ↵
2.345000 * 7.000000 = 16.415001
다시 실수를 두 개 넣으시오: 10e1   2. ↵
100.000000 / 2.000000 = 50.000000

예제 5 double형 실수 입력

```
#include <stdio.h>
int main()
{
    double a, b, c;
    printf(" double형 실수를 두 개 넣으시오: ");
    scanf_s(" %lf %lf", &a, &b );
    c= a + b;
    printf("%f + %f =%f \n", a, b, c);
    return 0;
}
```

실행 결과

```
double형 실수를 두 개 넣으시오: 1.23 4.56 ↵
1.230000 + 4.560000 = 5.790000
```

설명 double형 실수를 입력할 때는 형식 지정자를 "%lf" 나 "%lg"로 지정해야 한다.

예제 6 16진수 입력

```
#include <stdio.h>
int main()
{
    int i, j, k;
    printf(" 정수 두 개를 16진수로 입력하시오. \n");
    scanf_s("%x %x", &i, &j );              // 16진수를 입력
    k= i + j;
    printf("%#x + %#x = %#x \n", i, j, k);  // 16진수로 출력
    printf("%d + %d = %d \n", i, j, k);     // 10진수로 출력
    return 0;
}
```

실행 결과

```
정수 두 개를 16진수로 입력하시오.
23     7 ↵
0x23 + 0x7 = 0x2a
35 + 7 = 42
```

예제 7 문자 입력

```
#include <stdio.h>
int main()
{
    char ch;
    printf("문자를 하나만 입력하시오. ch = ");
    scanf_s("%c", &ch, sizeof(ch));
    printf("문자 %c의 ASCII 코드 = %#x \n", ch, ch);
    return 0;
}
```

실행 결과

```
문자를 하나만 입력하시오. ch = A ↵
문자 A의 ASCII 코드 = 0x41
```

설명 %c 형식으로 문자를 읽어 들일 때, 공백이나 엔터키도 하나의 문자로 인식한다.

예제 8 문자열 입력

```
#include <stdio.h>
int main()
{
    char str[15];                          // 문자열을 저장할 배열을 만듦
    printf(" 이름을 넣으시오 : \n");
    scanf_s("%s", str, sizeof(str));       // 배열명 앞에는 주소 연산자(&) 붙이지 않음
    printf("\n 입력한 이름은 %s 입니다. \n", str);
    return 0;
}
```

실행 결과 1

```
이름을 넣으시오:
김이슬 ↵
입력한 이름은 김이슬입니다.
```

실행 결과 2

```
이름을 넣으시오:
김 이슬 ↵
입력한 이름은 김입니다.
```

설명 %s 형식으로 문자를 읽어 들일 때, 공백은 문자열의 끝(NULL 문자)으로 간주한다. 실행 결과 2에서 '김' 다음에 공백이 있으므로, 이후의 내용은 입력되지 않는다.

5.3 필드 폭 지정

scanf_s() 문에서, 필드 폭은 입력 버퍼에서 읽을 데이터의 자릿수이다. 필드 폭을 지정하면 데이터의 구분을 위한 공백이나 엔터키(↵)를 사용하지 않아도 된다.

형식 scanf_s("%필드_폭 형식_지정자", 저장할_변수의_주소);

예 scanf_s("%3d", &a); ← 필드 폭을 3자리로 지정

예제 9 필드 폭 지정: 정수 입력

```
#include <stdio.h>
int main()
{
    int a, b;
    printf("숫자 10자리를 입력하시오 : ");
    scanf_s("%3d %3d", &a, &b );
    printf("앞의 3자리 a = %3d, 뒤의 3자리 b = %3d\n", a, b);
    return 0;
}
```

실행 결과

```
숫자 10자리를 입력하시오 : 1234567890 ↵
앞의 3자리 a = 123, 뒤의 3자리 b = 456
```

설명 처음 3자리 정수는 변수 a에 저장, 다음 3자리 정수는 변수 b에 저장된다. 나머지 정수는 입력 버퍼에 남는다.

예제 10 필드 폭 지정: 실수 입력

```
#include <stdio.h>
int main()
{
    float x, y;
    printf("  데이터를 입력하시오: ");
    scanf_s("%4f  %4f", &x, &y );
    printf("  x=%f  y=%f\n", x, y);
    return 0;
}
```

실행 결과

```
데이터를 입력하시오:
1.234.567890 ↵
x=1.230000  y=4.560000
```

설명 처음 4자리(1.23)는 변수 x에, 다음 4자리(4.56)는 변수 y에 각각 저장된다. 나머지의 수는 입력 버퍼에 남는다.

5.4 문자나 문자열의 입력 함수

문자나 문자열을 정해진 형식으로 입력하는 경우에는 scanf_s() 함수를 이용한다. 이들을 형식 없이 단순히 입력하는 경우에는 다음과 같은 함수를 쓰는 것이 편하다.

문자나 문자열 입력 함수	헤더 파일	기능
getchar()	stdio.h	키보드에서 하나의 문자를 읽음
_getche()	conio.h	키보드에서 하나의 문자를 읽음
_getch()	conio.h	키보드에서 하나의 문자를 읽음
gets_s()	stdio.h	키보드에서 문자열을 읽음

5.4.1 getchar() 함수

키보드에서 하나의 문자를 읽어 들여 변수에 저장한다. 괄호 () 안은 공백이다.

형식 변수 = getchar(); ← get a character.

예 ch = getchar();

예제 11 getchar()

```
#include <stdio.h>
int main()
{
    char ch;
    printf(" 문자 하나를 입력하시오. ");
    ch = getchar();    // 하나의 문자를 입력
    putchar(ch);       // 하나의 문자를 출력
    putchar('\n');     // 줄 바꿈
    return 0;
}
```

실행 결과

```
문자 하나를 입력하시오. A ↵
A
```

예제 12 getchar()

```
#include <stdio.h>
int main()
{
    char c1, c2, c3;
    printf(" 문자 다섯 개를 입력하시오. ");
    c1 = getchar();
    putchar(c1);
    c2 = getchar();
    putchar(c2);
    c3 = getchar();
    putchar(c3);
    return 0;
}
```

실행 결과

```
문자 다섯 개를 입력하시오. abcde ↵
abc
```

설명	• 문자열 "abcde"가 입력 버퍼에 입력되면 - c1 = getchar();는 버퍼에 있는 첫 번째 문자를 읽어서 c1에 저장하고, putchar(c1)는 c1을 출력한다. - c2 = getchar();는 버퍼에 있는 두 번째 문자를 읽어서 c2에 저장하고, putchar(c2)는 c2를 출력한다. - c3 = getchar();는 버퍼에 있는 세 번째 문자를 읽어서 c3에 저장하고, putchar(c3)는 c3을 출력한다. • 버퍼화 입력은 입력 버퍼에 있는 데이터를 우선적으로 읽어서 변수에 저장한다. 입력 버퍼가 비었을 때는 새로운 값을 받기 위해 대기상태가 되어 콘솔 창에 커서가 깜빡인다.

5.4.2 _getche() 함수

getchar() 함수와 같은 기능을 하나 입력 버퍼를 거치지 않는다. 키보드에 입력된 하나의 문자를 읽어 들여 변수에 저장한다. 키보드에 입력된 문자는 콘솔 창에 나타난다. 엔터키를 누르지 않아도 데이터가 입력된다. 이 함수는 conio.h에 들어 있으므로 프로그램의 맨 앞에 #include <conio.h>를 적는다.

형식	변수 = _getche();	← get a character with echo.

예	ch = _getche();

5.4.3 _getch() 함수

_getche() 함수와 같은 기능을 하나, 키보드에 입력된 문자가 콘솔 창에 나타나지 않는다는 점에서 차이가 있다. 이 함수는 conio.h에 들어 있으므로 프로그램의 맨 앞에 #include <conio.h>를 적는다.

형식	변수 = _getche();	← get a character without echo.

예	ch = _getch();

예제 13 _getche()와 _getch()

```
#include <stdio.h>
#include <conio.h>
int main()
{
    char ch;
    printf("첫 번째 문자를 입력하시오. ");
    ch=getchar();       // 문자를 입력하고 엔터키를 누름
    putchar(ch);
    putchar('\n');      // 줄 바꿈
    printf("두 번째 문자를 입력하시오. ");
    ch=_getche();       // 문자를 입력하고 엔터키를 누르지 않음
    putchar('\n');
    _putch(ch);         // 하나의 문자를 출력
    return 0;
}
```

실행 결과

```
첫 번째 문자를 입력하시오. A↵        ← 엔터키 ↵를 누름
A
두 번째 문자를 입력하시오. B         ← 엔터키 ↵를 누르지 않음
B
```

설명

- getchar() 함수는 문자를 입력하고 엔터키를 눌러야 그 문자를 읽어 들인다.
- _getche() 함수는 한 문자를 입력하는 즉시 그 문자를 읽어 들인다. 키보드에 입력한 문자가 콘솔 창에 나타난다.
- _getch() 함수는 한 문자를 입력하는 즉시 그 문자를 읽어 들인다. 키보드에 입력한 문자가 콘솔 창에 나타나지 않는다.
- _getche()와 _getch()를 사용하기 위해서 #include <conio.h>를 프로그램의 맨 앞에 적는다.

5.4.4 gets_s() 문

한 줄의 문자열을 특별한 형식 없이 간단히 입력받는 함수이다. 이 함수의 괄호 ()안에는 문자형 배열명만 온다. 이 함수는 stdio.h에 들어 있으므로 프로그램의 맨 앞에 #include <stdio.h>라는 전처리 지시문을 기술하여야 한다.

형식	gets_s(문자형_배열);	← get a string.

예	char str[100]; gets_s(str);	← 키보드에서 문자열을 읽어 들여 문자형 배열 str에 저장 한다. 엔터키를 누르면 문자열이 입력된다.

예제 14 gets_s()를 사용

```
#include <stdio.h>
int main()
{
    char str[100];
    puts("문자열을 입력하세요.");
    gets_s(str);            // 엔터키
    puts(str);              // 자동 줄 바꿈
    puts("감사합니다.");
    return 0;
}
```

실행 결과

```
문자열을 입력하세요.
안녕하세요? ↵
안녕하세요?
감사합니다.
```

데이터의 입력

학습과제

[과제 1] 다음의 용어를 설명하시오.

① 버퍼화 입력

② 비버퍼화 입력

③ scanf_s() 함수

[과제 2] 다음의 함수를 설명하시오.

① getchar()

② _getche()

③ _getch()

④ gets_s()

[과제 3] scanf_s() 함수에서 다음의 형식 지정자를 설명하시오.

형식 지정자	기능
%c	
%d	
%e(%E)	
%f	
%g(%G)	
%lf	
%lg	
%s	

[과제 4] 키보드에서 영어(ENG), 수학(MATH), C 언어(C-LANG)의 성적을 읽어 들인 후 성적의 평균을 구하여 다음과 같은 형식으로 출력하는 프로그램을 작성하시오.

```
영어, 수학, C 언어의 성적을 순서대로 입력하세요.
80   90   95

ENG   MATH   C-LANG   average
80    90     95       88.33
```

[과제 5] 키보드에서 두 개의 실수 a, b를 읽어 들여 덧셈, 뺄셈, 나눗셈, 곱셈을 한 후, 결과를 다음과 같이 출력하는 프로그램을 작성하시오.

```
두 개의 실수를 입력하시오.
12.3   4.5
12.3 + 4.50 = 16.80
12.3 - 4.50 =   7.8
12.3 * 4.50 = 55.35
12.3 / 4.50 =  2.73
```

[과제 6] 키보드로부터 이름, 성별, 점수를 읽어 들여 다음과 같은 형식으로 출력하는 프로그램을 작성하시오.

```
이름, 성별(M/F), 점수를 입력하시오.
JHCHO   M        88
이름 = JHCHO
성별 = M
점수 = 88
```

[과제 7] 다음의 프로그램을 실행하는 경우, 콘솔 창에 나타나는 결과를 적으시오.

```
#include <stdio.h>
int main()
{
    char a='1', b='\n' , str[]="SOC" ;
    int c=65;
    putchar('1');
    putchar(a);
    putchar(49);
    putchar('\n');
    putchar(b);
    putchar('A');
    putchar(c);
    putchar(60+5);
    puts("");
    putchar(0xa);
    puts(str);
    return 0;
}
```

PART 06

연산자와 식

- 연산자, 오퍼랜드 그리고 식을 이해한다.
- 산술 연산자와 증감 연산자, 관계 연산자, 논리 연산자, 비트 연산자, 대입 연산자, 조건 연산자 등을 이해하고, 이들을 사용하는 방법을 익힌다.
- 기타 연산자를 이해한다.
- 연산의 우선순위와 결합 규칙을 이해한다.

PART 06

연산자와 식

6.1 연산자, 오퍼랜드 그리고 식

연산(operation)은 수식이나 함수에서 일정한 규칙에 따라 계산하는 것을 의미한다.

연산자(operator)는 +, -, *, <, & 등의 연산 기호를 의미한다. 연산자에는 산술 연산자, 관계 연산자, 논리 연산자 등이 있다.

> 수식: a = 3+6
> 연산자: '='와 '+'
> 오퍼랜드: '3'과 '6'
> 변수: a

오퍼랜드(operand)는 연산의 대상이 되는 데이터를 의미한다. 오퍼랜드를 "피연산자"라고도 한다.

수식 또는 식(expression)은 수와 양을 숫자나 문자, 연산자를 이용하여 연결한 것을 말한다. 즉 상수, 변수 또는 함수 등의 기본적인 단위를 연산자로 결합한 것을 말한다. 상수 '3'이나 변수 'a'와 같이 하나의 오퍼랜드 자체도 식이고, "3+a"와 같이 오퍼랜드가 결합된 것도 식이다. 산술 연산자로 결합된 식을 산술식, 관계 연산자로 결합된 식을 관계식, 논리 연산자로 결합된 식을 논리식이라 부른다.

> 산술식의 예: 3+5, a * 2
> 관계식의 예: 3〉5, a == b
> 논리식의 예: 1 && 0, a || b

일반적인 연산자는 오퍼랜드가 두 개인 2항 연산자이다. 오퍼랜드가 하나인 단항 연산자와 오퍼랜드가 세 개인 3항 연산자도 있다.

> 단항 연산의 예: -a, +a, ++a, !b, sizeof(a)
> 2항 연산의 예: 3+5, a==b, a&&b
> 3항 연산의 예: c=(a〉=b)? a: b;

6.2 산술 연산자

산술 연산자는 다음의 표와 같다.

산술 연산자	기능	산술식의 예
+	덧셈	a + b
-	뺄셈	a - b
*	곱셈	a * b
/	나눗셈	a / b
%	나머지	a % b
+(단항 연산자)	단순히 부호를 붙임	+a
-(단항 연산자)	단순히 부호를 붙임	-a

형식

데이터 + 데이터;
데이터 - 데이터;

예제 1 산술 연산자

```
#include <stdio.h>
int main()
{
    printf(" 7+4 = %d \n",  7+4 );
    printf(" 7-4 = %d \n",  7-4 );
    printf(" 7*4 = %d \n",  7*4 );
    printf(" 7/4 = %d \n",   7/4 );
    printf(" 7%%4 = %d \n", 7%4 );
    printf(" +7 = %d \n",   +7 );
    printf(" -7 = %d \n",   -7 );
    return 0;
}
```

실행 결과	7+4 = 11 7-4 = 3 7*4 = 28 7/4 = 1 7%4 = 3 +7 = 7 -7 =-7

설명	• 나누기(/)는 연산의 결과에서 소수 이하의 자리는 버리고 정수 부분의 값만 구한다. • 나머지 연산(%)은 나누기 연산을 한 후 나머지 값만 구한다.

6.3 증감 연산자

증감 연산자는 오퍼랜드의 값을 증가시키나 감소시키는 단항 연산자이다. 여기에는 증가 연산자와 감소 연산자가 있다.

증가 연산자(++)는 변수의 값을 1만큼 증가시킨다.

감소 연산자(--)는 변수의 값을 1만큼 감소시킨다.

증감 연산자의 오퍼랜드는 반드시 변수이어야 한다. 예를 들어 ++3, (a-b)++ 등의 표현은 잘못이다.

형식		
	++(변수명);	← 변수의 값을 1만큼 증가
	(변수명)++;	← 변수의 값을 1만큼 증가
	--(변수명);	← 변수의 값을 1만큼 감소
	(변수명)--;	← 변수의 값을 1만큼 감소

예		
	++a	← a=a+1;과 같음
	a++	← a=a+1;과 같음
	--a	← a=a-1;과 같음
	a--	← a=a-1;과 같음

예제 2 증감 연산자

```
#include <stdio.h>
int main()
{
    int a=10;
    a++;
    printf(" a++ = %d \n", a);
    a--;
    printf(" a-- = %d \n", a);
    --a;
    printf(" --a = %d \n", a);
    return 0;
}
```

실행 결과

```
a++= 11
a-- = 10
--a = 9
```

6.3.1 증감 연산의 순서

증감 연산의 순서는 증감 연산자의 위치에 따라 차이가 있다.

(1) 선행 증가

선행 증가는 증가 연산자(++)를 변수의 앞에 표시하는 것이다. ++b는 b의 값을 우선 1만큼 증가시키고 다른 연산을 한다.

(2) 선행 감소

선행 감소는 감소 연산자(--)를 변수의 앞에 표시하는 것이다. --b는 b의 값을 우선 1만큼 감소시키고 다른 연산을 한다.

구분	예	처리 순서
선행 증가	a = ++b;	b = b + 1; a = b;
선행 감소	a = --b;	b = b - 1; a = b;

(3) 후행 증가

후행 증가는 증가 연산자(++)를 변수의 뒤에 표시하는 것이다. b++는 현재 b의 값으로 다른 연산을 한 후, 마지막에 b의 값을 1만큼 증가시킨다.

(4) 후행 감소

후행 감소는 감소 연산자(--)를 변수의 뒤에 표시하는 것이다. b--는 현재 b의 값으로 다른 연산을 한 후, 마지막에 b의 값을 1만큼 감소시킨다.

구분	예	처리 순서
후행 증가	a = b++;	a = b; b = b + 1;
후행 감소	a = b--;	a = b; b = b - 1;

예제 3 선행 증가와 후행 증가

```
#include <stdio.h>
int main()
{
    int a, b;
    a= 2;
    b= a++;
    printf(" b=a++:  a= %d, b= %d \n",  a, b);
    a=2;
    b= ++a;
    printf(" b=++a:  a= %d, b= %d \n",  a, b);
    a=2;
    printf(" a++  :  a= %d \n",  a++);
    a=2;
    printf(" ++a  :  a= %d \n", ++a);
    return 0;
}
```

실행 결과

```
b=a++:  a= 3, b= 2
b=++a:  a= 3, b= 3
a++  : a=2
++a  : a=3
```

6.4 관계 연산자

C 언어에서 "참"(true)은 1로, "거짓"(false)은 0으로 각각 표시한다.

관계 연산자는 이항 연산자로서, 좌우의 두 항을 비교하여 관계식이 "참"이면 관계식의 값은 1이 되고, 관계식이 "거짓"이면 관계식의 값은 0이 된다.

① 관계식이 "참"이면	관계식의 값 = 1
② 관계식이 "거짓"이면	관계식의 값 = 0

예를 들어

① a>b일 때 → (a>b)의 값 = 1
② a>b가 아닐 때 → (a>b)의 값 = 0

이다. 다음의 표는 관계 연산자를 설명한 것이다. 연산자가 두 개 연결된 경우, 연산자 사이에 공백을 두면 안 된다. 즉 "< =", "> =", "! ="와 같이 공백을 넣으면 안 된다.

관계 연산자	의미	관계식의 예
<	보다 작다	a < b
<=	보다 작거나 같다	a <= b
>	보다 크다	a > b
>=	보다 크거나 같다	a >= b
==	서로 같다	a == b
!=	서로 같지 않다	a != b

형식

데이터 < 데이터;
데이터 > 데이터;

예제 4 관계 연산자

```
#include <stdio.h>
int main()
{
    printf( " (5<3)  = %d \n", 5<3 );
    printf( " (5<=3) = %d \n", 5<=3);
    printf( " (5>3)  = %d \n", 5>3);
    printf( " (5>=3) = %d \n", 5>=3);
    printf( " (5==3) = %d \n", 5==3);
    printf( " (5!=3)  = %d \n",  5!=3);
    return 0;
}
```

실행 결과

```
(5<3)  = 0
(5<=3) = 0
(5>3)  = 1
(5>=3) = 1
(5==3) = 0
(5!=3)  = 1
```

6.5 논리 연산자

C 언어에서 숫자 0은 "거짓"(0)을 나타내며 논릿값은 0이다. 반면에 0이 아닌 모든 숫자는 "참"(1)으로 간주하여 논릿값은 1이다.

① 숫자 0	→ 논릿값 = 0 ("거짓")
② 0이 아닌 모든 숫자	→ 논릿값 = 1 ("참")

(예) 숫자 0 → (0)의 논릿값 = 0
숫자 1 → (1)의 논릿값 = 1
숫자 2 → (2)의 논릿값 = 1
숫자 -2 → (-2)의 논릿값 = 1
숫자 -2000 → (-2000)의 논릿값 = 1

논리 연산자는 &&(AND), ||(OR) 또는 !(NOT)과 같은 논리 연산을 실행하는 연산자이다. 다음의 표는 논리 연산자를 설명한 것이다.

논리 연산자	의미	논리식의 예
&&	AND(논리 곱)	a && b
||	OR(논리 합)	a || b
!	NOT(논리 부정)	!a

형식

데이터 && 데이터; ← AND(논리 곱)
데이터 || 데이터; ← OR(논리 합)
!데이터; ← NOT(논리 부정)

(예)

&&(AND)	||(OR)	!(NOT)
0 && 0 == 0	0 || 0 == 0	! 0 == 1
0 && 1 == 0	0 || 1 == 1	! 1 == 0
1 && 0 == 0	1 || 0 == 1	
1 && 1 == 1	1 || 1 == 1	

예제 5 논리 연산자

```
#include <stdio.h>
int main()
{
    printf(" !0     = %d \n",  !0 );
    printf(" !5     = %d \n",  !5 );
    printf(" !(-2)   = %d \n",  !(-2) );
    printf(" 5&&0 = %d \n",  5&&0);       // 1&&0과 같다.
    printf(" 5||0   = %d \n",  5||0);        // 1||0과 같다.
    printf(" !(5>0) = %d \n",  !(5>0));
    printf(" (5>=0) = %d \n",  (5>=5));
    printf(" (5>0)||(5==0) = %d \n", (5>0)||(5==0));
    return 0;
}
```

실행 결과	!0 = 1 !5 = 0 !(-2) = 0 5&&0 = 0 5||0 = 1 !(5>0) = 0 (5>=0) = 1 (5>0)||(5==0) = 1

설명	• 논리식에서 논리값은 오로지 0과 1뿐이다. - 숫자 0은 논리값으로 0이다. - 0이 아닌 모든 숫자는 논리값으로 1이다.

6.6 비트 연산자

비트(bitwise) 연산자는 비트 단위로 논리 연산을 하거나 시프트(shift) 연산을 하는 연산자로서 하드웨어 제어에 유용하다. 비트 연산자의 오퍼랜드는 반드시 정수형이어야 한다.

비트 연산자	의미	연산식의 예
&	비트 단위 AND	0x23 & 0x31
|	비트 단위 OR	0x23 | 0x31
^	비트 단위 XOR	0x23 ^ 0x31
~	비트 단위 NOT	~0x00000023
<< n	비트 시프트 연산 (왼쪽으로 n 비트, 곱하기 2^n)	a << 2
>> n	비트 시프트 연산 (오른쪽으로 n 비트, 나누기 2^n)	a >> 2

형식	
데이터&데이터;	← 비트 단위 AND
데이터 | 데이터;	← 비트 단위 OR

① 비트 연산자 &는 비트 단위로 AND 연산을 한다.

예1

비트 연산자 &의 진리표

비트 a	비트 b	a&b
0	0	0
0	1	0
1	0	0
1	1	1

예) 0x23 & 0x31 = 0x21

```
     0010   0011   (0x23)
&)   0011   0001   (0x31)
-------------------------
     0010   0001   (0x21)
```

② 비트 연산자 |는 비트 단위로 OR 연산을 한다.

예2

비트 연산자 |의 진리표

비트 a	비트 b	a|b
0	0	0
0	1	1
1	0	1
1	1	1

예) 0x23 | 0x31 = 0x33

```
     0010   0011   (0x23)
| )  0011   0001   (0x31)
-------------------------
     0011   0011   (0x33)
```

③ 비트 연산자 ^는 비트 단위로 XOR 연산을 한다.

예3

비트 연산자 ^의 진리표

비트 a	비트 b	a^b
0	0	0
0	1	1
1	0	1
1	1	0

예) 0x23 ^ 0x31 = 0x12

```
     0010   0011   (0x23)
^)   0011   0001   (0x31)
-------------------------
     0001   0010   (0x12)
```

④ 비트 연산자 ~는 비트 단위로 NOT 연산을 한다.

예4

비트 연산자 ~의 진리표

비트 a	~a
0	1
1	0

예) ~0x00000023 = 0xffffffdc

```
~)  0000  0000  0000  0000  0000  0000  0010  0011   (0x00000023)
----------------------------------------------------
    1111  1111  1111  1111  1111  1111  1101  1100   (0xffffffdc)
```

예제 6 비트 연산자

```
#include <stdio.h>
int main()
{
    printf(" 0x23 & 0x31 = %x \n", 0x23 & 0x31 );
    printf(" 0x23 | 0x31 = %x \n", 0x23 |  0x31 );
    printf(" 0x23 ^ 0x31 = %x \n", 0x23 · 0x31 );
    printf(" ~0x00000023 = %x \n", ~0x00000023 );
    return 0;
}
```

실행 결과

```
0x23 & 0x31 = 21
0x23 |  0x31 = 33
0x23 ^ 0x31 = 12
~0x00000023 = ffffffdc
```

예제 7 비트 연산자: 마스크 조작

```
#include <stdio.h>
int main()
{
    int a=0x1234, mask=0x00ff;
    printf("          a= %4x \n",  a );
    printf(" AND-masked a= %4x \n",  a & mask);              // 선택 부분을 0으로 만듦
    printf(" OR-masked  a= %4x \n",  a | mask );             // 선택 부분을 1로 만듦
    printf(" XOR-masked a= %4x \n",  a ^ mask );             // 선택 부분을 토글(toggle)
    return 0;
}
```

실행 결과

```
           a=1234
AND-mask   a=  34
OR-mask    a=12ff
XOR-mask   a=12cb
```

설명

	0001	0010	0011	0100	a=0x1234
a&mask)	0000	0000	1111	1111	mask=0x00ff
	0000	0000	0011	0100	0x0034
	0001	0010	0011	0100	a=0x1234
a|mask)	0000	0000	1111	1111	mask=0x00ff
	0010	0010	1111	1111	0x12ff
	0001	0010	0011	0100	a=0x1234
a ^ mask)	0000	0000	1111	1111	mask=0x00ff
	0001	0010	1100	1011	0x12cb

⑤ **비트 시프트(shift) 연산자 〈〈**는 데이터를 왼쪽으로 이동(shift)시킨다.

형식 데이터〈〈비트_수; ← 데이터를 왼쪽으로 비트_수만큼 이동

예

a << n;

← a를 왼쪽으로 n비트만큼 이동시킨다. a에 2^n을 곱하는 것과 같은 결과가 된다. 왼쪽으로 밀려난 비트는 사라지고, 오른쪽 비트에는 0이 추가된다.

예) 3<<2; 또는 0x03<<2;　　　(데이터는 8비트로 가정)

비트 시프트 << 연산 전

0	0	0	0	0	0	1	1

비트 시프트 << 연산 후

0	0	0	0	0	0	1	1	0	0
밀려나는 비트는 사라짐								새로운 0이 추가됨	

⑥ **비트 시프트(shift) 연산자 >>**는 데이터를 오른쪽으로 이동시킨다.

형식　데이터>>비트_수;　　　← 데이터를 오른쪽으로 비트_수만큼 이동

예

a >> n;

← a를 오른쪽으로 n비트만큼 이동시킨다. a를 2^n으로 나누는 것과 같은 결과가 된다. 오른쪽으로 밀려난 비트는 사라지고, 왼쪽 비트에는 부호 비트가 추가된다. 양수는 0이, 음수는 1이 추가된다.

예) 96>>2; 또는 0x60>>2;　　　(데이터는 8비트로 가정)

비트 시프트 >> 연산 전

0	1	1	0	0	0	0	0

비트 시프트 >> 연산 후

0	0	0	1	1	0	0	0	0	0
새로운 0이 추가됨								밀려나는 비트는 사라짐	

예제 8 비트 시프트 연산자

```
#include <stdio.h>
int main()
{
    printf(" 3<<2의 연산 결과 = %2d(10진수) = %#x(16진수) \n", 3<<2, 3<<2 );
    printf(" 0x03<<2의 연산 결과 = %2d(10진수) = %#x(16진수) \n", 0x03<<2, 0x03<<2 );
    printf(" 96>>2의 연산 결과 = %2d(10진수) = %#x(16진수) \n", 96>>2, 96>>2 );
    printf(" 0x60>>2의 연산 결과 = %2d(10진수) = %#x(16진수) \n", 0x60>>2, 0x60>>2 );
    printf("-8>>2의 연산 결과 = %2d = %#x\n", -8>>2, -8>>2 );
    return 0;
}
```

실행 결과

```
3<<2의 연산 결과 = 12(10진수) = 0xc(16진수)
0x03<<2의 연산 결과 = 12(10진수) = 0xc(16진수)
96>>2의 연산 결과 = 24(10진수) = 0x18(16진수)
0x60>>2의 연산 결과 = 24(10진수) = 0x18(16진수)
-8>>2의 연산 결과 = -2(10진수) = 0xfffffffe(16진수)
```

6.7 대입 연산자

대입 연산자(=)는 등호(=)의 오른쪽에 있는 데이터나 변수, 연산식의 결과를 등호의 왼쪽에 있는 변수에 대입한다. 즉 등호는 대입 연산자(assignment operator)이다. C에서 등호는 오른쪽에 있는 값을 왼쪽의 변수에 강제로 대입한다는 의미이다.

- l-value는 대입 연산자의 좌변(left side)을 의미한다. 반드시 변수를 사용한다.
- r-value는 대입 연산자의 우변(right side)을 의미한다. 값을 갖는 어떤 수식도 사용할 수 있다.

➶ 형식	변수 = 데이터; 변수 = 변수; 변수 = 연산식;	← 데이터를 변수에 대입 ← 오른쪽 변수의 값을 왼쪽 변수에 대입 ← 연산식의 값을 변수에 대입

➶ 예	a = 100;
	b = a;
	c = 2*b + 100;
	a = b = c = 8;
		← 데이터 100을 변수 a에 대입
		← 변수 a의 값을 변수 b에 대입
		← 연산식 (2×b+100)을 계산하고 그 결과를 변수 c에 대입
		← 오른쪽에서 왼쪽으로 데이터나 변수의 값을 순서대로 대입

복합 대입 연산자는 +, -, * 등의 연산자와 등호(=)가 결합된 대입 연산자를 말한다. 복합 대입 연산자는 프로그램을 간결하게 보이고, 컴파일에 소요되는 시간을 단축시켜 준다. 여기에는 +=, -=, *=, /=, %=, &=, |=, ^=, 〈〈=, 〉〉= 등 모두 10개가 있다. 연산자와 등호(=) 사이에 공백을 두면 안 된다.

➶ 형식	변수 복합_대입_연산자 데이터; ← 변수와 데이터를 복합_대입_연산자로 연산하고 결과를 변수에 대입한다.

➶ 예	a += 1;
	
	b -= 2;
		← a+1을 연산하고 결과를 a에 대입
		a += 1; 은 a = a + 1;과 같다.
		← b-2를 연산하고 결과를 b에 대입
		b -= 2; 는 b = b - 2; 와 같다.

예제 9 복합 대입 연산자

```c
#include <stdio.h>
int main()
{
    int a;
    a=7; printf(" a += 1: %3d \n",  a += 1);
    a=7; printf(" a -= 2: %3d \n",   a -= 2);
    a=7;  printf(" a *= 3: %3d \n",  a *= 3);
    a=7; printf(" a /= 4: %3d \n",   a /= 4);
    a=7; printf(" a %%= 5: %3d \n", a %= 5);
    a=7; printf(" a &= 4: %3d \n",   a &= 4);
    a=7; printf(" a |= 3: %3d \n",   a |= 3);
    a=7; printf(" a ^= 2: %3d \n",   a ^= 2);
    a=7; printf(" a <<=1: %3d \n",   a <<= 1);
    a=7; printf(" a >>=1: %3d \n",   a >>= 1);
    return 0;
}
```

실행 결과

```
a += 1:   8
a -= 2:   5
a *= 3:  21
a /= 4:   1
a %= 5:   2
a &= 4:   4
a |= 3:   7
a ^= 2:   5
a <<=1:  14
a >>=1:   3
```

6.8 조건 연산자

조건 연산자는 아래의 형식과 같이 피연산자가 세 개인 3항 연산자로서 '?'로 표시한다. 변수는 조건식에 따라 다음의 값을 가진다.

① 조건식이 "참"이면	변수 = 식 1
② 조건식이 "거짓"이면	변수 = 식 2

형식 변수 = 조건식 ? 식 1 : 식 2 ;

예 c = (a>=b)? a: b; ← 조건식(a>=b)이 "참"이면 c = a, 조건식이 "거짓"이면 c = b

예제 10 조건 연산자

```
#include <stdio.h>
int main()
{
    int a, b, c;
    printf(" 숫자 두 개를 넣으시오: ");
    scanf_s(" %d %d", &a, &b);
    c = (a>=b)? a: b;                    // 조건 연산자는 대입 연산자보다 먼저 연산된다.
    printf(" 큰 값 = %d \n", c);
    return 0;
}
```

실행 결과

```
숫자 두 개를 넣으시오: 3  5
큰 값 = 5
```

6.9 기타 연산자

콤마 연산자(,)는 여러 식을 콤마로 분리하여 왼쪽부터 오른쪽으로 연산하는 연산자이다. 맨 마지막으로 연산한 식의 값이 연산의 결과가 된다.

형식 식 1, 식 2, …, 식 n;

예

a = (1, 2, 3);	← 맨 마지막 값이 3이므로 a = 3이다.
a = 1, 2, 3;	← 대입 연산자(=)가 콤마 연산자(,)보다 우선순위가 높으므로, 대입을 먼저 한다. a = 1.
a = 1, b = 2, c = 3;	← a = 1, b = 2, c = 3
d = (a=1, b=2, c=3);	← a = 1, b = 2, c = 3, 그리고 d = 3

예제 11 기타 연산자

```
#include <stdio.h>
int main()
{
    int a, b, c;
    a = 1, b = 2, c = 3;
    printf(" a=1, b=2, c=3;의 결과: a=%d, b=%d, c=%d \n", a, b, c);
    a = ( 1, 2, 3);  printf(" a = ( 1, 2, 3);의 결과: a = %d \n", a);
    a =  1, 2, 3;   printf(" a =  1, 2, 3;의 결과: a = %d \n", a);
    return 0;
}
```

실행 결과

```
a=1, b=2, c=3;의 결과: a=1, b=2, c=3
a = ( 1, 2, 3);의 결과: a = 3
a =  1, 2, 3;의 결과: a = 1
```

sizeof 연산자는 오퍼랜드(데이터형, 상수, 변수, 수식, 배열 등)의 길이를 바이트 단위로 구하여 반환하는 연산자이다(3.8 sizeof 연산자 참조).

cast 연산자는 데이터형을 변환하는 연산자이다(3.7 데이터형의 변환 참조).

주소 연산자 &는 변수가 할당되어 있는 메모리상의 주소를 나타낸다(9.1 포인터란 참조).

형식 &변수;

예 &a; ← 변수 a의 주소

간접 연산자 *는 포인터가 가리키는 주소에 있는 데이터 값을 나타낸다(9.2 포인터의 선언 참조).

형식	*포인터;	
예	*p;	← 포인터 p가 가리키는 주소에 있는 데이터 값

6.10 연산의 우선순위와 결합 규칙

우선순위(precedence)란 하나의 수식에 여러 연산자가 있을 때, 먼저 연산하는 순위를 말한다. 우선순위는 다음과 같다.

우선순위	연산자	연산자 종류	결합 규칙
1	( ), [ ], -〉	괄호, 구조체	왼쪽에서 오른쪽으로(→)
2	!, ~, ++, --, +(부호), -(부호), (데이터형 변환), &(주소 연산자), sizeof	단항 연산자	오른쪽에서 왼쪽으로 (←)
3	*, /, %	산술 연산자	왼쪽에서 오른쪽으로 (→)
4	+(덧셈), -(뺄셈)		
5	〈〈, 〉〉	비트 시프트 연산자	
6	〈, 〈=, 〉, 〉=	관계 연산자	
7	==, !=		
8	&	비트 논리 연산자	
9	^		
10	|		
11	&&	논리 연산자	
12	||		
13	?:	조건 연산자	오른쪽에서 왼쪽으로 (←)
14	=, +=, -=, *=, /=, %= |=, ^=, &=, 〉〉=, 〈〈=	대입 연산자	
15	,(콤마)	콤마 연산자	왼쪽에서 오른쪽으로(→)

예	
	a = 1 + 2*3; ① 곱셈 2*3을 먼저 연산하고 ② 그 결과에 1을 더한다. ③ 연산의 결과를 a에 대입한다.

결합 규칙이란 우선순위가 같은 경우에 연산의 방향을 정한 규칙이다.

① 왼쪽에서 오른쪽으로: 같은 우선순위를 가지는 연산자들을 왼쪽에서 오른쪽으로 연산한다.

② 오른쪽에서 왼쪽으로: 같은 우선순위를 가지는 연산자들을 오른쪽에서 왼쪽으로 연산한다.

예		
	a + b + c;	← 덧셈(+)은 왼쪽에서 오른쪽으로 결합하므로 a+b를 먼저 연산하고 그 결과를 오른쪽에 있는 c와 더한다.
	a = b = c = 1;	← 등호(=)는 오른쪽에서 왼쪽으로 결합하므로 c = 1;을 먼저 연산하고, b = c;를 연산하고 a = b;를 연산한다.

연산의 순서는 우선순위와 결합 규칙에 따라 결정된다. 연산의 우선순위를 바꾸려면 괄호 ()를 쓴다. 괄호가 많이 둘러싸인 부분일수록 연산의 우선순위가 높다. 우선순위에 혼동이 올 때도 괄호를 쓰면 우선순위가 명확해진다. 프로그램을 복잡하거나 불분명하게 작성하지 말고, 단순하고 명확하게 작성하는 습관을 들이는 것이 좋다.

연산자와 식

학습과제

[과제 1] 다음의 프로그램을 실행할 경우, 콘솔 창에 나타나는 내용을 적으시오.

```
#include <stdio.h>
int main()
{
    int a, b;
    a= 5;  b= a--;
    printf(" b=a--:  a= %d, b= %d\n",  a, b);
    a=5;   b= --a;
    printf(" b=--a:  a= %d, b= %d\n",  a, b);
    a=5;
    printf(" a++  :  a= %d\n",  a++);
    a=5;
    printf(" ++a  :  a= %d\n", ++a);
    return 0;
}
```

[과제 2] 두 정수 a와 b를 키보드에서 읽어 들여, a/b의 몫(q)과 나머지(r)를 구하여, 콘솔 창에 출력하는 프로그램을 작성하시오.

[과제 3] 다음의 프로그램을 실행할 경우, 콘솔 창에 나타나는 내용을 적으시오.

```
#include <stdio.h>
int main()
{
    int a = 30, b = 40;
    printf("(a>b) = %d \n", a>b);
    printf("(a<b) = %d \n", a<b);
    printf("(a==b) = %d \n", a==b);
    printf("(a!=b) = %d \n", a!=b);
    printf("(100<200)  = %d \n", 100<200);
    printf("3&&0 = %d \n", 3&&0);
    printf("5||0  = %d \n", 5||0);
    printf("!(5>0) = %d \n", !(5>0));
    return 0;
}
```

[과제 4] 다음을 프로그램을 실행할 경우, 콘솔 창에 나타나는 내용을 적으시오.

```
#include <stdio.h>
int main()
{
    printf("!0     = %d \n",  !0 );
    printf("!2     = %d \n",  !2 );
    printf("!(-1)   = %d \n",  !(-1) );
    printf("1&&0 = %d \n",  1&&0);
    printf("2||1  = %d \n",  2||1);
    printf("!(2>0) = %d \n",  !(2>0));
    printf("(2<0)||(2==0) = %d \n", (2>0)||(2==0));
    return 0;
}
```

[과제 5] 다음의 프로그램을 실행할 경우, 콘솔 창에 나타나는 내용을 적으시오.

```
#include <stdio.h>
int main()
{
    printf("4&5  = %x\n", 4&5 );
    printf("12|6  = %x\n", 12|6 );
    printf("2^6  = %x\n", 2^6 );
    printf("~5   = %x\n", ~5 );
    return 0;
}
```

[과제 6] 다음의 프로그램을 실행할 경우, 콘솔 창에 나타나는 내용을 적으시오.

```
#include <stdio.h>
int main()
{
    printf(" 3<<2 = %2d = %#x\n",  3<<2,  3<<2 );
    printf("-1<<2 = %2d = %#x\n", -1<<2, -1<<2 );
    printf(" 6>>1 = %2d = %#x\n",  6>>1,  6>>1 );
    printf("-8>>1 = %2d = %#x\n", -8>>1, -8>>1 );
    return 0;
}
```

PART 07

제어문

- 제어문의 종류를 이해한다.
- 조건문을 이해하고 if 문을 사용하는 방법을 익힌다.
- switch-case 문을 이해하고 사용하는 방법을 익힌다.
- 반복문을 이해하고 for 문을 사용하는 방법을 익힌다.
- while 문과 do-while 문을 이해하고 사용하는 방법을 익힌다.
- 분기문을 이해하고 이들을 사용하는 방법을 익힌다.

PART 07

제어문

7.1 프로그램의 제어

프로그램의 흐름은 다음과 같이 세 가지로 분류할 수 있다.

- 직선형은 문장이 기술된 순서대로, 위쪽에서 아래쪽으로 실행해 나가는 구조이다.
- 분기형은 조건에 따라 프로그램의 제어가 여러 부분으로 분기하는 구조이다.
- 반복형은 조건에 따라 특정한 처리 과정을 반복적으로 실행하는 구조이다.

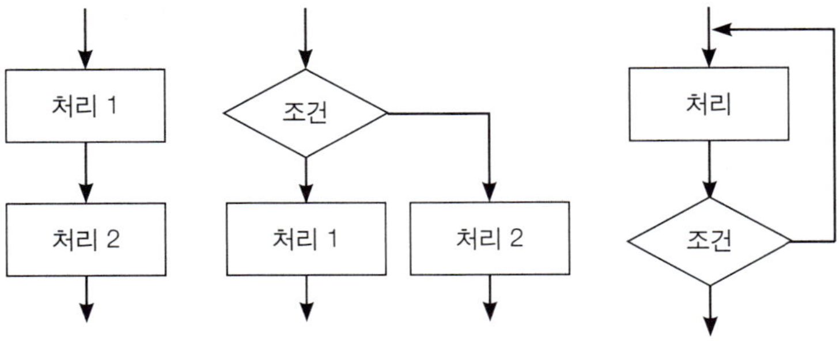

(a) 직선형 (b) 분기형 (c) 반복형

제어문(control statement)은 프로그램의 실행 순서를 변경하거나, 특정한 처리 과정을 반복하고자 할 때 사용하는 명령문이다. 제어문은 조건문, 반복문 또는 분기문으로 분류할 수 있다.

조건문	반복문	분기문
if 문 if-else 문 else if 문 switch-case 문	for 문 while 문 do-while 문	break 문 goto 문 continue 문 return 문

7.2 if 문(if-else, else if)

if 문은 조건식을 평가하여

① 조건식이 "참"인 경우 if 블록(block) 안의 문장을 실행한다.

② 조건식이 ("참"이 아닌) "거짓"인 경우 if 블록 안의 문장을 실행하지 않는다.

블록(block) 또는 복합문(compound statement)은 중괄호 { }로 둘러싸인 일련의 문장을 말한다. 별도의 제어문이 없더라도, 아무 곳에나 중괄호 { }로 둘러싸인 블록을 사용할 수 있다. 블록은 if 문이나 for 문, while 문과 같은 제어문과 함께 쓰인다. 제어문에서 블록을 사용하는 경우, 블록 안의 문장이 하나뿐일 때는 중괄호를 생략해도 되지만, 문장이 두 개 이상이면 반드시 중괄호로 묶어 주어야 한다.

형식

```
if(조건식)
{
    문장 1;  }
    문장 2;  } if 블록
      ⋮     }
}
 다음 문장3
      ⋮
```

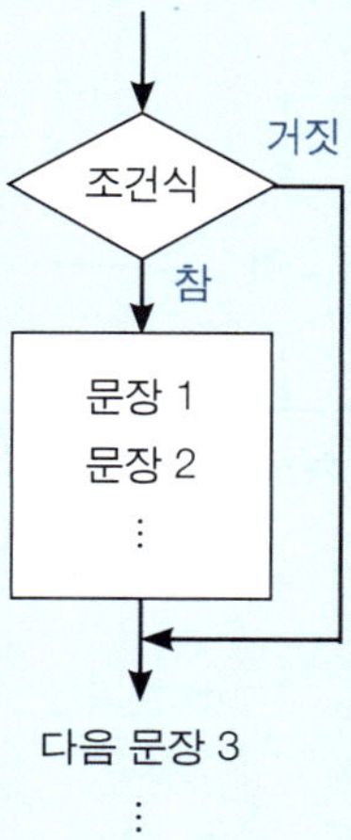

예 1

```
if(x〉y)              ← 조건식 (x〉y)
{
  a = 100;            ← 조건식이 "참"이면 실행된다.
  b = 200;            ← 조건식이 "참"이면 실행된다.
}
c = 300;              ← 조건식 (x〉y)과 상관없이 실행된다.
```

예 2

if(x〉y) a = 100;	← if 문의 다음에 중괄호 { }가 없으므로, if 문의 다음에 나오는 하나의 문장만 if 블록으로 간주한다. 조건식 (x〉y)이 "참"이면 a=100; 만 실행된다.
b = 200;	← 조건식 (x〉y)과 상관없이 실행된다.

수식의 값이나 숫자의 논릿값(logical value)

① 수식의 값이나 숫자가 0이면, 이의 논릿값은 0("거짓")이다.

② 수식의 값이나 숫자가 0이 아닌 모든 경우에, 이들의 논릿값은 1("참")이다.

예 3

if(0) { …… }	← 0의 논릿값은 0("거짓")이므로 { }안의 내용이 실행되지 않는다.

예 4

if(1) { …… }	← 1의 논릿값은 1("참")이므로 { } 안의 내용이 실행된다.
if(-2) { …… }	← -2의 논릿값은 1("참")이므로 { } 안의 내용이 실행된다.

예제 1 if 문

```
#include <stdio.h>
int main()
{
    int a;
    printf(" 숫자 a = ");
    scanf_s("%d", &a);
    if (a > 90)
    {
        printf(" a > 90이면 이 내용이 출력됩니다. \n");
        printf(" 현재 시간은 %s입니다. \n", __TIME__ );
    }
    printf(" if 문의 다음에 나오는 문장입니다. \n");
    return 0;
}
```

실행 결과 1

```
숫자 a = 95 ↵
a > 90 이면 이 내용이 출력됩니다.
현재 시간은 16:38:34입니다.
if 문의 다음에 나오는 문장입니다.
```

실행 결과 2

```
숫자 a = 80 ↵
if 문의 다음에 나오는 문장입니다.
```

설명

__TIME__은 시스템에서 선언한 매크로 상수로서, 소스 파일이 컴파일된 시간을 "시:분:초"로 나타내는 문자열이다(15.7절 참조).

if-else 문은 조건식을 평가하여

① 조건식이 "참"인 경우 if 블록 안의 문장을 실행한다.

② 조건식이 "거짓"인 경우 else 블록 안의 문장을 실행한다.

형식

```
if(조건식)
{
    문장 1;  ┐
    문장 2;  ├ if 블록
      ⋮     ┘
}
else
{
    문장 3;  ┐
    문장 4;  ├ else 블록
      ⋮     ┘
}
 다음 문장 5
      ⋮
```

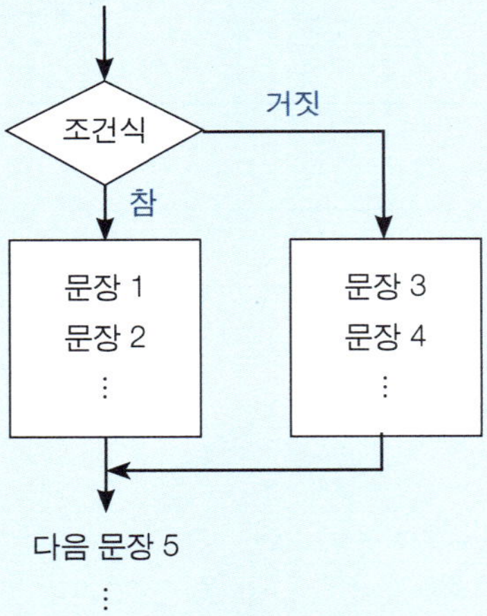

예제 2 if-else 문 1

```
#include <stdio.h>
int main()
{
    int a, b, max;
    printf(" 정수를 두 개 입력 a, b = ");
    scanf_s("%d %d", &a, &b);
    if (a > b)
    {
        max=a;
    }
    else
        max=b;  // 블록의 문장이 하나인 경우 중괄호를 생략해도 된다.
    printf(" 둘 중 큰 수 max =  %d \n", max);
    return 0;
}
```

실행 결과

```
정수를 두 개 입력 a, b = 70 30 ↵
둘 중 큰 수 max = 70
```

예제 3 if-else 문 2

```
#include <stdio.h>
int main()
{
    int n;
    printf(" 정수 n = ");
    scanf_s("%d", &n);
    if (n%2)
        printf(" %d은(는) 홀수 \n", n);
    else
        printf(" %d은(는) 짝수 \n", n);
    return 0;
}
```

실행 결과

```
정수 n = 100
100은(는) 짝수
```

중첩된 if 문(nested if statement)은 if 블록이나 else 블록의 내부에 또 다른 if 문을 사용하는 문장을 말한다.

다중 if 문은 if 블록의 다음에 else if 형식으로 또 다른 if 문을 사용하는 문장을 말한다.

else if 문은 if 블록의 다음에 다시 if 문을 넣을 때 쓴다. else if 문은 여러 번 반복하여 사용할 수도 있다. 이 경우 여러 개의 조건식을 순서대로 평가하는 프로그램을 작성할 수 있다.

형식

```
if(조건식1)
{
    문장 1;  ┐
    문장 2;  ├ 블록 1
      ⋮      ┘
}
else if(조건식2)        ← 다중 if 문
{
    문장 3;  ┐
    문장 4;  ├ 블록 2
      ⋮      ┘
}
else
{
    문장 5;  ┐
    문장 6;  ├ else 블록
      ⋮      ┘
}
 다음 문장 7
      ⋮
```

설명

- 조건식 1이 "참"이면 블록1을 실행하고, 다음 문장 7로 넘어간다.
- 조건식 1이 "거짓"이면 조건식 2를 다시 평가한다.
  - 조건식 2가 "참"이면 블록 2를 실행하고, 다음 문장 7로 넘어간다.
  - 조건식 2가 "거짓"이면 else 블록을 실행하고, 다음 문장 7로 넘어간다. else 블록이 없으면 바로 다음 문장 7로 넘어간다.

예

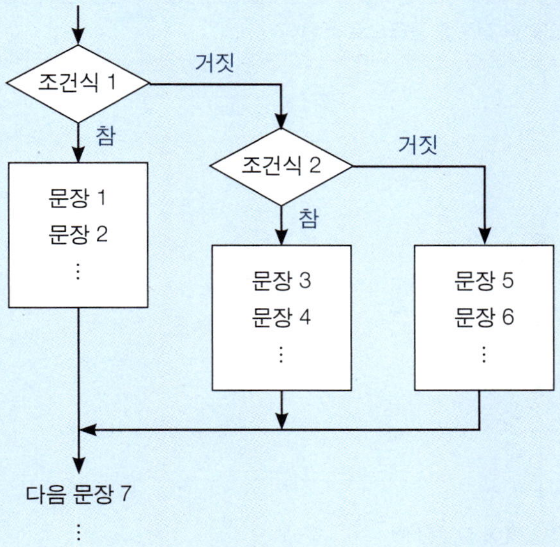

예제 4	else if 문

```
#include <stdio.h>
int main()
{
    int n;
    printf(" 정수 n = ");
    scanf_s("%d", &n);
    if ( n > 0)
        printf(" 양수입니다. ");
    else if ( n == 0)
        printf(" 영입니다. ");
    else
        printf(" 음수입니다. ");
    return 0;
}
```

실행 결과 1	정수 n = 5 양수입니다.

실행 결과 2	정수 n = -10 음수입니다.

예제 5 다중 if 문: 입력한 점수를 등급으로 표현하기

```
#include <stdio.h>
int main()
{
    int x;
    printf(" 점수를 입력하시오. x = ");
    scanf_s("%d", &x);
    if (x > 100)        printf(" 입력이 잘못된 ");
    else if (x >= 90)  printf(" A ");
    else if (x >= 80)  printf(" B ");
    else if (x >= 70)  printf(" C ");
    else if (x >= 60)  printf(" D ");
    else if (x >= 0)   printf(" F ");
    else               printf(" 입력이 잘못된 ");
    printf(" 등급입니다.");
    return 0;
}
```

실행 결과 1

```
점수를 입력하시오. x = 95
A 등급입니다.
```

실행 결과 2

```
점수를 입력하시오. x = 150
입력이 잘못된 등급입니다.
```

7.3 switch-case 문

switch-case 문은 정수식의 값에 따라 프로그램의 제어가 여러 부분으로 분기하는 제어 문이다.

7.3.1 switch-case 문을 작성하는 방법

① switch 다음의 괄호 ( ) 속에 정수식을 넣는다. 정수식은 정수로 나타낸 식을 말한다.

② 중괄호 { } 안에 case 문을 작성한다.

③ case의 다음에 정수_값을 쓰고 콜론 ':'을 붙인다. 정수_값은 정수, 정수식 또는 문자 상수로만 표현하여야 한다.

④ 콜론 ':'의 다음에 실행할 문장을 기술한다. 마지막으로 실행할 문장은 break;로 둔다.

default 문은 switch의 정수식과 일치하는 case의 정수_값이 없을 때 실행되는 문장이다.

형식

```
switch(정수식)
{
   case 정수_값1:
      문장 1;
      break;
   case 정수_값2:
      문장 2;
      break;
   case 정수_값3:
      문장 3;
      break;
      ⋮
   default;
      문장 4;
}
   다음 문장;
      ⋮
```

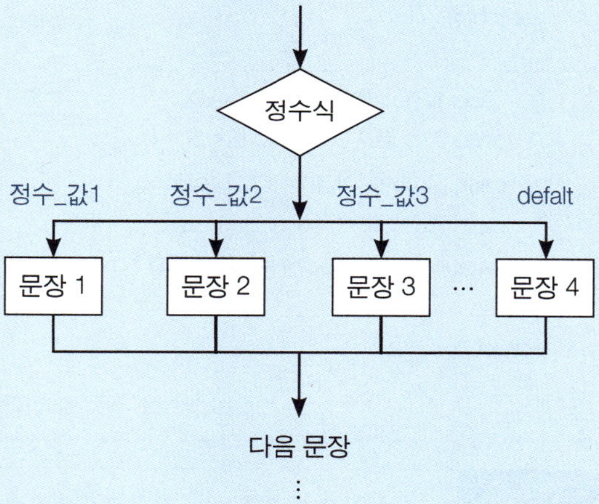

7.3.2 switch-case 문이 실행되는 과정

① switch의 정수식과 일치하는 정수_값이 있는 case로 분기한다.

② 분기한 case에 나오는 문장을 실행한다. 마지막으로 break 문을 만나면 switch 문의 블록을 빠져나와 다음 문장으로 넘어간다.

* break 문을 현재 블록의 바깥으로 빠져나가게 하는 제어문이다(7.7 break 문 참조).

③ switch의 정수식과 일치하는 정수_값이 없을 때는 default로 분기하여 다음에 나오는 문장을 실행한다. default 문이 없는 경우에는 그냥 switch 문을 빠져나간다.

break 문을 생략하면 그 이후로 나오는 case와 default의 문장을 계속해서 실행해 나간다. 그렇게 되면 원하지 않은 결과가 나올 수 있으므로 break 문을 빠뜨리지 않도록 한다.

예제 6 switch-case 문: 입력한 정수를 영어로 출력하기

```
#include <stdio.h>
int main()
{
    int n;
    printf(" 정수 1, 2, 3, 7 중 어느 하나를 입력하시오. ");
    scanf_s("%d", &n);
    switch(n)
    {
        case 1: puts(" 1: one");  break;
        case 2: puts(" 2: two");  break;
        case 3: puts(" 3: three");  break;
        case 7: puts(" 7: seven");  break;
        default: printf(" %d은(는) 없습니다.", n);
    }
    return 0;
}
```

실행 결과 1

```
정수 1, 2, 3, 7 중 어느 하나를 입력하시오. 2 ↵
2: two
```

실행 결과 2

```
정수 1, 2, 3, 7 중 어느 하나를 입력하시오. 5 ↵
5은(는) 없습니다.
```

설명 입력된 값 5와 일치하는 case의 정수_값이 없다. 이 경우 default의 문장이 실행된다.

예제 7 switch-case 문 : break 문을 생략하는 경우

```
#include 〈stdio.h〉
int main()
{
    int n;
    printf(" 정수 1, 2, 3, 7 중 어느 하나를 입력하시오.  ");
    scanf_s("%d", &n);
    switch(n)
    {
        case 1: puts(" 1: one");
        case 2: puts(" 2: two");
        case 3: puts(" 3: three");
        case 7: puts(" 7: seven");
        default: printf(" %d은(는) 없습니다.", n);
    }
    return 0;
}
```

실행 결과

```
정수 1, 2, 3, 7 중 어느 하나를 입력하시오.  2 ↵
2: two
3: three
7: seven
2은(는) 없습니다.
```

설명

break 문이 생략된 경우를 보여준다. 입력된 값 2와 일치하는 case 2의 문장이 실행되고, 그다음에 나오는 case의 문장과 default의 문장도 모두 실행된다.

예제 8 switch-case 문: 입력한 등급을 점수 범위로 표현하기

```
#include <stdio.h>
int main()
{
    char ch;
    printf(" 등급 A, B, C, D, F 중 어느 하나를 입력하시오. ch = ");
    scanf_s("%c", &ch, sizeof(ch));
    switch(ch)
    {
        case 'A' : printf(" 90 -100"); break;
        case 'B': printf(" 80 - 89"); break;
        case 'C': printf(" 70 - 79"); break;
        case 'D': printf(" 60 - 69"); break;
        case 'F': printf("  0 - 59"); break;
        default: puts(" 입력이 잘못된 ");
    }
    printf(" 범위입니다.");
    return 0;
}
```

실행 결과

```
등급 A, B, C, D, F 중 어느 하나를 입력하시오. ch = B ↵
80-89 범위입니다.
```

7.4 for 문

for 문은 초기식으로 조건식을 평가하여, 조건식이 "참"이면 for 블록 안의 문장을 실행한다. 증감식을 연산한 다음, 다시 조건식을 평가하여 조건식이 "참"이면 for 블록 안의 문장을 실행한다. 이렇게 for 블록과 증감식을 반복하여 실행하다가, 조건식이 "거짓"이 되면 for 블록 안의 문장을 실행하지 않고 다음 문장으로 넘어간다.

루프(loop)는 프로그램 중에 어떤 조건식이 만족되고 있는 동안, 반복 실행되는 일련의 문장을 말한다. 반복 실행되는 블록도 루프의 일부분이다.

형식

```
for (초기식; 조건식; 증감식)
{
    문장 1;  ┐
    문장 2;  ├ for 블록
      ⋮      ┘
}

다음 문장
  ⋮
```

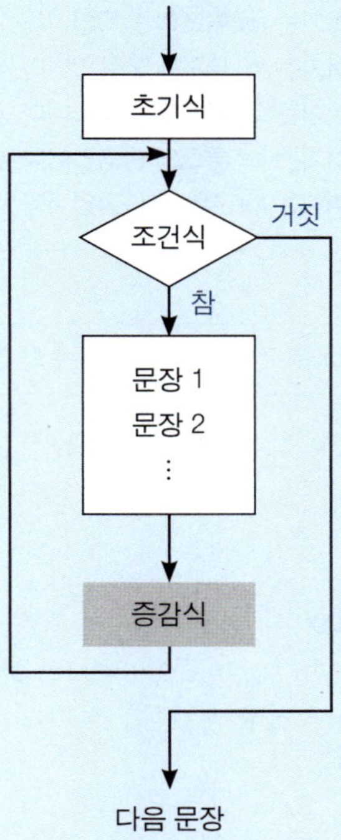

예

```
for(j=1; j<=5;  j++)        ← 초기식 j=1
{                             조건식 j<=5
      ⋮                       증감식 j++
}
      ⋮
```

예제 9 for 문: 반복 실행

```
#include <stdio.h>
int main()
{
    int j;
    for(j=1; j<=4; j++)
    {
        printf(" 여기는 for 루프의 안쪽입니다. 현재 j= %d입니다.\n", j);
    }
    printf(" 이제는 for 루프의 바깥입니다. \n");
    return 0;
}
```

실행 결과

```
여기는 for 루프의 안쪽입니다. 현재 j= 1입니다.
여기는 for 루프의 안쪽입니다. 현재 j= 2입니다.
여기는 for 루프의 안쪽입니다. 현재 j= 3입니다.
여기는 for 루프의 안쪽입니다. 현재 j= 4입니다.
이제는 for 루프의 바깥입니다.
```

예제 10 for 문: 1부터 100까지 정수의 합

```
#include <stdio.h>
int main()
{
    int i, sum=0;
    for(i=1; i<=100;  i++)
        sum = sum + i;      // 문장이 하나인 경우 { }를 생략 가능
    printf(" 1+2+……+100 = %d \n", sum);
    return 0;
}
```

실행 결과

```
1+2+……+100 =5050
```

예제 11 for 문: 다른 증감식

```
#include <stdio.h>
#define FIRST 10
#define LAST 50
int main()
{
    int i, sum=0;
    for( i=FIRST; i<=LAST;  i+=2)        // 증감식 i =i +2
        sum = sum + i;
    printf(" %d에서 %d까지 짝수의 합 = %d\n", FIRST, LAST, sum );
    return 0;
}
```

실행 결과

```
10에서 50까지 짝수의 합 = 630
```

다중 for 문은 for 문 안에 다시 for 문이 들어 있는 문장을 말한다. 다음의 예제는 다중 for 루프를 사용하여 구구단을 출력하는 프로그램이다.

예제 12 다중 for 문 : 구구단

```
#include <stdio.h>
int main()
{
    int j, k;
    printf("  ***   구구단   *** \n");
    for(j=1; j<=9; j++)
    {
        printf(" %d 단 : ", j);   // j=단수
        for(k=1; k<=9; k++)
        {
            printf("%dx%d=%2d  ", j, k, j*k);
        }

        printf("\n");             // 하나의 단이 완성되면 줄을 바꿈
    }
    printf(" for 루프가 끝난 후 j=%d  k=%d", j, k);
    return 0;
}
```

실행 결과

```
***   구구단   ***
1단: 1x1= 1  1x2= 2  1x3= 3  1x4= 4  1x5= 5  1x6= 6  1x7= 7  1x8= 8  1x9= 9
2단: 2x1= 2  2x2= 4  2x3= 6  2x4= 8  2x5=10  2x6=12  2x7=14  2x8=16  2x9=18
3단: 3x1= 3  3x2= 6  3x3= 9  3x4=12  3x5=15  3x6=18  3x7=21  3x8=24  3x9=27
4단: 4x1= 4  4x2= 8  4x3=12  4x4=16  4x5=20  4x6=24  4x7=28  4x8=32  4x9=36
5단: 5x1= 5  5x2=10  5x3=15  5x4=20  5x5=25  5x6=30  5x7=35  5x8=40  5x9=45
6단: 6x1= 6  6x2=12  6x3=18  6x4=24  6x5=30  6x6=36  6x7=42  6x8=48  6x9=54
7단: 7x1= 7  7x2=14  7x3=21  7x4=28  7x5=35  7x6=42  7x7=49  7x8=56  7x9=63
8단: 8x1= 8  8x2=16  8x3=24  8x4=32  8x5=40  8x6=48  8x7=56  8x8=64  8x9=72
9단: 9x1= 9  9x2=18  9x3=27  9x4=36  9x5=45  9x6=54  9x7=63  9x8=72  9x9=81
for 루프가 끝난 후 j=10  k=10
```

for 문의 초기식, 조건식 그리고 증감식을 생략할 수도 있다.

예

```
i=10;
for(    ; i<=20;    i++)           ← 초기식을 생략할 수 있다. 초깃값은 위에서
{  ......      }                      i=10;으로 정해져 있다.
for(i=1;    ; i++)                 ← 조건식을 생략하면 무한 루프가 된다.
{  ......      }
for(i=1; i<=20;    )               ← 증감식을 생략하면 무한 루프가 된다.
{  ......      }
for(    ;    ;    )                ← 초기식, 조건식 그리고 증감식까지 모두 생략
{  ......      }                      하면 무한 루프가 된다.
```

무한 루프(endless loop)는 프로그램이 어떤 블록을 무한정 반복 실행하면서 그 부분에서 벗어나지 못하고 있는 상태를 말한다. 적절한 조건에서 break 문 등을 사용하여 무한 루프에서 빠져나가는 방법을 만들어 주어야 한다.

7.5 while 문

while 문은 조건식을 평가하여, 조건식이 "참"인 동안 while 블록 안의 문장을 반복 실행하는 제어문이다. 조건식이 "거짓"이 되면 블록을 빠져나와 다음 문장으로 넘어간다.

형식

```
while(조건식)
{
   문장 1;  ┐
   문장 2;  ├ while 블록
     ⋮      ┘
}
  다음 문장
     ⋮
```

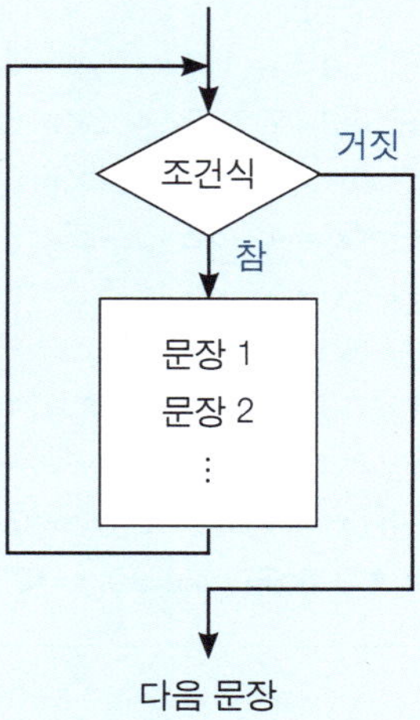

예

```
while(i<10)
{
      ⋮
}
```

← 조건식 i<10을 만족하는 동안 while 블록의 문장을 반복적으로 실행한다.

예제 13 while 문: 1부터 10까지 정수의 합을 계산

```
#include <stdio.h>
int main()
{
    int j=1, sum=0;
    while(j<=10)
    {
        sum=sum+j;
        j=j+1;
    }
    printf(" 1+2+……+10 = %d \n", sum);
    return 0;
}
```

실행 결과

```
1+2+……+10 = 55
```

설명 변수 j의 초깃값은 1이고 블록을 실행할 때마다 값이 1씩 증가한다. j의 값이 10을 넘어가면 while 블록을 빠져나온다.

예제 14 while 문: 10부터 1까지 정수의 합을 계산

```
#include <stdio.h>
int main()
{
    int j=10, sum=0;
    while(j>0)
    {
        sum=sum+j;
        j=j-1;
    }
    printf(" 10+9+……+1 = %d \n", sum);
    return 0;
}
```

실행 결과	10+9+······+1 = 55

설명	변수 j의 초깃값은 10이고 블록을 실행할 때마다 값이 1씩 감소한다. j의 값이 0이 되면 while 블록을 빠져나온다.

while 문의 조건식을 1("참")로 두면 무한 루프가 된다. 적절한 조건에서 break 문 등을 사용하여 무한루프에서 빠져나갈 방법을 만들어 주어야 한다.

예		
	while(1) { ······ }	← 1의 논릿값 = 1("참")이므로 조건식은 항상 "참"이 되어 무한 루프가 된다.
	while(-1) { ······ }	← -1의 논릿값 = 1("참")이므로 무한 루프가 된다.
	while(0) { ······ }	← 0의 논릿값 = 0("거짓")이므로 조건식은 항상 "거짓"이다. 블록 { } 안의 내용은 한 번도 실행되지 않는다.

7.6 do-while 문

do-while 문은 while 블록의 문장을 먼저 실행한 다음, 조건식을 검사하고, 조건식이 "참"인 동안 while 블록의 문장을 반복적으로 실행하는 제어문이다. 조건식이 "거짓"이 되면 다음 문장으로 넘어간다.

while 문과 for 문은 조건식을 먼저 검사하므로, 처음부터 조건식이 "거짓"이면 그다음 블록의 문장을 한 번도 실행하지 못한다. 이에 비해 do-while 문은 블록의 문장을 일단 실행한 다음, 조건식을 검사한다. while 블록의 문장은 적어도 한 번은 실행된다.

형식

```
do
{
    문장 1;  ┐
    문장 2;  ├ while 블록
      ⋮      ┘
} while( 조건식 );
 다음 문장
      ⋮
```

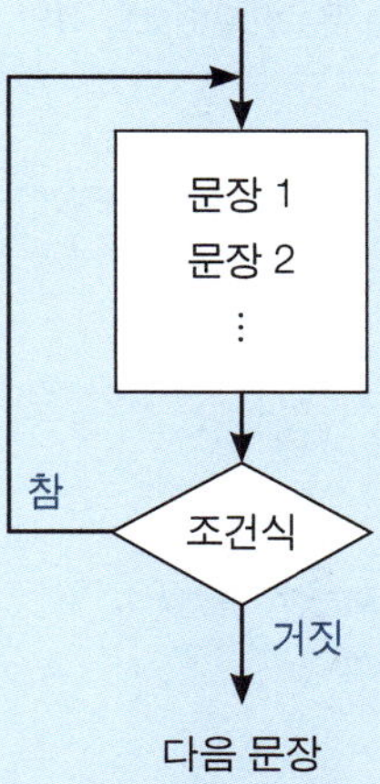

예

```
do                       ← while 블록의 문장을 먼저 실행한 다음 조건식을 검사하고,
{                          조건식이 "참"인 동안 while 블록의 문장을 반복적으로 실행
      ⋮                    한다.
} while( i < 10 );       ← 조건식 ( i < 10 )
 다음 문장
      ⋮
```

예제 15 do-while 문: 1부터 10까지 정수의 합을 계산

```
#include <stdio.h>
int main()
{
    int j=1, sum=0;
    do
    {
        sum+=j;
        j++;
    } while( j<=10);      // 이 문장의 끝에 세미콜론(;)을 붙인다.
    printf(" 1+2+……+10 = %d \n", sum);
    return 0;
}
```

실행 결과

```
1+2+……+10 = 55
```

예제 16 do-while 문 : 비밀번호를 확인

```
#include <stdio.h>
#define  PW  1234          // 비밀번호 PW를 1234로 선언
int main()
{
    int n;
    do
    {
        printf("\n 비밀번호는 ?  ");
        scanf_s("%d", &n);
    } while(n!=PW);
    printf(" ****** 환영합니다. ******");
    return 0;
}
```

실행 결과

```
비밀번호는 ?  1
비밀번호는 ?  2
비밀번호는 ?  3
비밀번호는 ?  1234
****** 환영합니다. ******
```

설명

입력한 비밀번호(n)가 프로그램의 비밀번호(PW)와 다르면 while 블록을 반복 실행한다. 올바른 비밀번호(1234)가 입력되면 블록을 빠져나와 메시지 "****** 환영합니다. ******"를 출력한다.

7.7 break 문

break 문은 반복문을 실행하는 도중에, 반복문의 바깥으로 빠져나가게 하는 제어문이다.

for 문, while 문, do-while 문과 같은 반복문의 문장을 실행하는 도중에, break 문을 만나면 현재 실행 중인 반복문(루프)의 바깥으로 빠져나간다. 현재의 루프가 다중 루프의 안에 있는 경우, 현재 루프의 바깥으로 한 겹의 루프만 빠져나간다. 또한, break 문은 switch 문에서 case의 영역을 구분하기 위해서도 사용된다.

형식 break;

예제 17 break 문

```
#include <stdio.h>
int main()
{
    int k, sum=0;
    for( k=1; k<=100; k++)
    {
        sum = sum + k;
        if(k==3) break;   // k=3이면 반복문의 바깥으로 빠져나간다.
    }
    printf(" 1+2+…… = %d \n", sum);
    return 0;
}
```

실행 결과 1+2+…… = 6

설명

1부터 100까지 정수를 더하는 프로그램이다. for 루프를 반복하여 실행하는 도중에 k=3이 되면 루프의 바깥으로 빠져나가므로, 더 이상 덧셈을 하지 않는다.

```
#include <stdio.h>
int main()
{
    int k, sum=0;
    for( k=1; k<=100; k++)
    {   sum = sum + k;
        if(k==3) break;      // k=3이면 루프의
                             //바깥으로 빠져나간다.
    }
    printf(" 1+2+…… = %d \n", sum);
    return 0;
}
```

예제 18 다중 루프에서 break 문

```
#include <stdio.h>
int main()
{
    int j, k;
    printf("   ***   구구단   *** \n");
    for(j=1; j<=9; j++)
    {
        printf("%d 단:", j);          // j=단수
        for(k=1; k<=9; k++)
        {
            printf("%dx%d=%2d, ", j, k, j*k);
            if(k==3) break;          // k=3이면 반복문의 바깥으로 빠져나간다.
        }
        printf("\n");                // 하나의 단이 완성되면 줄을 바꿈
        if(j==4) break;              // j가 4이면 반복문의 바깥으로 빠져나간다.
    }
    printf("for 루프가 끝난 후: j=%d,  k=%d", j, k);
    return 0;
}
```

실행 결과

```
***   구구단   ***
1단: 1x1= 1, 1x2= 2, 1x3= 3,
2단: 2x1= 2, 2x2= 4, 2x3= 6,
3단: 3x1= 3, 3x2= 6, 3x3= 9,
4단: 4x1= 4, 4x2= 8, 4x3=12,
for 루프가 끝난 후: j=4,  k=3
```

설명

- 안쪽 루프에서 k가 3이면 루프의 바깥으로 한 겹의 루프만 빠져나간다.
- 바깥쪽 루프에서 j가 4이면 루프의 바깥으로 한 겹의 루프만 더 빠져나간다. 결국, 구구단은 j=4, k=3까지만 실행된다.

7.8 goto 문

goto 문은 프로그램의 흐름을 레이블(label)이 있는 문장으로 이동시키는 제어문이다. 프로그램을 실행하는 도중에 goto 문을 만나면 레이블이 있는 문장으로 이동하여 그 문장부터 계속 실행한다.

레이블(label)은 문장이 분기할 곳을 나타내기 위하여 사용되는 기호이다. 문장의 앞에 붙이며, 레이블과 문장은 콜론(:)으로 분리한다.

형식

```
        ⋮
    goto 레이블;              ← 문장의 끝에는 세미콜론(;)을 붙인다.
        ⋮
    레이블: 문장;             ← 레이블의 다음에 콜론(:)을 붙인다.
        ⋮
```

예제 19 goto 문

```
#include <stdio.h>
int main()
{
        printf(" 1번 문장 \n");
        printf(" 2번 문장 \n");
        goto END;                   // 레이블 END가 있는 문장으로 이동
        printf(" 3번 문장 \n");      // 이 문장은 건너간다.
        printf(" 4번 문장 \n");      // 이 문장은 건너간다.
END:    printf(" 5번 문장 \n");      // 이 문장부터 계속 실행한다.
        return 0;
}
```

실행 결과

```
1번 문장
2번 문장
5번 문장
```

설명

프로그램을 실행하는 도중에 goto 문을 만나면 레이블 END가 있는 문장으로 이동한다. 레이블 END가 있는 문장부터 계속 실행한다.

```
#include <stdio.h>
int main()
{
    printf("1번 문장 ₩n");
    printf("2번 문장 ₩n");
    go to END                // END라는 레이블명이
                             // 있는 문장으로 이동

    printf("3번 문장 \n");    // 이 문장은 건너간다.
    printf("4번 문장 \n");    // 이 문장은 건너간다.
END: printf("5번 문장 \n");
    return 0;
}
```

7.9 continue 문

continue 문은 현재 실행하고 있는 반복문의 나머지 문장은 생략하고, 조건식을 다시 평가하도록 하는 제어문이다. 조건식이 "참"이면 반복문을 계속 실행하고, "거짓"이면 반복문을 끝내고 다음 문장으로 넘어간다.

형식 continue;

예제 20 continue 문: 1부터 100까지 정수 중에서 7의 배수만 골라내기

```
#include <stdio.h>
int main()
{
    int n;
    for(n=1; n<=100; n++)
    {
        if((n%7) != 0) continue;        // n이 7의 배수가 아니면
                                        // 조건식을 다시 평가한다.
        printf("%2d  ", n);
    }
    return 0;
}
```

실행 결과

7 14 21 28 35 42 49 56 63 70 77 84 91 98

설명

반복문을 실행하는 도중에, n이 7의 배수가 아니면 continue 문에 따라 증감식을 연산하고 조건식을 다시 평가한다. n이 7의 배수이면 n의 값을 출력한다.

```
#include <stdio.h>
int main()
{
    int n;
    for(n=1; n<=100; n++)
    {

        if((n%7) !=0) continue;     // n이 7의 배수가 아니면
                                    // 조건식을 다시 평가한다.
        printf("%2d  ", n);
    }
    return 0;
}
```

7.10 return 문

return 문은 현재 실행 중인 함수를 끝내고, 프로그램의 제어를 함수를 호출한 곳으로 돌아가게 하는 제어문이다. return 문의 다음에 나오는 문장은 실행되지 않는다. 메인함수에서 return 문을 만나면 프로그램이 종료된다.

반환 값(return value)은 피호출 함수가 자기를 호출한 함수로 되돌려 주는 값이다. 반환값으로 수식이나 변수, 상수 등을 사용할 수 있다. 반환값의 데이터형과 함수의 데이터형은 일치해야 한다. 반환값은 하나의 값만 쓸 수 있다.

메인함수의 반환값은 프로그램이 종료되어 운영체제로 넘겨 주는 값이다. 이 값은 대개 쓰이지 않으므로 메인함수에서 return 문을 생략해도 된다. 일반적으로 '0'을 반환하면 그 프로그램이 정상적으로 실행되었음을 의미한다.

형식 return 반환_값;

예

```
return 0;        ← 0을 반환한다.
return a;        ← a의 값을 반환한다.
return (x+y);    ← (x+y)의 값을 반환한다.
```

제어문

학습과제

[과제 1] 반복문에는 for 문, while 문 그리고 do-while 문이 있습니다. 이들을 각각 설명하시오.

① for 문

② while 문

③ do-while 문

[과제 2] for 문을 이용하여 다음과 같은 도형을 콘솔 창에 출력하는 프로그램을 작성하시오.

```
               *
            *******
         *************
      *******************
   *************************
*******************************
   *************************
      *******************
         *************
            *******
               *
```

[과제 3] 세 개의 정수 a = 40, b = 20, c = 60이 있습니다. if 문을 사용하여 이들을 작은 수부터 큰 수 순서로 출력하는 프로그램을 작성하시오.

[과제 4] 다음 수식의 sum은 100부터 500까지 정수의 합입니다. for 문을 사용하여 sum을 구하고, 그 결과를 콘솔 창에 출력하는 프로그램을 작성하시오.

```
sum = 100 + 101 + 102 + …… + 500
```

[과제 5] 다음 수식의 even은 100부터 400까지 정수 중에서 짝수의 합을 구합니다. while 문을 사용하여 even을 구하고, 그 결과를 콘솔 창에 출력하는 프로그램을 작성하시오.

```
even = 100 + 102 + 104 + …… + 400
```

[과제 6] 키보드에서 임의의 정수 n을 읽어 들이고, 그 수의 계승(factorial) n! 값을 구하여 모니터에 출력하는 프로그램을 작성하시오.

(예) n = 4
4! = 4×3×2×1 = 24

[과제 7] 다음은 [예제 12]의 구구단을 출력하는 프로그램입니다. while 문을 사용하여 이 프로그램을 다시 작성하시오.

```
#include <stdio.h>
int main()
{
    int j, k;
    printf("  ***  구구단  *** \n");
    for(j=1; j<=9; j++)
    {
        printf(" %d 단 : ", j);
        for(k=1; k<=9; k++)
        {   printf("%dx%d=%2d ", j, k, j*k);  }
        printf("\n");
    }
    printf("j=%d  k=%d", j, k);
    return 0;
}
```

[과제 8] 다음 프로그램을 실행할 경우, 콘솔 창에 나타나는 내용을 적으시오.

```
#include <stdio.h>
int main()
{
    int n=0;
    while(1)
    {
        n++;
        if((n%3) != 0) continue;
        printf("%2d  ", n);
        if(n==30) break;
    }
    return 0;
}
```

[과제 9] 다음의 용어를 설명하시오.

① break 문

② goto 문

③ continue 문

④ return 문

PART 08
배열

- 배열의 뜻을 이해한다.
- 일차원 배열을 선언하고 초기화하는 방법을 익힌다.
- 일차원 배열을 이용하는 방법을 익힌다.
- 다차원 배열을 이해하고 사용하는 방법을 익힌다.

PART 08

배열

8.1 배열이란

지금까지 사용한 변수들은 하나의 변수에 하나의 값만 저장할 수 있다. 변수의 수가 많을 경우, 예를 들어 240명의 성적을 처리한다면, 240개의 변수를 일일이 생성하고 처리하기가 어려울 것이다. 즉

```
int a_1, a_2, ···, a_240;
```

와 같이 변수를 하나씩 모두 선언하고 사용하기에 문제가 많다. 이 장에서 다루는 배열은 이와 같은 문제를 해결하여 데이터를 보다 효율적으로 처리할 수 있게 해 준다.

배열(array)은 동일한 데이터형을 가지는 여러 개의 변수를 하나의 변수명에 집합시킨 것이다. 즉 데이터형이 같은 여러 변수를 하나의 대표적인 이름으로 통합하여 메모리에 연속된 주소로 할당하고, 이를 배열이라 부른다. 배열을 대표하는 이름을 "배열명"이라 한다. 배열의 가장 큰 특징은 배열 안의 변수를 쉽게 참조할 수 있다는 것이다. 배열명 다음에 나오는 첨자 []의 개수에 따라 배열의 차원이 결정된다. 첨자가 한 개이면 일차원 배열, 첨자가 두 개이면 2차원 배열, 첨자가 n개이면 n차원 배열이라 한다.

8.2 일차원 배열

일차원 배열은 동일한 데이터형을 가지는 변수가 메모리 영역에서 순서대로 나열되는 배열이다. 일차원 배열은 다음과 같은 방법으로 선언한다.

형식 데이터형 배열명[배열의_크기];

예

```
int a[240];              ← 일차원 배열 a[240]을 선언
                           데이터형은 int, 배열명은 a, 배열의_크기는 240개
```

설명

- 위의 예는 배열명이 a인 int형 일차원 배열을 선언한 것이다. 즉, int형 변수인 a[0], a[1], a[2], …, a[239] 를 일괄적으로 선언한 것이다.
- 배열명은 변수명과 같은 규칙으로 작성한다.
- 배열의_크기는 대괄호 [ ] 안에 적는다.
- 배열의_크기는 반드시 0보다 큰 정수형 상수만 사용할 수 있다.

다음의 예는 여러 가지 배열 선언을 보여준다.

예

```
int  a[240], b[100];     ← int형 배열 a[240]과 b[100]을 동시에 선언
double x[10];            ← double형 배열 x[10]을 선언
char c[50];              ← char형 배열 c[50]을 선언
```

배열 원소는 배열을 이루는 변수들을 말하며, 일반적인 변수와 동일하게 취급하여 사용할 수 있다. int a[240]은 int형 a[0], a[1], a[2], …, a[239]를 선언한 것이다. 주의할 점은 배열의 첨자는 0부터 시작한다는 것이다. 첫 번째 배열 원소는 a[0]이다.

배열 원소를 사용하는 방법

```
        a [2]
      ↗     ↖
  배열명   배열 원소의 위치를 첨자에 적음
```

a[0]은 배열 a의 첫 번째 배열 원소를 나타낸다.
a[1]은 배열 a의 두 번째 배열 원소를 나타낸다.
a[2]는 배열 a의 세 번째 배열 원소를 나타낸다.
……

배열의 가장 큰 장점은 배열 원소의 값을 쉽게 참조할 수 있다는 것이다. 각 배열 원소는 메모리 영역에서 순서대로 연속적인 주소로 저장되어 있다. 배열의 첨자만 바꾸어 주면 몇 번째 배열 원소이든 쉽게 참조할 수 있다. 배열 원소는 일반적인 변수처럼 사용할 수 있다. 예를 들면

```
a[2] = 100;     ← a[2]에 100을 대입한다.
a[3] = a[2]*2;  ← a[2]에 2를 곱하여 a[3]에 대입한다.
```

배열 원소에 할당된 메모리의 크기는 배열의 데이터형에 따른다.

배열의 데이터형	배열 원소의 크기
int형 정수	4바이트
float형 실수	4바이트
double형 실수	8바이트
char형 문자	1바이트

배열명은 메모리에 할당된 배열의 시작 주소를 가진다. 배열에 할당되는 메모리의 주소는 컴파일러가 지정해 준다.

배열의 주소(address)는 컴퓨터의 메모리 영역에서 배열이 할당되어 있는 주소를 나타낸다.

8.2.1 int형 배열

```
int a[240];
```

을 선언하면 배열 원소는 [그림 8-1]과 같은 순서로 배치된다. a[0]의 주소를 기준으로 하여, a[1], a[2], … 등의 각 배열 원소가 4바이트의 간격으로 순서대로 저장된다. 배열 a는 int형이므로 각 배열 원소에 4바이트의 공간이 할당되어 있다. 인접한 배열 원소의 주소는 4만큼 차이가 난다. a[1]은 a[0]보다 4만큼 증가된 주소를 가지며, 나머지 배열 원소도 그전의 배열 원소보다 각각 4만큼 증가된 주소를 가진다.

8.2.2 float형 배열

```
float x[10];
```

을 선언하면 배열 원소는 [그림 8-2]와 같은 순서로 배치된다. x[0], x[1], … 등의 배열 원소는 4바이트의 간격으로 순서대로 저장된다. float형 배열에서 각 배열 원소는 4바이트의 메모리 공간을 점유하므로 연속된 배열 원소의 주소는 4만큼 차이가 난다.

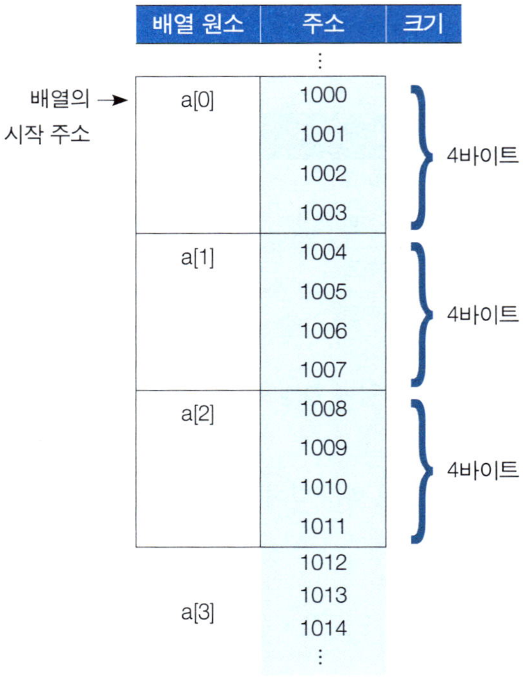

[그림 8-1] int형 배열

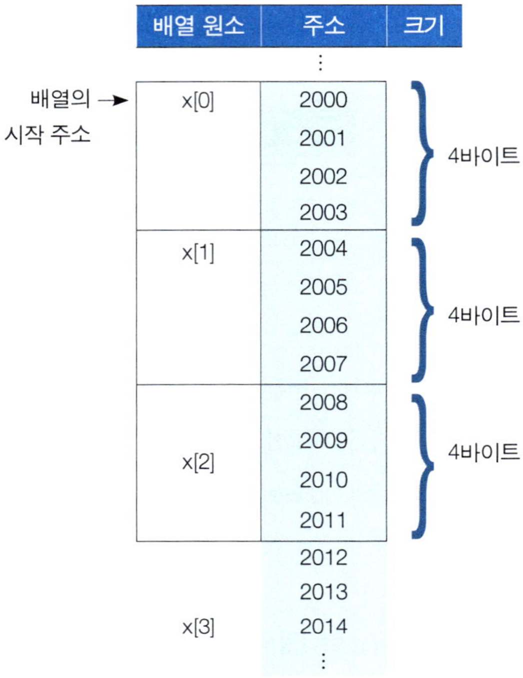

[그림 8-2] float형 배열

8.2.3 char형 배열

```
char c[6];
```

을 선언하면 배열 원소는 다음의 그림과 같은 순서로 배치된다. c[0], c[1], … 등의 각 배열 원소는 1바이트의 간격으로순서대로 저장된다. char형 배열에서 각배열 원소는 1바이트의 메모리 공간을 점유하므로 인접한 배열 원소 간의 주소는 1만큼 차이가 난다.

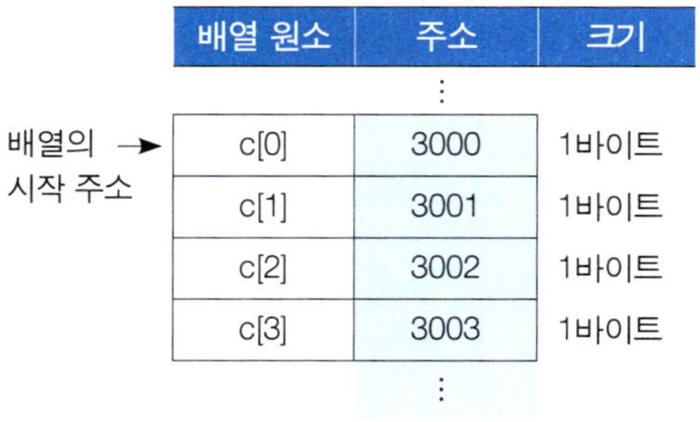

문자열(string)은 문자(character)가 여러 개 나열된 것을 말한다. 예를 들어 "C-LAN"란 문자열은 5개의 문자가 나열되어 하나의 문자열이 된다. 이러한 문자열은 char형 배열에 저장하여 사용한다. 앞에서 선언한 char형 배열 c[6]에 문자열 "C-LAN"을 대입하면

```
char c[6]= { "C-LAN" };
```

이다. 문자열이 저장된 순서는 다음과 같다.

	배열 원소	주소	크기	저장 값
		⋮		
배열의 시작 주소 →	c[0]	3000	1바이트	'C'
	c[1]	3001	1바이트	'-'
	c[2]	3002	1바이트	'L'
	c[3]	3003	1바이트	'A'
	c[4]	3004	1바이트	'N'
	c[5]	3005	1바이트	'\0'
		⋮		

char형 배열의 시작부터 c[0]='C', c[1]='-', c[2]='L', c[3]='A', c[4]='N'이 각각 저장되어 있다. 여기서 중요한 것은 문자열의 끝을 나타내기 위해 NULL 문자(NULL character)인 '\0'이 자동으로 삽입된다는 점이다. 저장할 문자열은 5개이지만 NULL 문자 '\0'을 포함하면, char형 배열의 크기는 최소한 6개 이상이 되어야 한다.

배열의 초기화는 각 배열 원소에 특정한 값을 부여하는 것이다. 다음의 예 1은 배열을 선언하고, 배열 원소를 초기화한다.

예 1

```
int a[4];        ← 배열 a를 선언
a[0] = 0;        ← 배열 원소 a[0]을 0으로 초기화
a[1] = 100;      ← 배열 원소 a[1]을 100으로 초기화
a[2] = 200;      ← 배열 원소 a[2]를 200으로 초기화
a[3] = 300;      ← 배열 원소 a[3]을 300으로 초기화
```

다음의 예 2와 같이 배열의 선언과 초기화를 동시에 할 수도 있다. 숫자 데이터는 중괄호 { } 안에 콤마로 분리하여 대입한다.

예 2 int a[4]={ 0, 100, 200, 300 }; ← int형 배열 a를 선언하고 동시에 초기화

int형 배열 a[4]를 선언하고 동시에 a[0]=0, a[1]=100, a[2]=200, a[3]=300을 대입한 것이다.

예 3 double x[4]={ 1.5, 2.5, 3.5, 4.5 }; ← double형 배열 x를 선언하고 동시에 초기화

다음과 같이 배열의 크기를 공백으로 두면, 컴파일러는 오른쪽에 있는 데이터의 개수를 세어 배열의 크기를 자동으로 설정해 준다.

예 4 int a[ ]={ 0, 100, 200, 300}; ← 배열의 크기를 공백으로 둘 수 있다. 컴파일러는 데이터의 개수를 세어 배열의 크기를 4로 설정해 준다.

char형 배열을 초기화하는 방법은 다음과 같다.

예 5

char ch[10]={'C', '-', 'L', 'A', 'N'};	① ← 문자를 하나씩 대입
char ch[ ]={'C', '-', 'L', 'A', 'N'};	② ← 배열의 크기를 공백으로 두고 문자를 하나씩 대입
char ch[10]={"C-LAN"};	③ ← 이중 인용부호 " "안에 문자열을 대입
char ch[10]= "C-LAN";	④ ← 중괄호를 생략하고, 이중 인용부호 " " 안에 문자열을 대입

설명

- ① ~ ④ 모두 char 형 배열을 선언하고 동시에 배열원소에 문자열을 대입한다.
  즉 ch[0]='C', ch[1]='-', ch[2]='L', ch[3]='A', ch[4]='N'을 대입한다.
- ②와 같이 배열의 크기를 공백으로 두면, 문자의 개수만큼 배열의 크기가 자동으로 설정된다.
- ③과 같이 이중 인용부호 " " 안에 문자열을 대입하여 초기화한다.
- ④와 같이 중괄호를 생략하고 이중 인용부호 " " 안에 문자열을 대입해도 된다.
- 문자열의 맨 뒤에는 NULL 문자가 자동으로 삽입된다.
- 특정한 배열 원소 ch[0]의 값 'C'를 'B'로 변경하려면 ch[0] = 'B'; 로 둔다.

char형 배열에 문자열을 대입할 때 주의할 점

① char형 배열을 선언하고 동시에 문자열을 대입하는 경우 :

```
char ch[10]= "C-LAN";  // 배열 선언 + 문자열 대입
```

로 두면, char형 배열 ch의 시작 주소부터 문자열이 대입된다.

② char형 배열을 선언하고, 별도로 문자열을 대입하는 경우 :

```
char ch[10];          // 배열 선언
ch = "C-LAN";         // 문자열 대입(오류)
```

로 두면, 오류가 발생한다. char형 배열 ch의 시작 주소를 문자열 "C-LAN"의 시작 주소로 변경할 수 없기 때문이다. 컴파일러가 변수나 배열에 특정한 주소를 할당하면 그 변수나 배열은 소멸될 때까지 반드시 같은 주소를 사용해야 한다.

char형 배열에 다른 문자열을 대입하는 방법

다음과 같이 다른 문자열 "ABC"를 char형 배열 ch로 복사한다.

```
char ch[10];
strcpy_s(ch, "ABC");
```

여기서 strcpy_s()는 어떤 문자열 "ABC"를 char형 배열 ch로 복사하는 함수이다(12.6 문자열 처리 함수 참조).

예제 1 배열의 초기화

```
#include <stdio.h>
int main()
{
    int a[4] = { 0, 100, 200, 300};
    double x[4] = { 1.5, 2.5, 3.5, 4.5};
    char ch[10] = "C-LAN";
    printf(" a[0] = %d, a[1] = %d, a[2] = %d, a[3] = %d \n",
            a[0],      a[1],      a[2],      a[3]);
    printf(" int형 배열 a의 크기 = %d [바이트] \n", sizeof(a));
    printf(" double형 배열 x의 크기 = %d [바이트] \n", sizeof(x));
    printf(" char형 배열 ch의 크기 = %d [바이트] \n", sizeof(ch));
    return 0;
}
```

실행 결과	a[0] = 0, a[1] = 100, a[2] = 200, a[3] = 300 int형 배열 a의 크기 = 16[바이트] double형 배열 x의 크기 = 32[바이트] char형 배열 ch의 크기 = 10[바이트]

설명	• int형 배열 a의 배열 원소는 4개이므로, 전체 크기는 4[바이트]×4 = 16[바이트]이다. • double형 배열 x의 배열 원소는 4개이므로, 전체 크기는 8[바이트]×4 = 32[바이트]이다. • char형 배열 ch의 배열 원소는 10개이므로, 전체 크기는 1[바이트]×10 = 10[바이트]이다.

int형 배열 a를

```
int a[10];
```

으로 선언하고, 배열 a의 합을 구하려 한다. 배열 원소를 일반적인 변수처럼 생각하여 배열의 합 sum을 구하면

```
sum = a[0]+a[1]+a[2]+a[3]+a[4]+a[5]+a[6]+a[7]+a[8]+a[9];
```

이다. 배열의 크기가 더 커지면 이러한 방법으로 합을 구하기가 어려워진다. 각 배열 원소는 첨자만 서로 다르므로, 위 식은 다음과 같이 표현할 수 있다.

$$\text{sum} = \sum_{i=0}^{9} a[i]$$

이 식의 값을 구하려면, 다음의 예제 2와 같이 반복문을 사용하여 배열 a의 첨자만 바꾸어 더한다.

예제 2 데이터 10개의 합과 평균

```
#include <stdio.h>
#define SIZE 10
int main()
{
    int i, sum=0;
    int a[SIZE] = {95, 89, 80, 68, 90, 85, 76, 79, 85, 92};  // 초기화
    float average;
    for (i=0; i<SIZE ; i++)
    {     sum+= a[i];  } // for 루프에서 배열의 첨자 i만 바꾸어 더함
    average=(float)sum/(float)SIZE;
    printf(" sum = %d, average = %f", sum, average);
    return 0;
}
```

실행 결과

```
sum = 839, average = 83.9
```

예제 3 char형 배열에 문자열을 대입

```
#include <stdio.h>
int main()
{
    int i, j;
    char ch[50] = "C-language";
    for (i=1; i<11; i++)
    {
        printf("\n");
        for(j=0; j<i; j++)
            printf("%c", ch[j]);
    }
    return 0;
}
```

실행 결과	C C- C-l C-la C-lan C-lang C-langu C-langua C-languag C-language

정렬(sorting)은 주어진 데이터 열을 지정된 규칙으로 다시 배치하는 것이다. 정렬에는 데이터를 작은 값부터 큰 값의 순으로 배치하는 오름차순(ascending order) 정렬과 큰 값부터 작은 값의 순으로 배치하는 내림차순(descending order) 정렬이 있다. 정렬 방법은 몇 가지가 있는데, 여기서는 가장 많이 쓰이는 버블 정렬(bubble sort)에 대해 알아본다.

버블 정렬(bubble sort)은 배열 원소를 오름차순이나 내림차순으로 정렬하는 방식 중의 하나이다. 버블 정렬은 이웃한 두 개의 배열 원소를 정해진 순서로 정렬하는 과정을 반복 실행하여, 결국 정해진 순서로 정렬된 데이터를 얻는 방법이다. 정렬하는 과정에서 가벼운 버블(거품)이 점점 위로 올라가는 것 같은 느낌이 든다. 다음과 같이 10개의 데이터가 있을 때, 내림차순 버블 정렬을 실행하는 순서는 다음과 같다.

int형 배열 d[10]

배열 원소	d[0]	d[1]	d[2]	d[3]	d[4]	d[5]	d[6]	d[7]	d[8]	d[9]
값	89	95	47	33	58	73	44	86	29	52

버블 정렬

① 첫 번째 배열 원소와 두 번째 배열 원소를 비교하여
- "올바른 순서(큰 값 → 작은 값 순)"이면 두 수를 그대로 둔다.
- "올바른 순서"가 아니면 두 수를 교환한다.

② 두 번째 배열 원소와 세 번째 배열 원소를 비교하여
- "올바른 순서"이면 두 수를 그대로 둔다.
- "올바른 순서"가 아니면 두 수를 교환한다.

  마지막 배열 원소까지 이러한 과정을 실행한다.

③ 다시 첫 번째 배열 원소부터 ①과 ② 과정을 실행한다.
- ①과 ② 과정을 반복 실행하여, 더 이상 교환할 데이터가 없으면 모든 배열 원소는 내림차순으로 배열된 것이다.

- 배열 원소의 수가 N개일 경우, 반복 횟수는 최대 (N-1)회이다.
- 배열 원소를 오름차순(작은 값부터→큰 값 순)으로 정렬하려면 "올바른 순서"를 반대로 바꾸면 된다.

위에 주어진 배열 원소에 대해 버블 정렬을 실행하면, 다음의 표와 같이 데이터가 교환된다. ①과 ②의 과정을 한 번 실행할 때마다, 부분적으로 데이터의 교환이 이루어져 5회 실행 후에는 더 이상 교환할 데이터가 없다. 모든 배열 원소가 내림차순으로 배열되어 있음을 알 수 있다.

배열 원소	d[0]	d[1]	d[2]	d[3]	d[4]	d[5]	d[6]	d[7]	d[8]	d[9]
원래 값	89	95	47	33	58	73	44	86	29	52
		x			x	x	x	x		x
1회 실행 후	95	89	47	58	73	44	86	33	52	29
				x	x		x		x	
2회 실행 후	95	89	58	73	47	86	44	52	33	29
				x		x		x		
3회 실행 후	95	89	73	58	86	47	52	44	33	29
					x		x			
4회 실행 후	95	89	73	86	58	52	47	44	33	29
				x						
5회 실행 후	95	89	86	73	58	52	47	44	33	29
6회 실행 후	95	89	86	73	58	52	47	44	33	29

예제 4 버블 정렬

```
#include <stdio.h>
#define SIZE 10
int main()
{
    int i, j, temp;
    int iteration;            // 반복 횟수
    int x[SIZE] = { 89, 95, 47, 33, 58, 73, 44, 86, 29, 52 };
    printf(" 원래의 데이터:");
    for(j=0; j<SIZE; j++)
        printf(" %2d,", x[j]);
    for(iteration=1; iteration<SIZE; iteration++)
    {
        for(i=0; i<SIZE-1; i++)
        {
            if(x[i]<x[i+1])   // x[i] < x[i+1]이면 두 수를 교환한다.
            {  temp=x[i];  x[i]=x[i+1];  x[i+1]=temp; }
        }
        printf("\n 반복 횟수 [%2d]", iteration);
        for (j=0; j<SIZE; j++)
            printf(" %2d,", x[j]);
    }
    return 0;
}
```

실행 결과

```
원래의 데이터:  89, 95, 47, 33, 58, 73, 44, 86, 29, 52,
반복 횟수 [ 1]:  95, 89, 47, 58, 73, 44, 86, 33, 52, 29,
반복 횟수 [ 2]:  95, 89, 58, 73, 47, 86, 44, 52, 33, 29,
반복 횟수 [ 3]:  95, 89, 73, 58, 86, 47, 52, 44, 33, 29,
반복 횟수 [ 4]:  95, 89, 73, 86, 58, 52, 47, 44, 33, 29,
반복 횟수 [ 5]:  95, 89, 86, 73, 58, 52, 47, 44, 33, 29,
반복 횟수 [ 6]:  95, 89, 86, 73, 58, 52, 47, 44, 33, 29,
반복 횟수 [ 7]:  95, 89, 86, 73, 58, 52, 47, 44, 33, 29,
반복 횟수 [ 8]:  95, 89, 86, 73, 58, 52, 47, 44, 33, 29,
반복 횟수 [ 9]:  95, 89, 86, 73, 58, 52, 47, 44, 33, 29,
```

설명 데이터의 수가 N개일 경우, 반복 횟수는 최대 (N-1)회이다.

8.3 다차원 배열

다차원 배열은 배열의 첨자가 2개 이상 있는 배열로서, 첨자가 2개이면 2차원 배열이고, 첨자가 3개이면 3차원 배열이 된다. 4차원 이상의 배열도 마찬가지 방법으로 선언할 수 있다.

형식 데이터형 배열명[행의_크기][열의_크기] ← 2차원 배열 선언

예

```
int m[2][4];             ← 2차원 배열 m[2][4]를 선언
     ↓  ↘                   • 데이터형은 int 형
     행   열                 • 배열명은 m
                            • 행의_크기는 2
                            • 열의_크기는 4
float E[5][5][5];        ← 3차원 배열
```

int형으로 선언된 2차원 배열 m[2][4]는 다음과 같이 행렬(matrix) 구조를 이룬다. 배열 원소의 수는 2행×4열 = 8개이다.

m[0][0]	m[0][1]	m[0][2]	m[0][3]
m[1][0]	m[1][1]	m[1][2]	m[1][3]

다차원 배열의 주소는 메모리 영역에서 연속된 주소로 지정된다. int형 배열 m[2][4]는 다음의 표와 같은 순서로 배치된다. 1행의 원소 m[0][0]을 시작으로 m[0][1], m[0][2], m[0][3] 순으로 배열된다. 1행의 원소가 끝나면 이어서 2행의 원소가 m[1][0], m[1][1], m[1][2], m[1][3] 순으로 연결된다. 외견상 2차원 배열로 선언되어 있어도 메모리상에서는 1차원 배열과 같이 연속된 주소로 배치되어 있다. 3차원 이상의 배열도 메모리상에서는 1차원 배열과 같이 연속된 주소를 가진다.

배열 원소	주소	크기	
	⋮		
m[0][0]	1000	4바이트	1행의 원소
m[0][1]	1004	4바이트	1행의 원소
m[0][2]	1008	4바이트	1행의 원소
m[0][3]	1012	4바이트	1행의 원소
m[1][0]	1016	4바이트	2행의 원소
m[1][1]	1020	4바이트	2행의 원소
m[1][2]	1024	4바이트	2행의 원소
m[1][3]	1028	4바이트	2행의 원소
	⋮		

↑ 전체 배열 ↓

다차원 배열의 초기화는 다차원 배열 원소의 초깃값을 지정해 주는 것이다. 초깃값은 중괄호 {} 안에 콤마(,)로 분리하여 대입한다. 아래의 예 1은 2차원 배열에 숫자를 대입한 것이다. 배열 원소의 순서대로 각각 대입된다.

예 1

```
int m[2][4] = { 10, 20, 30, 40,  50, 60, 70, 80 };
```

1행: 10, 20, 30, 40 / 2행: 50, 60, 70, 80

배열 원소는

m[0][0]= 10, m[0][1]= 20, m[0][2]= 30, m[0][3]= 40,
m[1][0]= 50, m[1][1]= 60, m[1][2]= 70, m[1][3]= 80

이다. 이를 행렬 구조로 표시하면

10	20	30	40
50	60	70	80

이다. 2차원 배열을 초기화할 때는 다음과 같이 중괄호를 두 번 사용하여 행과 열을 알기 쉽게 표현하는 것이 좋다.

예 2

```
int m[2][4] = { { 10, 20, 30, 40 },  { 50, 60, 70, 80 } };
                 1행                  2행

int m[2][4] = { { 10, 20, 30, 40 },          // 1행
                { 50, 60, 70, 80 } };        // 2행
```

char형 배열을 문자열로 초기화할 때는 이중 인용부호 " " 속에 문자열을 넣는다.

예 3

```
char c[3][10]={ "computer",       "C",       "program" };
                   1행             2행          3행

char c[3][10]={ "computer",                  // 1행
                "C",                         // 2행
                "program" };                 // 3행
```

예제 5

2차원 배열

학생 5명의 성적이 다음의 표와 같을 때, 2차원 배열을 사용하여 개인별 성적의 합(sum)과 평균(average)을 구하려 한다. 학생의 성적은 2차원 int형 배열 score[5][3]에 대입한다. 앞의 첨자는 학생의 번호이고, 뒤의 첨자는 과목의 번호이다.

과목 / 학생 번호	math 0	Eng 1	C-lang 2	sum	average
0	80	86	90		
1	87	85	80		
2	97	99	90		
3	96	91	90		
4	80	92	77		

```
#include 〈stdio.h〉
int main()
{
   int  i,  j,  sum;
   double average;
   int score[5][3] ={ {80, 86, 90}, {87, 85, 80}, {97, 99, 90},
                      {96, 91, 90}, {80, 92, 77} };
   for (i=0; i〈5 ; i++)
   {
      sum=0;
```

```
        for (j=0; j<3; j++)                 // j=과목 번호
            sum+=score[i][j];               // 성적을 누적
        average = (double)sum/3.0;
        printf("[%2d] sum = %3d, average = %6.2f \n", i, sum, average);
    }
    return 0;
}
```

실행 결과

```
[ 0] sum = 256 , average = 85.33
[ 1] sum = 252 , average = 84.00
[ 2] sum = 286 , average = 95.33
[ 3] sum = 277 , average = 92.33
[ 4] sum = 239 , average = 83.00
```

예제 6 문자열을 출력

```
#include <stdio.h>
int main()
{
    int i;
    char c[3][20]={ "computer",             // 1행
                    "C",                    // 2행
                    "programming" };        // 3행
    for (i=0; i<3 ; i++) printf("  %s  \n", c[i]);
    return 0;
}
```

실행 결과

```
computer
C
programming
```

설명

- c[i]에는 i번째 행의 시작 주소가 들어 있다.
- printf(" %s \n", c[i]); 는 i번째 행의 시작부터, 그 행의 끝까지 들어 있는 문자열을 출력한다.

배열

학습과제

[과제 1] 다음의 용어를 설명하시오.

① 배열(array)

② 배열의 주소(address)

③ 문자열(string)

[과제 2] 다음의 프로그램에는 네 가지의 배열이 있습니다. 각 배열의 크기를 바이트 단위로 구하여, 그 결과를 콘솔 창에 출력하도록 프로그램을 수정하시오.

```
#include <stdio.h>
int main()
{
    int a[3]={ 1, 3, 5};
    float b[4]={ 0.5, 1.5, 2.5, 3.5};
    char c[20]="C programming";
    double d[4]={ 1.25, 2.25, 3.25, 4.25};
    return 0;
}
```

[과제 3] 다음의 프로그램을 실행할 경우, 콘솔 창에 출력되는 내용을 적으시오.

```
#include <stdio.h>
int main()
{
    float x[4]={ 1.5, 2.5, 3.5, 4.5};
    printf(" x[0] = %f \n", x[0]);
    printf(" x[2] = %f \n", x[2]);
    printf(" x[0]+x[2] = %f \n", x[0]+x[2]);
    printf(" x[0]*x[2] = %f \n", x[0]*x[2]);
    return 0;
}
```

[과제 4] 버블 정렬을 사용하여, 다음의 수를 오름차순으로 정렬하고 콘솔 창에 출력하시오.

```
34. -30, 26, 85, 70, -5, 125, 65, 32, 90
```

[과제 5] 다음의 표에서 가로의 합과 세로의 합을 각각 구하고 이를 콘솔 창에 출력하는 프로그램을 작성하시오.

					가로의 합
	5	9	4	8	
	2	0	-5	2	
	7	-6	3	4	
	3	6	-4	0	
세로의 합					

[과제 6] 다음과 같이 문자열을 키보드에서 읽어 들이고, 이를 역순으로 출력하는 프로그램을 작성하시오.

입력한 문자열		역순으로 출력된 문자열
C-LANGUAGE	→	EGAUGNAL-C

PART 09

포인터

- 포인터에 대해 이해한다.
- 포인터를 선언하고 초기화하는 방법을 익힌다.
- 포인터를 사용하는 방법을 익힌다.
- 배열명과 포인터의 관계를 이해한다.
- 포인터 배열을 이해한다.
- 메모리 할당을 이해한다.

PART 09

포인터

9.1 포인터란

포인터(pointer)는 메모리의 주소(address)를 저장하는 변수이다. 변수나 배열은 데이터의 값을 저장하는데 비해, 포인터는 데이터의 값이 아니라 데이터가 저장되어 있는 메모리의 주소를 저장한다. 포인터를 포인터 변수라고도 한다. 포인터는 C 언어의 특징적인 기능으로 포인터에 저장된 주소에 있는 데이터를 읽을 수 있고, 그 데이터의 값을 바꿀 수도 있다. 또한, 포인터에 저장된 주소의 값도 바꿀 수 있다. 변수명이나 배열명도 메모리의 주소를 나타내지만 그 주소의 값을 바꿀 수는 없다.

변수나 배열 원소는 메모리 영역에서 서로 다른 주소를 가지고 있으며, 그 주소에 데이터를 저장한다. 변수명이나 배열명은 데이터가 있는 주소를 나타내는 상수이다. 변수나 배열이 선언되면, 컴파일러는 모든 변수나 배열에 적절한 메모리의 주소를 할당한다. 변수나 배열의 주소는 컴파일한 후에 지정되므로 이를 미리 알 수는 없다. 변수나 배열이 할당되어 있는 주소를 알려면 주소 연산자 &를 사용한다.

주소 연산자 &는 변수나 배열이 할당되어 있는 메모리의 주소를 나타낸다. 변수나 배열의 앞에 &를 붙여서 쓴다.

형식	&변수명;	
예	&a;	← 변수 a의 주소

9.2 포인터 선언

포인터(또는 포인터 변수)를 선언하는 방법은 다음과 같다. 변수의 앞에 별표(asterisk) *를 붙이면 포인터 변수가 선언된다. 여러 개의 포인터 변수를 동시에 선언할 때는 각 변수의 앞에 별표 *를 일일이 표시해 준다.

형식 데이터형 *포인터_변수명; ← 포인터_변수를 선언

예 1

```
int *pa;              ← int형 포인터 pa를 선언
float *pb;            ← float형 포인터 pb를 선언
char *pc, *pd, *pe;   ← char형 포인터 pc, pd 및 pe를 선언
```

포인터 변수는, 포인터 변수의 데이터형과 같은 데이터형을 가지는 변수만 참조할 수 있다.

int형 포인터	→	int형 변수만 참조 가능
float형 포인터	→	float형 변수만 참조 가능
double형 포인터	→	double형 변수만 참조 가능
char형 포인터	→	char형 변수만 참조 가능

포인터를 선언하고 초기화하는 방법은 다음과 같다.

예 2

```
int a;
int *p;      ← int형 포인터 p를 선언
p = &a;      ← 변수 a의 주소를 포인터 p에 대입
```

포인터를 선언하고 동시에 초기화할 수도 있다.

예 3

```
int a;
int *p = &a;   ← int형 포인터 p를 선언하고 동시에 변수 a의 주소를 포인터 p에
                 대입
```

포인터를 선언할 때, 포인터가 아무것도 가리키지 않은 경우에는 포인터 변수에 "NULL"을 저장한다. 이를 "NULL 포인터"라 한다.

예 4 int *p = NULL; ← 포인터 p를 "NULL 포인터"로 초기화한다.

배열명은 배열의 시작 주소를 나타낸다. 이를 포인터에 대입하면 포인터는 배열의 시작 주소를 가리킨다. 배열명을 포인터에 대입할 때는 주소 연산자 &를 붙이지 않는다.

예 5

```
float x[100];
float *p;
p = x;
```

- 배열명 x를 포인터 p에 대입하면, 포인터 p는 배열 x의 시작 주소를 가리킨다.
- 배열명을 포인터에 대입할 때, 배열명의 앞에 주소 연산자 &를 붙이지 않는다.

예제 1 포인터의 크기

```
#include <stdio.h>
int main()
{
    int   *pa;    // int형 포인터를 선언
    float *pb;    // float형 포인터를 선언
    char *pc;     // char형 포인터를 선언
    printf(" int형 포인터 pa의 크기 = %d 바이트 \n", sizeof(pa));
    printf(" float형 포인터 pb의 크기 = %d 바이트 \n", sizeof(pb));
    printf(" char형 포인터 pc의 크기 = %d 바이트 \n", sizeof(pc));
    return 0;
}
```

실행 결과

```
int형 포인터 pa의 크기 = 4 바이트
float형 포인터 pb의 크기 = 4 바이트
char형 포인터 pc의 크기 = 4 바이트
```

설명

- int형, float형 그리고 char형 포인터의 크기는 모두 4바이트이다.
- 컴파일러가 32비트이면 모든 포인터의 크기는 4바이트이고, 컴파일러가 64비트이면 모든 포인터의 크기는 8바이트이다.

예제 2 포인터의 주소

```
#include <stdio.h>
int main()
{
    int   a = 33;
    float b = 4.4f;
    char c = 'A';
    int   *pa;
    float *pb;
    char *pc;
    pa = &a;      // pa는 a의 주소를 가리키는 포인터
    pb = &b;      // pb는 b의 주소를 가리키는 포인터
    pc = &c;      // pb는 c의 주소를 가리키는 포인터
    printf(" pa의 주소 = %p, pb의 주소 = %p, pc의 주소 = %p \n", pa,  pb, pc);
    printf(" a의 주소 = %p,  b의 주소 = %p,  c의 주소 = %p \n", &a, &b, &c);
    return 0;
}
```

실행 결과

pa의 주소=0028FD50, pb의 주소=0028FD44, pc의 주소=0028FD3B
a의 주소=0028FD50, b의 주소=0028FD44, c의 주소=0028FD3B
(변수의 주소는 프로그램이나 컴파일러에 따라 다른 값을 가진다.)

설명 "%p"는 포인터나 변수의 주소를 16진수로 출력하는 형식 지정자이다.

포인터나 변수의 주소를 printf() 문으로 출력하는 형식은 다음과 같다.

형식 printf("%p", 포인터나 변수의_주소);

예제 3 배열의 주소를 포인터에 대입

```
#include <stdio.h>
int main()
{
    float x[100];
    float *p;
    float y;
    float *q;
    p = NULL;
    printf(" p = NULL; 대입 후: NULL 포인터 p = %p \n", p);
    p = x;
    printf(" p = x; 대입 후: 배열 x의 주소 = %p, 포인터 p = %p \n", x, p);
    p = &y;
    printf(" p = &y; 대입 후: 변수 y의 주소 = %p, 포인터 p = %p \n", &y,  p);
    q = p;
    printf(" q = p; 대입 후: 포인터 p = %p, 포인터 q = %p \n", p, q);
    return 0;
}
```

실행 결과

```
p = NULL; 대입 후: NULL 포인터 p = 00000000
p = x; 대입 후: 배열 x의 주소 = 0013F7E8, 포인터 p = 0013F7E8
p = &y; 대입 후: 배열 y의 주소 = 0013F7D0, 포인터 p = 0013F7D0
q = p; 대입 후: 포인터 p = 0013F7D0, 포인터 q = 0013F7D0
```

(변수의 주소는 프로그램이나 컴파일러에 따라 다른 값을 가진다.)

설명

코드	설명
p = NULL;	← "NULL 포인터"는 0을 가리킨다.
p = x;	← 배열명을 포인터에 대입할 때는, 배열명의 앞에 주소 연산자 &를 붙이지 않는다.
p = &y;	← 변수를 포인터에 대입할 때는, 변수의 앞에 주소 연산자 &를 붙여야 한다.
q = p;	← 포인터를 포인터에 대입할 때는, 포인터의 앞에 주소 연산자 &를 붙이지 않는다.

간접 연산자(indirection operator) *는 포인터가 가리키는 주소에 들어 있는 데이터(값)를 나타낸다. 포인터가 가리키는 주소에 들어 있는 데이터를 읽어오거나 변경할 수 있다.

형식	*포인터_변수명	← 포인터_변수명이 가리키는 주소에 들어 있는 데이터

예 1	int a = 0;
	int b= 100;
	int *p;	

	p = &a;	← 변수 a의 주소를 포인터 p에 대입
	*p = 1234;	← p가 가리키는 주소(&a)에 데이터(1234)를 대입한다. a = 1234가 된다.
	*p = b;	← p가 가리키는 주소(&a)에 변수 b를 대입한다. a = b = 100이 된다.

예 2	float x = 1.23f;
	float y = 0.0;
	float z = 0.0;
	float *p, *q;
	p = &x;	

	y = *p;	← p가 가리키는 주소(&x)의 데이터를 변수 y에 대입한다. y = 1.23이 된다.
	q = &z;	
	*q = *p	← p가 가리키는 주소(&x)의 데이터를 q가 가리키는 주소(&z)에 대입한다. z = 1.23이 된다.

예제 4 간접 연산자 사용 1

```
#include <stdio.h>
int main()
{
    int a = 0;
    int b= 100;
    int  *p;
    p = &a;
    printf(" 원래의 값: a = %d, b = %d, *p = %d \n", a, b, *p);
    *p = 1234;
    printf(" *p = 1234; 대입 후: a = %d, b = %d, *p = %d \n", , a, b, *p);
```

```
    *p = b;
    printf(" *p = b; 대입 후: a = %d, b = %d, *p = %d \n", a, b, *p);
    return 0;
}
```

실행 결과

```
원래의 값: a = 0, b = 100, *p = 0
*p = 1234; 대입 후: a = 1234, b = 100, *p = 1234
*p = b; 대입 후: a = 100, b = 100, *p = 100
```

예제 5 간접 연산자 사용 2

```
#include <stdio.h>
int main()
{
    float x = 1.23f;
    float y = 0.0;
    float z = 0.0;
    float *p, *q;
    p = &x;
    printf(" 원래의 값: x = %f, y = %f, z = %f \n", x, y, z);
    y = *p;
    printf(" y = *p; 대입 후: x = %f, y = %f, z = %f \n", x, y, z);
    q = &z;
    *q = *p;
    printf("  *q = *p; 대입 후: x = %f, y = %f, z = %f \n", x, y, z);
    return 0;
}
```

실행 결과

```
원래의 값: x = 1.230000, y = 0.000000, z = 0.000000
y = *p; 대입 후: x = 1.230000, y = 1.230000, z = 0.000000
*q = *p; 대입 후: x = 1.230000, y = 1.230000, z = 1.230000
```

예제 6 포인터를 이용하여 두 수의 합 구하기

```
#include <stdio.h>
int main()
{
    int  a = 1234, b = 8765, c;
    int *pa = &a;
    int *pb = &b;
    int *pc = &c;
       *pc = *pa + *pb;
    printf(" pa의 값 = %d, pb의 값 = %d, pc의 값 = %d \n", *pa, *pb, *pc);
    printf(" a의 값 = %d,  b의 값 = %d,  c의 값 = %d \n", a, b, c);
    return 0;
}
```

실행 결과

```
pa의 값 = 1234, pb의 값 = 8765, pc의 값 = 9999
a의 값 = 1234,  b의 값 = 8765,  c의 값 = 9999
```

9.3 배열명과 포인터의 관계

포인터는 변수나 배열의 주소를 저장하고, 저장된 포인터의 주솟값을 변경할 수도 있다. 포인터의 주소가 가리키는 데이터를 참조하거나 변경할 수도 있다.

배열의 시작 주소를 포인터에 전달하려면 배열명을 그대로 포인터에 대입한다. 주소 연산자 &를 붙이지 않는다.

형식

```
포인터 = 배열명;                    ← [방법 1]
포인터 = & 첫_번째_배열 원소;        ← [방법 2]
```

예

```
int a[10], *p;
p = a;          ← [방법 1] 배열명 a를 포인터 p에 대입한다. 배열명 a는 그 자체
                  가 포인터이다.
p = &a[0];      ← [방법 2] 첫_번째_배열 원소 a[0]의 주소를 포인터 p에 대입한다.
```

배열은 메모리상에 연속적으로 배치되어 있다. 예를 들어 int형 배열 a[10]을

```
int a[10];
```

으로 선언하면, a[0]의 주소를 기준으로 하여, a[1], a[2], … 등의 각 배열 원소가 4바이트의 간격으로 순서대로 할당된다. 배열 a는 int형이므로 각 배열 원소에 4바이트의 공간이 할당되어 있다. 인접한 배열 원소 간의 주소는 4만큼 차이가 난다.

배열명 a는 배열의 시작 주소이며 첫 번째 배열 원소 a[0]의 주소와 같다. 배열명 a는 일종의 포인터로 볼 수 있으나, 값을 임의로 바꿀 수 없기 때문에 "포인터 상수"라 부른다. 포인터 p와 배열 원소 a[]의 관계는 다음의 표와 같다.

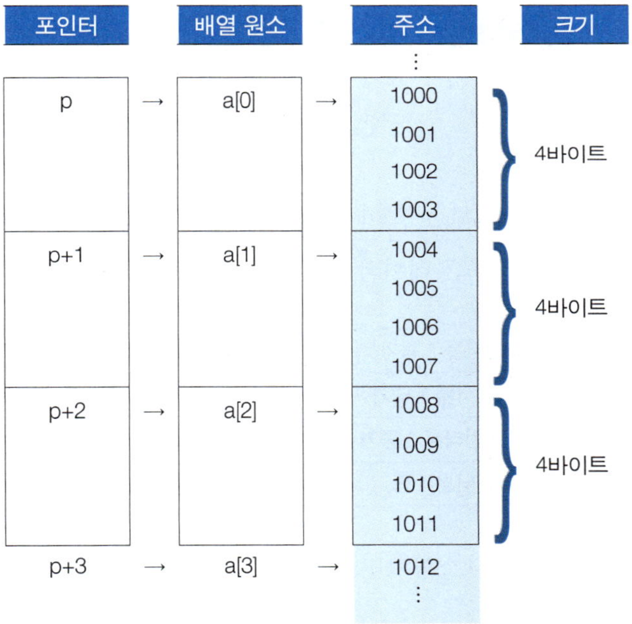

a[0]의 주소 =1000이라 가정하면
p = a[0]의 주소 = 1000
p+1 = a[1]의 주소 = 1004
p+2 = a[2]의 주소 = 1008
……
즉 (p+i)는 a[i]의 주소와 같다.

*p는 a[0]과 같다.
*(p+1)은 a[1]과 같다.
*(p+2)는 a[2]와 같다.
……
즉 *(p+i)는 a[i]와 같다.

배열명을 포인터처럼 사용할 수가 있다. 그러나 그 값을 임의로 바꿀 수는 없다.

a는 &a[0]과 같다. (a+1)은 &a[1]과 같다. (a+2)는 &a[2]와 같다. …… 즉 (a+i)는 &a[i]와 같다.	*a는 a[0]과 같다. *(a+1)은 a[1]과 같다. *(a+2)는 a[2]와 같다. …… 즉 *(a+i)는 a[i]와 같다.

포인터 변수명을 배열명처럼 사용할 수가 있다.

p[i]와 a[i]는 같은 표현이다. ← 배열명 대신에 포인터 변수명을 쓸 수 있다.

포인터의 연산을 살펴보기 위해 포인터 p를 1만큼 증가시킨다. 즉

```
p = p+1;
```

로 둔다. 포인터의 값을 출력해 보면 이전의 값보다 4만큼 증가된다. 즉 포인터를 1만큼 증가시키면, 포인터의 값(주소)은 데이터형의 길이(바이트 수)만큼 증가한다.

int형 포인터를 1 증가	→ 포인터의 값(주소)은 4 증가
float형 포인터를 1 증가	→ 포인터의 값(주소)은 4 증가
double형 포인터를 1 증가	→ 포인터의 값(주소)은 8 증가
char형 포인터를 1 증가	→ 포인터의 값(주소)은 1 증가

반대로, 포인터 p를 1만큼 감소시키면, 포인터의 값(주소)은 데이터형의 길이(바이트 수)만큼 감소한다.

예

```
int    n;
int    *pa;
float  *pf;
  pa = pa + n;      ← 포인터 pa의 값은 n×sizeof(*pa) 만큼 증가
  pf  = pf + n;     ← 포인터 pf의 값은 n×sizeof(*pf) 만큼 증가
  pa = pa - n;      ← 포인터 pa의 값은 n×sizeof(*pa) 만큼 감소
  pf  = pf - n;     ← 포인터 pf의 값은 n×sizeof(*pf) 만큼 감소
```

설명

포인터 p	sizeof(*p)
int형 포인터	4
float형 포인터	4
double형 포인터	8
char형 포인터	1

예제 7 포인터 연산 1

```
#include <stdio.h>
int main()
{
    int a; float b; char c;
    int   *ip = &a;
    float *fp = &b;
    char *cp = &c;
    printf(" 원래의 포인터 값: ip=%p, fp=%p, cp=%p \n", ip, fp, cp);
    printf(" 1 증가 포인터 값: ip=%p, fp=%p, cp=%p \n", ++ip, ++fp, ++cp);
    return 0;
}
```

실행 결과

원래의 포인터 값: ip=0029FA60, fp=0029FA54, cp=0029FA4B
1 증가 포인터 값: ip=0029FA64, fp=0029FA58, cp=0029FA4C
(변수의 주소는 프로그램이나 컴파일러에 따라 다른 값을 가진다.)

포인터 p에 증감 연산자(++, --)와 간접 연산자 (*)를 같이 사용하는 경우가 있다. 증감 연산자는 간접 연산자보다 우선순위가 높다.

예

(*p)++;	← p가 가리키는 주소에 있는 데이터의 값을 1만큼 증가시킨다. p의 값은 변하지 않는다.
*p++;	← p의 값(주소)을 1(주소는 4)만큼 증가시킨다. 데이터값은 변하지 않는다.

예제 8 포인터 연산 2

```
#include <stdio.h>
int main()
{
    int  x = 100;
    int  *p = &x;
    printf(" 변수의 값 x = %d, 포인터의 값 p = %p \n", x, p);
    (*p)++;
    printf(" (*p)++; 연산 후: 변수의 값 x = %d, 포인터의 값 p = %p \n", x, p);

    x = 200;
    p = &x;
    printf(" 변수의 값 x = %d, 포인터의 값 p = %p \n", x, p);
    *p++;
    printf(" *p++; 연산 후: 변수의 값 x = %d, 포인터의 값 p = %p \n", x, p);
    return 0;
}
```

실행 결과

```
변수의 값 x = 100, 포인터의 값 p = 0037FEE4
(*p)++; 연산 후: 변수의 값 x = 101, 포인터의 값 p = 0037FEE4
변수의 값 x = 200, 포인터의 값 p = 0037FEE4
*p++; 연산 후: 변수의 값 x = 200, 포인터의 값 p = 0037FEE8
```

(변수의 주소는 프로그램이나 컴파일러에 따라 다른 값을 가진다.)

예

y = (*p)++; ← p가 가리키는 주소에 있는 데이터의 값을 y에 대입하고, p가 가리키는 주소에 있는 데이터의 값을 1만큼 증가시킨다. p의 값은 변하지 않는다.

y = *p++; ← p가 가리키는 주소에 있는 데이터의 값을 y에 대입하고, p의 값(주소)을 1(주소는 4)만큼 증가시킨다. 데이터값은 변하지 않는다.

예제 9 포인터 연산 3

```
#include <stdio.h>
int main()
{
    int  x,  y;
    int  *p = &x;
    x = 100; y=0; p = &x;
    printf(" 초깃값: x = %d, y= %d, 포인터의 값 p = %p \n", x, y, p);
    y = (*p)++;
    printf(" y=(*p)++; 연산 후: x = %d, y= %d, 포인터의 값 p = %p \n", x, y, p);
    x = 200; y=0; p = &x;
    printf(" 초깃값: x = %d, y= %d, 포인터의 값 p = %p \n", x, y, p);
    y = *p++;
    printf(" y=*p++; 연산 후: x = %d, y= %d, 포인터의 값 p = %p \n", x, y, p);
    return 0;
}
```

실행 결과

```
초깃값  : x = 100, y = 0, 포인터의 값 p = 002EF99C
y=(*p)++; 연산 후: x = 101, y = 100, 포인터의 값 p = 002EF99C
초깃값  : x = 200, y = 0, 포인터의 값 p = 002EF99C
y=*p++; 연산 후: x = 200, y = 200, 포인터의 값 p = 002EF9A0
(변수의 주소는 컴파일러에 따라 다른 값을 가진다.)
```

예제 10 배열 값 참조 : a[i], p[i], 그리고 *(p+i)는 모두 같은 표현

```
#include <stdio.h>
int main()
{
    int *p;
    int a[ ]={0, 10, 20, 30, 40, 50, 60};
    p=&a[0];                /* 배열의 시작 주소를 포인터에 전달*/
    printf(" a[0] = %d, p[0] = %d, *p = %d \n", a[0], p[0], *p );
    printf(" a[3] = %d, p[3] = %d, *(p+3) = %d \n", a[3], p[3], *(p+3) );
    printf(" a[5] = %d, p[5] = %d, *(p+5) = %d \n", a[5], p[5], *(p+5) );
    return 0;
}
```

실행 결과

```
a[0] = 0, p[0] = 0, *p = 0
a[3] = 30, p[3] = 30, *(p+3) = 30
a[5] = 50, p[5] = 50, *(p+5) = 50
```

예제 11 포인터로 배열 연산

```
#include <stdio.h>
int main()
{
    int i, sum=0;
    int a[10]  = {0, 10, 20, 30, 40, 50, 60, 70, 80, 90}; // 배열을 초기화
    float average;
    int *ptr;                // 포인터를 선언
    ptr = a;                 // 배열 a의 시작 주소를 포인터 ptr에 전달
    for (i=0; i<10 ; i++)
        sum+=*(ptr+i);       // *(ptr+i)는 a[i]와 같음
    average=(float)sum/10.0;
    printf(" sum = %d,  average = %f", sum, average);
    return 0;
}
```

실행 결과

```
sum=450,  average = 45.000000
```

char형 포인터에 문자열의 시작 주소를 대입할 수 있다. 문자열은 그 자체가 문자열이 저장되어 있는 메모리의 시작 주소를 가리킨다. char형 포인터에 문자열을 대입하면 문자열의 시작 주소가 대입된다. 이 경우 키워드 "const"를 맨 앞에 붙여야 한다.

- char형 포인터가 문자열을 가리킬 때 문자열의 내용을 변경할 수 없다.
- char형 배열에 대입된 문자열의 내용은 변경할 수 있다.

const는 C/C++언어에서 변수의 값이 변경되는 것을 막는 키워드이다. 이 키워드가 붙은 변수는 상수로 취급된다.

형식 const char *포인터명 = "문자열";

예

const char *p = "C_language";
← 포인터 p를 선언하고 문자열 "C_language"로 초기화

- 포인터 p가 가리키는 값, 즉 "C_language"의 내용을 변경할 수 없다.
- 포인터 p가 다른 주소를 가리키도록 변경할 수는 있다.

예제 12 문자열 출력

```
#include <stdio.h>
int main()
{
    const char *p= "C_language" ;
    printf(" 문자열 = %s \n", p);
    printf(" 4번째 문자 = %c \n", *(p+3));
    printf(" 5번째 문자 = %c \n", p[4]);
    return 0;
}
```

실행 결과

```
문자열 = C_language
4번째 문자 = a
5번째 문자 = n
```

9.4 포인터 배열

포인터 배열은 배열 원소가 포인터 변수로 구성되는 배열이다. 즉 주소를 저장하는 배열이다. 포인터 배열은 char형 배열을 처리할 때 유용하다.

형식	데이터형 *포인터_배열명[배열의_크기];	← 포인터 배열을 선언

예1		
	int *pa[20];	← int형 포인터 배열 pa를 선언
	float *pb[5];	← float형 포인터 배열 pb를 선언
	char *pc[5];	← char형 포인터 배열 pc를 선언

포인터 배열의 주소는 일반적인 배열과 마찬가지로 메모리 영역에서 연속적인 주소로 지정된다. 포인터 배열 pa[20]은 아래의 그림과 같이 pa[0]의 주소를 기준으로 하여 순서대로 저장되어 있다.

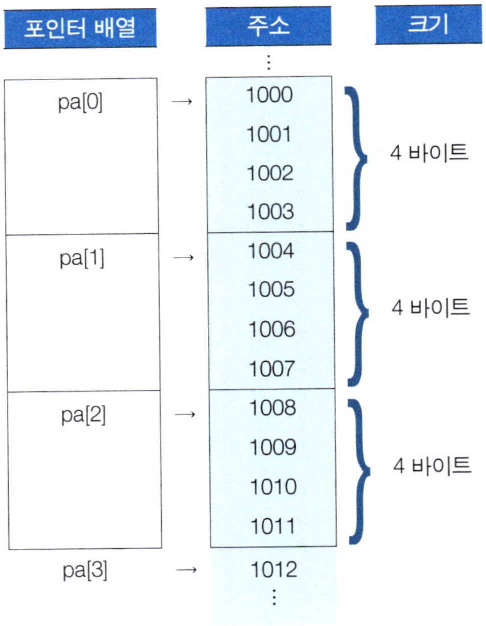

예제 13 포인터 배열을 이용하여 문자열을 출력

```
#include <stdio.h>
int main()
{
    int j;
    char ch[5][20] = { "KIM", "JHCHO", "PAK", "LEE", "SAM" };
    char *ptr[5];

    for (j = 0; j<5 ; j++)
    {
        ptr[j]=ch[j];
        printf(" [%2d] %s %c\n", j, ptr[j], ptr[j][1]);
    }                           // ptr[j]는 j번째 문자열
    return 0;
}
```

실행 결과

```
[ 0]  KIM      I
[ 1]  JHCHO    H
[ 2]  PAK      A
[ 3]  LEE      E
[ 4]  SAM      A
```

포인터 배열의 원소에 다른 배열의 시작 주소를 저장할 수 있다. 예를 들어 왼쪽처럼 두면 포인터 배열의 원소를 이용하여 다른 배열의 원소를 참조할 수 있다.

```
int a[3] = { 10, 20, 30 };
int b[3] = { 40, 50, 60 };
int c[3] = { 70, 80, 90 };
int *ptr[3] = { a, b, c };
```

*ptr[0]은 a[0]과 같다.
*(ptr[0]+1)은 a[1]과 같다.
*(ptr[0]+2)는 a[2]와 같다.

*ptr[1]은 b[0]과 같다.
*(ptr[1]+1)은 b[1]과 같다.
*(ptr[1]+2)은 b[2]과 같다.
......
*(ptr[i]+j)는 i번째 배열의 j번째 배열 원소와 같다.

예제 14 포인터 배열을 이용하여 배열의 값을 출력

```
#include <stdio.h>
int main()
{
    int a[3] = { 10, 20, 30 };
    int b[3] = { 40, 50, 60 };
    int c[3] = { 70, 80, 90 };
    int *ptr[3] = { a, b, c };
    int i, j;
    for(i=0; i<3; i++)
        for(j=0; j<3; j++)
            printf("  i = [%d], j = %d, *(ptr[%d]+%d) = %d \n", i, j, i, j, *(ptr[i]+j) );
    return 0;
}
```

실행 결과

```
i = [0], j = 0, *(ptr[0]+0) = 10
i = [0], j = 1, *(ptr[0]+1) = 20
i = [0], j = 2, *(ptr[0]+2) = 30
i = [1], j = 0, *(ptr[1]+0) = 40
i = [1], j = 1, *(ptr[1]+1) = 50
i = [1], j = 2, *(ptr[1]+2) = 60
i = [2], j = 0, *(ptr[2]+0) = 70
i = [2], j = 1, *(ptr[2]+1) = 80
i = [2], j = 2, *(ptr[2]+2) = 90
```

9.5 메모리 할당

메모리 영역을 할당하는 방법에는 정적 메모리 할당(static memory allocation)과 동적 메모리 할당(dynamic memory allocation)이 있다.

정적 메모리 할당은 프로그램을 컴파일하는 동안에 메모리를 할당하는 것이다.

동적 메모리 할당은 프로그램을 실행하는 동안에 메모리 공간을 할당하는 것이다. 프로그래머는 필요한 만큼의 메모리를 할당받아서 사용하고, 사용이 끝나면 메모리를 해제

한다. 동적 메모리를 할당받거나 해제할 때는 헤더 파일 <stdlib.h>가 필요하다. 동적 메모리는 다음의 형식으로 할당받을 수 있다.

형식	포인터_변수 = (데이터형*) malloc(크기);	← 동적 메모리 할당

설명	• 함수 malloc()은 인수로 넘겨받은 크기만큼 메모리를 할당하고, 할당된 메모리의 주소를 반환한다. • 할당받을 메모리의 크기는 바이트 단위이다.

동적 메모리를 해제할 때는 함수 free()를 사용한다. 함수 free()는 포인터 변수가 가리키는 동적 메모리를 해제한다.

형식	free(포인터_변수);	← 할당된 동적 메모리를 해제한다.

예 1

```
free(ptr);
```

예 2

```
#include <stdio.h>
#include <stdlib.h>              ← 헤더 파일 <stdlib.h>를 삽입
int main()
{
    int *ptr;                    ← 할당된 메모리의 주소를 저장하는 포인터 변수
    ptr = (int *)malloc(1000);   ← 동적 메모리를 1000 바이트 할당하고 할당된
                                   메모리의 시작 주소를 ptr에 대입

    free(ptr);                   ← 할당된 동적 메모리를 해제한다.
    return 0;
}
```

포인터

학습과제

[과제 1] 다음의 용어를 설명하시오.

① 주소 연산자

② 간접 연산자

③ 포인터

④ const

⑤ 포인터 배열

⑥ 동적 메모리 할당

[과제 2] 다음의 프로그램을 실행할 경우, 콘솔 창에 나타나는 내용을 적으시오.

```
#include <stdio.h>
int main()
{
    int   n = 11;
    double f = 3.14;
    int   *pn = &n;
    double *pf = &f;
    printf(" 데이터 : n의 값 = %d,  f의 값 = %f, \n",   n,   f);
    printf(" 포인터 : pn의 값 = %d, pf의 값 = %f \n", *pn, *pf);
    printf("  합 = %f ",  ((float)n+f));
    return 0;
}
```

[과제 3] 다음의 프로그램을 실행할 경우, 콘솔 창에 나타나는 내용을 적으시오.

```
#include <stdio.h>
int main()
{
    int a; float b; char c;
    int  *ip = &a;
    float *fp = &b;
    char *cp = &c;
    printf(" 포인터 값 : ip=%p, fp=%p, cp=%p \n", ip, fp, cp);
    printf(" 포인터 값+2 : ip=%p, fp=%p, cp=%p \n",
                         (ip+2), (fp+2), (cp+2));
    return 0;
}
```

[과제 4] 다음의 프로그램을 실행할 경우, 콘솔 창에 나타나는 내용을 적으시오.

```
#include <stdio.h>
int main()
{
    int *p;
    int n[ ]={100, 200, 300, 400, 500};
    p=&n[0];
    printf(" n[0] = %d,  *p = %d \n", n[0], *p );
    printf(" n[2] = %d,  *(p+2) = %d \n", n[2], *(p+2) );
    return 0;
}
```

[과제 5] 다음의 프로그램을 실행할 경우, 콘솔 창에 나타나는 내용을 적으시오.

```
#include <stdio.h>
int main()
{
    int i, sum=0;
    int n[8] = {100, 200, 300, 400, 500, 600, 700, 800};
    double mean;
    int *ptr;
    ptr=n;
    for (i=0; i<8 ; i++)
        sum+=*(ptr+i);
    mean = (float)sum/8.0;
    printf(" sum = %d,  mean = %f", sum, mean);
    return 0;
}
```

[과제 6] 다음의 프로그램을 실행할 경우, 콘솔 창에 나타나는 내용을 적으시오.

```
#include <stdio.h>
int main()
{
    const char *cp = "C is a computer programming language.";
    printf(" %s \n", cp);
    printf(" %c \n", *(cp+7));
    printf(" %c \n", cp[10]);
    return 0;
}
```

[과제 7] 다음의 프로그램을 실행할 경우, 콘솔 창에 나타나는 내용을 적으시오.

```
#include <stdio.h>
int main()
{
    int n;
    const char *str[5] = { "mouse",
                           "keyboard",
                           "monitor",
                           "printer",
                           "loudspeaker" };
    for (n = 0; n<5 ; n++)
        printf("  [%d]  %s \n", n, *(str+n) );
    return 0;
}
```

PART 10

함수 I

- 함수에 대해 이해한다.
- 함수의 구조와 정의를 이해한다.
- 메인함수를 작성하는 방법을 익힌다.
- 함수를 호출하는 방법을 익힌다.
- 함수 원형을 선언하는 방법을 익힌다.

PART 10

함수 I

10.1 함수란

함수(function)는 특정한 기능을 실행하도록 만들어진 독립적인 프로그램이다. C 프로그램의 안에는 여러 함수들이 있다. 그중에서 가장 먼저 실행되는 함수를 메인함수(main function)라 한다. 메인함수도 다른 함수와 같은 형식을 가진다. 어떤 함수에서 다른 함수가 필요하면 그때마다 해당 함수를 호출(call)하여 사용한다. 호출된 함수는 기능을 실행한 후, 결괏값(이를 "반환값"이라 함)을 자신을 호출한 함수에게 되돌려준다.

호출 함수(calling function)는 다른 함수를 호출하는 함수를 말한다.

피호출 함수(called function)는 호출되는 함수를 말한다.

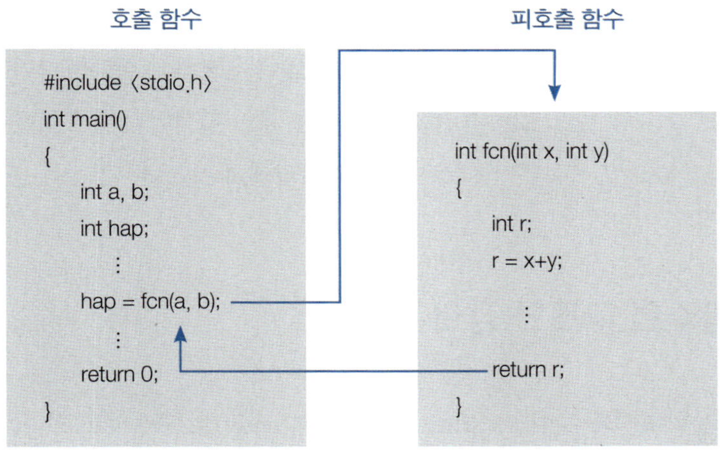

함수가 편리한 점은 다음과 같다.

① 필요할 때마다 해당 함수를 호출하여 사용하면 되므로, 같은 내용을 반복하여 작성할 필요가 없다.

② 프로그램이 모듈화되므로 읽기가 쉽고, 수정하기도 쉽다. 함수명은 함수의 기능을 알기 쉽도록 정한다.

③ 함수를 일관성 있게 작성해 두면 다른 프로그램에서 이 함수를 재사용할 수 있다.

표준함수(standard function)는 표준 입출력, 수학함수, 문자열 처리, 시간 처리 등 C 컴파일러가 기본적으로 제공하는 함수로서 라이브러리 함수라고도 한다.

- 입출력 함수: printf(), putchar(), puts(), scanf_s(), getchar(), gets() 등의 함수로서 필요한 헤더 파일은 stdio.h이다.
- 수학 함수: 산술연산이나 삼각 함수 등의 함수로서 필요한 헤더 파일은 math.h이다.

이 외에도 다양한 함수가 있다. 표준함수를 사용하기 위해서는 #include 문을 사용하여, 필요한 헤더 파일을 현재의 프로그램에 삽입시켜야 한다. 예를 들어 stdio.h를 삽입하려면 #include <stdio.h>로 쓴다.

사용자 정의 함수(user defined function)는 사용자가 필요에 따라 작성한 함수이다.

#include 문은 필요한 파일을 읽어 들여, 현재의 위치에 삽입시키는 전처리 지시문이다.

① #include <파일명>은 이미 지정되어 있는 INCLUDE라는 디렉터리에서 필요한 파일을 찾아서 읽어 들인다. INCLUDE는 시스템이 제공하는 디렉터리이다.

② #include "파일명"은 필요한 파일을 현재 사용 중인 디렉터리에서 찾아서 읽어 들인다. 파일이 없으면 시스템이 제공하는 디렉터리에서 찾는다.

10.2 함수의 구조와 정의

함수는 다음의 형식과 같이 머리(header)와 본체(body)로 구성되어 있다. 중괄호 { }의 윗부분이 머리이며, 중괄호 { }의 내부가 본체이다. 함수는 이름이 붙어 있는 블록이라 볼 수 있다. 함수 정의문의 형식은 다음과 같다.

형식

```
함수형  함수명(데이터형 가인수)        ← 머리
{                                    ← 본체의 시작
    문장 1;
    문장 2;                          ← 본체
      ⋮
    return 데이터;
}                                    ← 본체의 끝
```

예

```
int  fcn(int x, int y)               ← 함수형 = int
{                                       함수명 = fcn
    int r;                              가인수의 데이터형 = int
    문장 1;                             가인수 = x, y
    문장 2;
      ⋮
    return r;
}
```

10.2.1 함수형(function type)

피호출 함수는 주어진 기능을 실행한 후, 그 결과를 자신을 호출한 함수에 돌려 준다. 피호출 함수가 되돌려 주는 결과, 즉 반환값(return value)의 데이터형을 함수형이라 한다. 위의 예에서, 함수형 int는 fcn()이라는 함수가 int 형의 값(정숫값)을 반환한다는 의미이다. 함수형이 int형인 경우 이를 생략할 수 있다. 함수의 반환값은 하나만 쓸 수 있다.

10.2.2 함수명(function name)

함수명은 다른 함수들과 구분하기 위해 함수에 붙이는 이름이다. 함수명의 뒤에는 반드시 괄호 ()를 붙인다. 함수명()의 뒤에는 세미콜론 ';'을 붙이지 않는다. 함수명도 영문자, 숫자 또는 밑줄 기호 '_'로만 구성하며, 영문자의 대문자와 소문자는 서로 다른 문자로 취급한다. 함수명의 첫 글자는 반드시 영문자나 밑줄 기호 '_'로 시작해야 한다.

10.2.3 실인수, 가인수 그리고 void

함수를 호출할 때, 호출 함수에서 피호출 함수에게 데이터를 넘겨줄 수가 있다.

실인수(actual argument)는 호출 함수가 피호출 함수로 넘겨 주는 인수(argument)를 말한다. 실인수로는 상수 외에도 변수나 식을 쓸 수 있다.

가인수(formal argument)는 피호출 함수가 넘겨받는 데이터를 저장해 두는 변수를 말한다. 이를 매개변수(parameter)라고도 한다. 가인수 앞에는 가인수의 데이터형을 붙인다. 가인수의 데이터형은 가인수별로 따로 붙인다.

void(보이드)는 "가인수가 없다"는 것을 의미한다. 함수에 가인수가 없을 경우, 괄호 안에 void로 적거나 괄호 안을 비워 둔다.

```
int  fcn(void);          ← 괄호 안에 void로 적음
int  fcn();              ← 괄호 안을 비워 둠
```

예

```
float sum(int x, int y);       ← 함수형은 float, 가인수는 x와 y
double sum(int a, int b);      ← 함수형은 double, 가인수는 a와 b
int fcn(void);                 ← 함수형은 int, 가인수는 없음
int fcn();                     ← 함수형은 int, 가인수는 없음
```

10.2.4 함수의 본체를 작성

함수의 본체를 작성할 때 알아야 할 내용은 다음과 같다.

- 중괄호 '{'는 본체의 시작을 나타낸다.
- 중괄호 '}'는 본체의 끝을 나타낸다.
- 필요한 문장은 본체에 작성한다.
- 프로그램은 본체의 맨 위에 있는 문장부터 아래쪽 문장으로 순서대로 실행된다.
- 모든 문장의 끝에는 세미콜론(;)을 붙인다.
- 문장과 문장 사이의 공백은 컴파일되지 않으므로 공백을 적절히 사용하여 보기에 편한 프로그램을 작성한다.

10.2.5 void형 함수

void형 함수는 반환값이 없는 함수이다. void형 함수를 선언할 때는 함수형을 void로 둔다. 반환하는 값이 없으므로 return 문을 쓰지 않아도 된다. 선언되는 함수에 가인수가 없으면 괄호 안에 void를 적거나 괄호 안을 비워둔다.

형식

```
void 함수명(데이터형 가인수)        ← void형 함수 선언
{
      ⋮                          ← 반환값이 없음
}
```

예 1

```
void fcn(int x, int y)           ← void형 함수 선언
{
      ⋮                          ← 반환값이 없음
}
```

예 2

```
void fcn(void)                   ← void형 함수 선언
{   ......   }                     가인수가 없으면 괄호 안에 void로 적음
```

예 3

```
void fcn( )                      ← void형 함수 선언
{   ......   }                     가인수가 없으면 괄호 안을 비워도 됨
```

10.2.6 메인함수

메인함수(main function)는 C 프로그램이 실행될 때, 가장 먼저 실행되는 함수이다. 프로그램은 하나 이상의 함수로 구성되는데, 이 중에 반드시 메인함수가 포함되어 있어야 한다. 하나의 프로그램에서 메인함수는 하나만 있어야 한다. 메인함수가 종료되면 프로그램의 제어는 윈도우즈와 같은 운영체제로 되돌아간다. 메인함수의 함수형은 항상 int 형으로 두어야 한다. 예를 들어 void main(), char main(), float main() 등으로 쓸 수 없다. 메인함수의 데이터형과 가인수는 생략할 수 있다.

형식

```
int main( 데이터형 가인수)
{
    ⋮
    return 0;
}
```

예 1

```
int  main(void)          ← 메인함수의 함수형은 int형
{    ......    }            가인수가 없으면 괄호 안에 void로 적음
```

예 2

```
int  main()              ← 메인함수의 함수형은 int형
{    ......    }            가인수가 없으면 괄호 안을 비워도 됨
```

10.2.7 함수 사용의 기본 원칙

① 프로그램에서 메인함수 main()은 반드시 하나가 있어야 하며, 메인함수는 있는 위치에 상관없이 가장 먼저 실행된다.

② 메인함수를 제외한 모든 함수는 스스로 실행될 수 없고, 다른 함수에서 호출을 받아야만 실행된다.

③ 호출되는 함수(피호출 함수)는 현재의 프로그램 안에 정의되어 있어야 한다. 함수가 다른 파일에 있는 경우, #include 문을 사용하여 그 파일을 현재의 프로그램에 삽입한다.

④ 함수를 사용하기 전에 그 함수의 원형(prototype)을 먼저 선언해야 한다(10.4 함수 원형 선언 참조).

⑤ 함수 안에서 함수 자신이나 다른 함수를 호출할 수 있다.

⑥ 함수 안에서 다른 함수를 정의할 수는 없다.

10.3 함수 호출

함수 호출(call)은 필요한 함수를 실행하기 위하여 호출하는 것이다. 함수를 호출하려면 다음과 같이 함수명과 실인수를 나열한다. 함수의 반환값은 왼쪽에 있는 변수에 대입된다.

형식	변수 =함수명(실인수);	← 함수를 호출하여 실행하고, 반환값을 변수에 대입한다.

예 1	a = fcn(x, y);	← 함수명 = fcn, 실인수 = x, y a는 함수의 반환값을 저장할 변수
	b = add(3, 5)	← 함수명 = add, 실인수 = 3, 5

예 2	c = mul();	← 함수명 = mul, 실인수 = 없음

호출하려는 함수에 실인수가 없을 때는 함수 뒤의 괄호 () 안을 비워둔다. 함수의 괄호 () 안에 void를 넣지 않는다. 즉 c = mul(void); 로 쓰지 않는다.

함수를 호출하는 방법을 실인수의 유 · 무와 반환값의 유 · 무에 따라 네 가지의 경우로 나누어 살펴본다.

(1) 실인수가 있고, 반환값이 있는 경우

함수를 호출하는 방법: 반환값을 저장할 변수와 등호(=)를 기재하고, 등호의 오른쪽에는 함수명과 실인수를 나열한다.

형식	변수 = 함수명(실인수);	← 함수를 호출하여 실행하고 반환값을 변수에 대입한다.

예제 1 함수 호출: 실인수 있음, 반환값 있음

```
#include <stdio.h>
int fcn(int x)          // 가인수 x 있음
{
    int y;
    y = x*2;
    printf(" 함수 fcn()에서 y = %d \n", y);
    return y;           // 반환값 y 있음
}

int main()
{
    int a =111, b;
    b = fcn(a);         // 실인수 a 있음          // 반환값은 b에 저장
    printf(" 메인함수로 반환된 값 b = %d \n", b);
    return 0;
}
```

실행 결과

```
함수 fcn()에서 y = 222
메인함수로 반환된 값 b = 222
```

설명 1

[메인함수에서]

- 프로그램은 항상 메인함수부터 시작한다.
- 메인함수의 첫 줄부터 아래쪽으로 순서대로 실행된다.
- 함수 호출문 b = fcn(a);을 만나면 프로그램의 흐름은 함수 fcn()으로 넘어간다.
- 함수 호출문의 실인수 a는 피호출 함수의 가인수 x로 전달된다.

[함수 fcn( )에서]

- 함수 fcn(int x)은 int형 가인수 x가 있고, int형 반환값이 있다.
- 함수 fcn( )에서도 본체의 첫 줄부터 아래쪽으로 순서대로 실행된다.
- 함수 fcn( )은 return 문의 끝에 반환값 y를 넣어 메인함수로 전달한다.
- 피호출 함수에서 return 문을 만나면, 프로그램의 흐름은 호출 함수, 즉 메인함수로 되돌아간다.

[메인함수에서]

- 반환값 y는 함수 fcn(a)의 값이 된다. 즉 b = 반환값이다. 반환값은 왼쪽의 변수 b에 대입된다.

설명 2

```
#include <stdio.h>

int fcn(int x)
{
    int y;
    y = x*2;
    printf(" 함수 fcn()에서 y = %d \n", y);
    return y;
}

int main()
{
    int a =111, b;

    b = fcn(a);
    printd(" 메인 함수로 반환된 값 b = %d \n", b);
    return 0;
}
```

(2) 실인수가 있고, 반환값이 없는 경우

함수를 호출하는 방법: 함수명과 실인수만 나열한다.

형식	함수명(실인수);	← 함수를 호출하여 실행한다.

예제 2 함수 호출: 실인수 있음, 반환값 없음

```
#include <stdio.h>
void fcn(int x)          // 가인수 x 있음        // 반환값 없음
{
    int y;
    y = x*2;
    printf(" 함수 fcn()에서 y = %d \n", y);
                         // 반환값 없음
}

int main()
{
    int a = 333;
    fcn(a);              // 실인수 a 있음        // 반환값 없음
    printf(" 메인함수로 반환된 값 = 없음 \n");
    return 0;
}
```

실행 결과

```
함수 fcn()에서 y = 666
메인함수로 반환된 값 = 없음
```

설명 1

[메인함수에서]

- 함수 호출문 fcn(a);을 만나면 프로그램의 흐름은 함수 fcn()으로 넘어간다.
- 함수 호출문의 실인수 a는 피호출 함수의 가인수 x로 전달된다.

[함수 fcn( )에서]

- 함수 fcn(int x)은 int형 가인수 x가 있고, 반환값이 없다.
- 함수 fcn()은 return 문이 없어도 된다.
- return 문이 없더라도 마지막 문장이 끝나면, 호출 함수, 즉 메인함수로 되돌아간다.

[메인함수에서]

- 반환값이 없으므로 반환값을 받아서 대입할 변수도 없다.

설명 2

```
#include <stdio.h>

void fcn(int x)
{
    int y;
    y = x*2;
    printf(" 함수 fcn()에서 y = %d \n", y);

}

int main()
{
    int a = 333;

        fcn(a);
    printf(" 메인 함수로 반환된 값 = 없음 \n");
    return 0;
}
```

(3) 실인수가 없고, 반환값이 있는 경우

함수를 호출하는 방법: 반환값을 저장할 변수와 등호(=)를 기재하고, 등호의 오른쪽에는 함수명만 적는다.

➚ 형식	변수 = 함수명();	← 함수를 호출하여 실행하고 반환값을 변수에 대입한다.

예제 3 함수 호출: 실인수 없음, 반환값 있음

```
#include <stdio.h>
int fcn(void)          // 가인수 없음
{
    int y;
    y = 777;
    printf(" 함수 fcn()에서 y = %d \n", y);
    return y;          // 반환값 y 있음
}

int main()
{
    int b;
    b = fcn();          // 실인수 없음          // 반환값은 b에 저장
    printf(" 메인함수로 반환된 값 b = %d \n", b);
    return 0;
}
```

실행 결과

```
함수 fcn()에서 y = 777
메인함수로 반환된 값 b = 777
```

설명

[메인함수에서]

- 함수 호출문 b = fcn();을 만나면 프로그램의 흐름은 함수 fcn()으로 넘어간다.
- 함수 호출문에 실인수가 없고, 피호출 함수에 가인수도 없다.

[함수 fcn( )에서]

- 함수 fcn(void)은 가인수가 없고, int형 반환값이 있다.
- 함수 fcn()은 return 문의 끝에 반환값 y를 넣어 메인함수로 전달한다.
- 피호출 함수에서 return 문을 만나면, 프로그램의 흐름은 호출 함수, 즉 메인함수로 되돌아간다.

[메인함수에서]

- 반환값 y는 함수 fcn()의 값이 된다. 즉 b = 반환값이다. 반환값은 왼쪽의 변수 b에 대입된다.

(4) 실인수가 없고, 반환값이 없는 경우

함수를 호출하는 방법: 함수명만 적는다.

형식 함수명(); ← 함수를 호출하여 실행한다.

예제 4 함수 호출: 실인수 없음, 반환값 없음

```
#include <stdio.h>
void fcn(void)          // 가인수 없음        // 반환값 없음
{
    printf(" 함수 fcn()에서 가인수 = 없음 \n");
                        // 반환값 없음
}

int main()
{
    fcn();              // 실인수 없음        // 반환값 없음
    printf(" 메인함수로 반환된 값 = 없음 \n");
    return 0;
}
```

실행 결과

함수 fcn()에서 가인수 = 없음
메인함수로 반환된 값 = 없음

설명

[메인함수에서]

- 함수 호출문 fcn();을 만나면 프로그램의 흐름은 함수 fcn()으로 넘어간다.
- 함수 호출문에 실인수가 없고, 피호출 함수에 가인수도 없다.

[함수 fcn( )에서]

- 함수 fcn(void)은 가인수가 없고, 반환값이 없다.
- 함수 fcn()은 return 문이 없어도 된다.
- return 문이 없더라도 마지막 문장이 끝나면, 호출 함수, 즉 메인함수로 되돌아간다.

[메인함수에서]

- 반환값이 없으므로 반환값을 받아서 대입할 변수도 없다.

함수를 호출하는 방법을 정리하면 다음의 표와 같다. 실인수와 가인수의 데이터형은 같아야 한다. 함수의 반환값과 그 반환값을 저장할 변수는 데이터형이 같아야 한다.

	함수 호출문	피호출 함수
(1) 실인수 = 있음, 반환값 = 있음	b = fcn(a); (반환값은 b에 저장)	int fcn(int x) return y;
(2) 실인수 = 있음, 반환값 = 없음	fcn(a); (반환값은 없음)	void fcn(int x) (반환값은 없음)
(3) 실인수 = 없음, 반환값 = 있음	b = fcn(); (반환값은 b에 저장)	int fcn(void) return y;
(4) 실인수 = 없음, 반환값 = 없음	fcn(); (반환값은 없음)	void fcn(void) (반환값은 없음)

10.4 함수 원형 선언

함수의 원형(prototype)이란 함수형과 함수명, 가인수의 데이터형에 대한 정보를 말한다. 함수의 원형을 선언하려면, 다음의 형식과 같이 함수의 머리 부분만 적고 맨 끝에 세미콜론(;)을 붙인다. 가인수는 생략할 수 있다. 함수의 원형 선언은 컴파일러에게 이 함수에 대한 정보를 미리 알려준다.

형식 함수형 함수명(데이터형 가인수); ← 함수 원형 선언

예

```
int sum(int a, int b);
int sum(int,   int );
```

← 괄호 안에 가인수의 데이터형만 나열하고 가인수를 생략할 수 있다.

함수 원형은 그 함수를 호출하는 문장보다 앞에서 선언되어 있어야 한다. 사용할 함수들의 원형을 모아서 프로그램의 맨 앞에서 선언해 두면, 그 후로 함수를 편하게 사용할 수 있다. 함수들이 실제로 정의되는 위치는 프로그램의 어디든지 가능하다. 피호출 함수의 정의문이 그 함수의 호출문보다 앞에 오는 경우에는 함수의 원형 선언이 필요하지 않다.

예제 5 함수 원형 선언

```
#include <stdio.h>
int fcn(int x);          // 함수 원형 선언
int main()
{
    int a =111, b;
    b = fcn(a);          // 함수 호출문
    printf(" 메인함수로 반환된 값 b = %d \n", b);
    return 0;
}
int fcn(int x)           // 함수 정의문
{
    int y;
    y = x*2;
    printf(" 함수 fcn()에서 y = %d \n", y);
    return y;
}
```

실행 결과

```
함수 fcn()에서 y = 222
메인함수로 반환된 값 b = 222
```

예제 6 void 형 함수 호출

```
#include <stdio.h>
void OutMessage1(void);   // 함수 원형 선언
void OutMessage2(void);   // 함수 원형 선언
int main()
{
    OutMessage1();
    OutMessage2();
    return 0;
}
void OutMessage1(void)
{   printf(" 여기는 함수 OutMessage1입니다. \n"); }
void OutMessage2(void)
{   printf(" 여기는 함수 OutMessage2입니다. \n"); }
```

실행 결과

여기는 함수 OutMessage1입니다.
여기는 함수 OutMessage2입니다.

예제 7 가인수가 두 개인 함수 호출

```
#include <stdio.h>
int GetSum(int x, int y);   // 함수 원형 선언
int main()
{
    int a = 100, b = 100;
    int n;
    n = GetSum(a, b);
    printf(" a = %d, b = %d, n = %d \n", a, b, n);
    return 0;
}
int GetSum(int x, int y)
{
    int sum = x + y;
    return sum;
}
```

실행 결과

a = 100, b = 100, n = 200

설명

- 실인수나 가인수가 여러 개일 때는 이들을 콤마(,)로 분리하여 적는다.
- 함수 호출문의 실인수는 피호출 함수의 가인수에 순서대로 전달된다.

```
n = GetSum(  a,     b  );        // 함수 호출문
            전달  전달
             ↓     ↓
int GetSum( int x,  int y )      // 피호출 함수
```

즉 a의 값은 x에, b의 값은 y에 각각 대입된다.

- 실인수와 이에 대응되는 가인수는 데이터형이 같아야 한다.

예제 8 배열을 함수로 전달 1

```
#include <stdio.h>
#define SIZE 10
int  GetSum(int x[], int n);
int main()
{
    int A[SIZE]  = {0, 10, 20, 30, 40, 50, 60, 70, 80, 90}; // 배열의 초기화
    int sum;
    sum = GetSum(A, SIZE);
    printf(" sum = %d,  average = %f", sum, sum/(float)SIZE );
    return 0;
}
int  GetSum(int x[], int n)
{
    int i, sum=0;
    for (i=0; i<n ; i++)
        sum += x[i];
    return sum;
}
```

실행 결과 sum=450, average = 45.000000

설명

- 배열명 A는 배열의 시작 주소이다.
- 함수 호출문의 실인수는 피호출 함수의 가인수에 순서대로 전달된다.

```
sum = GetSum( A,    SIZE );      // 함수 호출문
              전달   전달
               ↓      ↓
int    GetSum( int x[], int n)   // 피호출 함수
```

실인수의 배열 A는 가인수의 배열 x에 전달된다. SIZE는 n에 전달된다.

- 실인수와 이에 대응되는 가인수는 데이터 구조가 같아야 한다.
- **피호출 함수에서 배열 원소 x[i]의 값을 바꾸면, 호출 함수에서 배열 원소 A[i]의 값을 바꾸는 것과 같다.**

예제 9 배열을 함수로 전달 2

```
#include <stdio.h>
void SumSub(int C[]);
int main()
{
    int B[4]  = {100, 200, 0, 0};
    printf(" 메인함수에서 B[0]=%d, B[1]=%d, B[2]=%d, B[3]=%d \n", B[0], B[1], B[2], B[3] );
    SumSub(B);
    printf(" 메인함수에서 B[0]=%d, B[1]=%d, B[2]=%d, B[3]=%d \n", B[0], B[1], B[2], B[3] );
    return 0;
}
void SumSub(int C[])
{
    C[2] = C[0] + C[1];
    C[3] = C[0] - C[1];
    printf(" 피호출 함수에서 C[0]=%d, C[1]=%d, C[2]=%d, C[3]=%d \n", C[0], C[1], C[2], C[3] );
}
```

실행 결과

```
메인함수에서 B[0]=100, B[1]=200, B[2]=0, B[3]=0
피호출 함수에서 C[0]=100, C[1]=200, C[2]=300, C[3]=-100
메인함수에서 B[0]=100, B[1]=200, B[2]=300, B[3]=-100
```

설명

- 배열명 B는 배열의 시작 주소이다.
- 피호출 함수의 가인수 C에는 배열 B의 시작 주소가 들어간다.
- 피호출 함수에서 배열 원소 C[i]의 값을 바꾸면 호출 함수에서 배열 원소 B[i]의 값을 바꾸는 것과 같다.

함수 I

학습과제

[과제 1] 다음의 용어를 설명하시오.

① 호출 함수

② 피호출 함수

③ 표준함수

④ 함수 원형 선언

[과제 2] 다음 프로그램의 실행 결과를 적으시오.

```
#include <stdio.h>
double GetAvg(double x, double y);
int main()
{
    double x = 12.3, y = 3.5;
    double ave = GetAvg(x, y);
    printf(" x = %f, y = %f, 평균 ave = %f \n", x, y, ave);
    return 0;
}
double GetAvg(double x, double y)
{
     return (x + y)/2.0;
}
```

[과제 3] 다음의 용어를 설명하시오.

① 실인수

② 가인수

③ 반환값

④ void형 함수

[과제 4] 다음 프로그램의 실행 결과를 적으시오.

```
#include <stdio.h>
void OutMSG1(void);
void OutMSG2(void);
void OutMSG3(void);
int main()
{
    OutMSG1();
    OutMSG2();
    OutMSG3();
    return 0;
}
void OutMSG1(void)
{   printf(" 어셈블러(assembler) \n"); }
void OutMSG2(void)
{   printf(" 컴파일러(compiler) \n"); }
void OutMSG3(void)
{   printf(" 인터프리터(interpreter) \n"); }
```

[과제 5] 다음의 함수 GetMax()는 정수 a와 b 중에서 큰 값을 반환합니다.

```
int GetMax(int a, int b)
{
    if( a > b ) return a;
    else        return b;
}
```

메인함수에 정수 a, b, c, d가 있고 이들 중 가장 큰 값을 구하려 합니다. 메인함수에서 함수 GetMax()를 호출하는 방법으로, 네 개의 정수 중 가장 큰 값을 구하는 프로그램을 작성하시오.

[예]

① GetMax()을 이용하여 a와 b 중 큰 값을 구하여 x로 둡니다.
② GetMax()을 이용하여 c와 d 중 큰 값을 구하여 y로 둡니다.
③ GetMax()을 이용하여 x와 y 중 큰 값을 구하여 z로 둡니다.

결국, z는 정수 a, b, c, d 중 가장 큰 값이 됩니다.

PART 11
함수 II

- 값에 의한 호출을 이해하고 이를 사용하는 방법을 익힌다.
- 참조에 의한 호출을 이해하고 이를 사용하는 방법을 익힌다.
- 함수의 재귀 호출을 이해한다.

PART 11

함수 II

11.1 정의와 선언의 차이

변수와 함수를 다루는 동안 선언이나 정의라는 용어를 많이 써 왔다. 용어의 뜻은 다음과 같다.

구분	정의(definition)	선언(declaration)
대상	변수 또는 함수	변수 또는 함수
의미	컴파일하여 대상의 실체를 생성	컴파일러에 대상의 데이터형이나 원형을 알림
메모리 할당	대상의 저장 장소에 메모리를 할당함	대상의 저장 장소에 메모리를 할당하지 않음
대상의 기술	대상의 완전한 정보를 기술	대상의 일부 정보만 기술
포함 관계	선언의 개념을 포함	정의의 개념을 포함하지 못함

선언과 정의를 구분하는 핵심 기준은 메모리의 할당 여부이다. 대상의 이름에 대해 메모리의 할당이 이루어지면 정의이며, 그렇지 않으면 선언이다. 예를 들어 지역변수를

```
int a;
```

로 표현하면 int형 변수 a를 선언한 것이다. 이와 동시에 변수 a에 메모리도 할당한 것이므로, 변수 a의 선언과 정의를 동시에 한 것이다. 선언의 관점에서 보면 컴파일러에 int형 변수 a의 사용을 알리는 것이고, 정의의 관점에서 보면 int형 변수 a에 메모리를 할당하는 것이다. (이 교재에서는 정의와 선언을 엄격하게 구분하지 않고 관례에 따라 표현한다.)

11.2 값에 의한 호출

함수에 실인수를 전달하는 방식을 두 가지가 있다. 첫 번째 방식은 실인수의 값을 직접 가인수에 전달하는 "값에 의한 호출(call by value)"이다. 두 번째 방식은 실인수의 주소(address)를 가인수에 전달하는 "참조에 의한 호출(call by reference)"이다.

값에 의한 호출(call by value)은 실인수의 값을 직접 가인수에 전달한다.

- 실인수를 함수 호출문의 괄호 () 안에 넣어서 피호출 함수로 전달한다.
- 피호출 함수는 실인수의 값을 가인수에 복사하여 사용한다.
- 실인수와 가인수는 서로 다른 메모리 영역을 사용한다.

오른쪽의 프로그램에서

```
함수 호출문 sum(   a,     b);
피호출 함수 sum(int x,  int y)
```

이다. 실인수와 가인수는 나열된 순서대로 대응된다. 즉 a의 값은 x에 전달되고, b의 값은 y에 전달된다. 대응되는 변수명은 달라도 되지만, 데이터형은 일치해야 한다. 가인수와 실인수는 할당되는 메모리의 주소가 다르다. 가인수 x와 y의 값이 변하더라도, 실인수 a와 b의 값은 변하지 않는다. 피호출 함수는 return 문을 이용하여 반환값 z를 호출 함수로 전달한다. 전달된 반환값은 피호출 함수 sum()의 값이 된다.

```
#include <stdio.h>
int sum(int a, int b)
int main()
{
    int a = 100, b = 200, c;
    c = sum(a,      b);

    return 0;
}

int sum(int x,      int y)
{
    int z;
    z = x + y
    return z;
}
```

예제 1 값에 의한 호출

```
#include <stdio.h>
int sum(int a, int b);
int main()
{
    int a =100, b =200, c;
    c = sum(a, b);          // 실인수 a와 b   // 반환값은 c에 저장
    printf(" 메인함수에서 실인수 a =%d, b =%d, c =%d \n", a, b, c);
    return 0;
}
int sum(int x, int y)
{
    int z;
    z = x + y;
    printf(" 함수 sum에서 가인수 x =%d, y =%d, z =%d \n", x, y, z);
    return z;
}
```

실행 결과

```
함수 sum에서 가인수 x =100, y =200, z =300
메인함수에서 실인수 a =100, b =200, c =300
```

11.3 참조에 의한 호출

참조에 의한 호출(call by reference)은 실인수의 주소(address)를 함수 호출문의 괄호 () 안에 넣어서 피호출 함수로 전달한다.

- 피호출 함수는 전달받은 주소를 포인터에 저장하여 사용한다.

오른쪽의 프로그램에서

```
함수 호출문 inc(   &a,   &b);
피호출 함수 inc( int *x, int *y)
```

이다. 실인수와 가인수는 나열된 순서대로 대응된다. &a(변수 a의 주소)는 포인터 x에 전달된다. &b(변수 b의 주소)는 포인터 y에 전달된다. 피호출 함수는 포인터 x와 y에 저장된 주소를 이용하여 변수 a와 b의 값을 알 수 있다.

> *x는 x가 가리키는 주소에 들어 있는 데이터 즉 a와 같다.
> *y는 y가 가리키는 주소에 들어 있는 데이터 즉 b와 같다.

*x와 *y를 다른 값으로 바꾸는 것은 변수 a와 b의 값을 다른 값으로 바꾸는 것과 같다.

```c
#include <stdio.h>
void inc(int *a, int *b);
int main()
{
    int a = 100, b = 500;
    inc(&a,          &b);

    return 0;
}

void inc(int *x,     int *y)
{
    *x = *x + 200;
    *y = *y + 200;
}
```

배열명은 배열의 시작 주소를 나타내는 일종의 포인터이다. 함수의 실인수로 배열명을 쓰면, 피호출 함수는 전달받은 배열명을 이용하여 배열 원소의 값을 알 수 있다. 피호출 함수에서 배열 원소의 값을 읽어서 연산을 하고, 그 결과를 다시 배열 원소에 대입할 수 있다. 연산 결과를 별도로 return 문에 넣어서 반환할 필요가 없다. 이와 같이 배열명을 이용하면, 호출 함수와 피호출 함수 간에 데이터 전달이 간편하고, 두 개 이상의 값도 전달할 수 있다.

예제 2 참조에 의한 호출 1: 간접 연산자 사용

```
#include <stdio.h>
void inc(int *a, int *b);
int main()
{
    int a = 100, b = 500;
    printf(" 메인함수: 원래의 값 a = %d, b = %d \n", a, b);
    inc(&a, &b);
    printf(" 다시 메인함수: a = %d, b = %d \n", a, b);
    return 0;
}
void inc(int *x, int *y)
{
    *x = *x + 200;
    *y = *y + 200;
    printf(" 피호출 함수: 수정된 값 x = %d, y = %d \n", *x, *y);
}
```

실행 결과

```
메인함수: 원래의 값 a = 100,  b = 500
피호출 함수: 수정된 값 x = 300, y = 700
다시 메인함수: a = 300, b = 700
```

설명

- 피호출 함수 inc()에서 *x와 *y를 200씩 증가시키면, 변수 a와 b의 값도 200씩 증가된다.
- 함수 inc()를 실행한 후, 다시 메인함수로 돌아오면 변수 a와 b의 값이 200씩 증가되어 있음을 알 수 있다.

예제 3 참조에 의한 호출 2: 두 수를 교환

```
#include <stdio.h>
void ex(int *p, int *q);
int main()
{
    int a = 22, b = 77;
    printf(" 원래의 값 : a = %d, b = %d \n", a, b);
    ex(&a, &b);          // 실인수 = 변수의 주소
    printf(" 교환된 값 : a = %d, b = %d \n", a, b);
    return 0;
}
void ex(int *p, int *q)   // 가인수 = 포인터
{  int temp;
     temp=*p;
     *p = *q;
     *q = temp;
}
```

실행 결과

```
원래의 값: a = 22,  b = 77
교환된 값: a = 77,  b = 22
```

설명

위의 프로그램에서 함수 ex()는 두 수 *p와 *q를 교환한다. 다음의 "잘못된 교환"처럼 *p와 *q를 직접 교환하면 안 된다. 첫 줄의 *p = *q에서 *p는 *q와 같아진다. 둘째 줄의 *q = *p에서 *p를 *q에 대입하더라도 *p는 이미 *q와 같으므로, *q에 *q를 대입한 것이 된다. 결국 *p와 *q는 모두 *q가 된다.

"잘못된 교환"		"올바른 교환"

*p = *q;
*q = *p;
	→	temp=*p;
		*p = *q;
		*q = temp;

오른쪽의 "올바른 교환"은 *p를 임시 변수 temp로 대피시킨 다음, *q를 *p에 대입한다. 다음으로 임시 변수 temp의 값을 *q에 대입한다.

예제 4 배열의 주소 전달

```
#include <stdio.h>
void sum_ave(int *pA, int *psum, double *pave);
int main()
{
    int A[10]  = {0, 10, 20, 30, 40, 50, 60, 70, 80, 90};
    int sum=0;
    double ave;
    sum_ave(A, &sum, &ave);     // 배열 A의 시작 주소를 가인수로 전달
    printf(" sum = %d,  average = %f", sum, ave);
    return 0;
}
void sum_ave(int *pA, int *psum, double *pave)
{
    int i;
    for (i=0; i<10 ; i++)
        *psum += *(pA + i);         // *(pA + i)는 A[i]와 같다.
    *pave = *psum/10.0;
}
```

실행 결과 sum=450, average = 45.000000

설명

- 배열명 A는 배열의 시작 주소이다. &sum과 &ave는 각각 sum과 ave의 주소이다.
- 함수 호출문에서 실인수의 주소는 피호출 함수의 포인터에 순서대로 전달된다.

```
sum_ave(     A,      &sum,        &ave );      // 실인수의 주소
             ↓         ↓            ↓
sum_ave( int *pA,  int *psum,  float *pave )  // 가인수는 포인터
```

- 포인터 pA는 배열 A의 시작 주소 A[0]을 가리킨다.
- 포인터 psum은 sum의 주소를, pave는 ave의 주소를 각각 가리킨다.

배열 원소	주소	포인터
	⋮	
A[0]	1000	← pA
	1001	
	1002	
	1003	
A[1]	1004	← pA+1
	1005	
	1006	
	1007	
A[2]	1008	← pA+2
	1009	
	1010	
	1011	
⋮	⋮	

11.4 함수의 재귀 호출

재귀 호출(recursive call)이란 함수가 자신의 함수를 호출하는 것을 말한다. 이렇게 되면 호출된 함수가 자신의 함수를 다시 호출하는 과정을 반복한다.

수의 계승(factorial)은 재귀 호출을 이용하여 구할 수 있다. 예를 들어

$$5! = 5 \times 4 \times 3 \times 2 \times 1 = 5 \times 4!$$

이다. 계승 n!을 구하는 함수를 fact(n)로 두면 fact(n)=n*fact(n-1)이다.

예제 5 함수의 재귀 호출: 수의 계승

```
#include <stdio.h>
int fact(int n);
int main()
{
    int n;
    printf(" 정수를 넣으시오. ");
    scanf_s(" %d", &n );
    printf(" %d! = %d 이다. \n", n, fact(n));
    return 0;
}
int fact(int n)
{
    int k;
    printf(" n = %d \n", n);
    if (n<=1)           // 반환 조건
        return(n);      // 반환점
    else
    {
        k= fact(n-1);   // 재귀 호출
        printf(" %d! = %d \n", n-1, k);
        return n*k;     // n*fact(n-1)
    }
}
```

실행 결과

```
정수를 넣으시오. 5
n=5
n=4
n=3
n=2
n=1
1! = 1
2! = 2
3! = 6
4! = 24
5! = 120이다.
```

10진수를 2진수로 변환하는 과정은 다음과 같다.

① 주어진 10진수를 피제수(dividend)로 둔다.

② 피제수를 2로 나누어 몫과 나머지를 구한다.

③ 방금 얻은 몫을 새로운 피제수로 두고 ②와 ③을 반복한다.

④ 몫이 0으로 되면 2로 나누기를 중단하고, 지금까지 얻은 나머지를 역순으로 나열한다. 나누기 연산 a/b에서, a를 피제수라 하고, b를 제수(divisor)라 한다.

예제 6 함수의 재귀 호출: 10진수-2진수 변환

```
#include <stdio.h>
void deci_bin(int n);
int main()
{
    int n;
    printf("    양의 정수를 넣으시오. (나가려면 음수나 문자 입력) \n");
    while( scanf_s("    %d", &n ) && n>0 )
    {
        printf("    %d의 이진수 = ", n);
        deci_bin(n);
        printf("\n");
    }
    return 0;
}
void deci_bin(int n)
{
    int bit;
    if (n >0 )
    {
        bit = n%2;          // 나머지 구하기
        n /=2;              // 몫 구하기
        deci_bin(n);        // 몫을 피제수로 두고 재귀 호출
        printf("%d", bit);
    }
    return;
}
```

실행 결과

```
    양의 정수를 넣으시오. (나가려면 음수나 문자 입력)
6
    6의 이진수 = 110
10
    10의 이진수 = 1010
100
    100의 이진수 = 1100100
-1  (끝)
```

설명

- 재귀 호출 동안 구한 bit(나머지)의 값은 return 문에 의하여 반환될 때마다 한 비트씩 역순으로 출력된다.
- 음수나 문자가 입력되면 프로그램이 종료된다.

함수의 재귀 호출을 이용하여 프로그램을 작성하면, 반복문을 사용하는 경우보다 소스 프로그램의 길이를 줄일 수 있다. 또 무한루프에 빠지거나 논리적 오류를 범하기 쉽다.

예제 7 간접 재귀 호출

```
#include <stdio.h>
void fcn1(int n);
void fcn2(int n);
int main()
{
    int n;
    printf(" 양의 정수를 넣으시오. ");
    scanf_s("%d", &n );
    fcn1(n);
    printf("  끝.");
}
void fcn1(int n)
{
    n--;
    if (n <0)  return;        // 탈출 조건
    printf("  함수 1 -> ");
    fcn2(n);                  // 간접 재귀 호출
}
void fcn2(int n)
{
    printf ("  함수 2 \n");
    fcn1(n);                  // 간접 재귀 호출
}
```

실행 결과

```
양의 정수를 넣으시오. 4 ↵
함수 1 -> 함수 2
함수 1 -> 함수 2
함수 1 -> 함수 2
함수 1 -> 함수 2
끝.
```

설명

함수 fcn1()은 fcn2()를 호출하고, fcn2()는 다시 fcn1()을 호출하므로, 두 함수가 교대로 실행되는 무한루프가 된다. 루프가 한 번 실행될 때마다 n은 1씩 감소되어, n<0 이면 return 문이 실행되어 무한루프에서 탈출한다.

함수 II

학습과제

[과제 1] 함수에 실인수를 전달하는 방식 중에서 "값에 의한 호출"에 대해 설명하시오.

[과제 2] 다음의 프로그램에 대하여 답을 구하시오.

```
#include <stdio.h>
int mymax(int x, int y)
{
    if (x>y)  return x;
    else      return y;
}
int main()
{
    int a, b, c;
    printf(" 두 정수를 넣으시오 : ");
    scanf_s("%d %d", &a, &b);
    c = mymax(a, b);
    printf(" 최댓값 = %d\n", c);
    return 0;
}
```

① 피호출 함수 mymax()의 가인수를 적으시오.

② 이 프로그램의 기능을 설명하시오.

③ 프로그램의 실행 결과를 적으시오.

[과제 3] 다음의 프로그램을 실행할 경우, 콘솔 창에 나타내는 내용을 적으시오.

```
#include <stdio.h>
void mulX100(int C[]);
int main()
{
    int A[3] = {1, 2, 3};
    printf(" 메인함수에서 A[0]=%d, A[1]=%d, A[2]=%d \n",
                              A[0],      A[1],      A[2] );
    mulX100(A);
    printf(" 다시 메인함수 A[0]=%d, A[1]=%d, A[2]=%d \n",
                              A[0],      A[1],      A[2] );
    return 0;
}
void mulX100(int C[])
{
    C[0] = C[0]*100;
    C[1] = C[2]*100;
    C[2] = C[2]*100;
    printf(" 피호출 함수에서 C[0]=%d, C[1]=%d, C[2]=%d \n",
                              C[0],      C[1],      C[2] );
}
```

[과제 4] 함수에 실인수를 전달하는 방식 중에서 "참조에 의한 호출"에 대해 설명하시오.

[과제 5] 다음의 프로그램은 10진수를 8진수로 변환합니다. 예제 6의 프로그램을 일부 수정한 것입니다. 이 프로그램을 실행하고, 콘솔 창에 1234를 입력할 때 출력되는 내용을 구하시오.

```
#include <stdio.h>
void deci_oct(int n);
int main()
{
    int n;
    printf(" 양의 정수(10진수)를 넣으시오. ");
    scanf_s(" %d", &n );
    printf(" %d의 8진수 = ", n);
    deci_oct(n);        // 함수 호출
    return 0;
}
void deci_oct(int n)
{
    int bit;
    if (n >0 )
    {
        bit = n%8;       // 나머지 구하기
        n /=8;           // 몫 구하기
        deci_oct(n);     // 몫을 피제수로 두고 재귀 호출
        printf("%d", bit);
    }
    return;
}
```

[과제 6] 다음의 프로그램을 실행할 경우, 콘솔 창에 나타내는 내용을 적으시오.

```
#include <stdio.h>
void OutOp(int *x, int *y);
int main()
{
    int  a = 20, b = 4;
    printf(" a = %d, b = %d \n", a, b );
    OutOp(&a, &b);
    return 0;
}
void OutOp(int *x, int *y)
{
    printf(" a + b = %d \n", (*x + *y) );
    printf(" a - b = %d \n", (*x - *y) );
    printf(" a x b = %d \n", (*x * *y) );
    printf(" a / b = %d \n", (*x / *y) );
}
```

PART 12
표준함수의 활용

- 표준 C 라이브러리 함수를 이해한다.
- 수학 함수를 이해한다.
- 산술 연산 함수를 사용하는 방법을 익힌다.
- 삼각 함수를 사용하는 방법을 익힌다.
- 기타 수학 함수를 사용하는 방법을 익힌다.
- 문자열 처리 함수를 사용하는 방법을 익힌다.

PART 12

표준함수의 활용

12.1 표준 C 라이브러리 함수

C 프로그램의 기본적인 단위는 함수이다. 함수는 사용자 정의 함수(user defined function)와 라이브러리 함수(library function)로 나누어진다. 10장과 11장에서 다룬 함수는 사용자 정의 함수이다.

표준 C 라이브러리 함수는 C 컴파일러가 기본적으로 제공하는 함수를 말한다. 표준 라이브러리에는 표준 입출력, 수학 함수, 문자열 처리, 시간 처리 등이 있다. 이러한 라이브러리 함수들은 기능별로 분류되어 여러 가지 헤더 파일에 담아 제공된다. 자주 사용하는 헤더 파일과 관련 함수는 다음의 표와 같다.

헤더 파일	기능	관련 함수
stdio.h	표준 입출력	printf( ), scanf_s( ), getchar( ), fopen( )
math.h	수학 함수	exp( ), log( ), log10( ), sqrt( ), abs( ), fabs( ), pow( ), ceil( ), floor( ), sin( ), cos( ), tan( )
string.h	문자열 처리	strcpy_s( ), strlen( ), strcmp( ), strcat_s( )
ctype.h	문자 분류 및 변환	isalnum( ), isalpha( ), isdigit( ), tolower( ), toupper( )
time.h	시간 처리	time( ), ctime( ), asctime( )
stdlib.h	난수 발생 메모리 동적 할당	rand( ), srand( ), malloc( )

표준 C 라이브러리 함수를 사용하려면 그 함수와 관련된 헤더 파일이 필요하다. 예를 들어 printf( )라는 함수를 이용하기 위해서는 stdio.h라는 헤더 파일이 필요하므로 이 파일을 현재의 프로그램에 포함시켜야 한다. 이를 위하여 #include <stdio.h>라는 전처리 지시문을 사용한다. 삼각 함수 sin( )을 사용하기 위해서는 math.h라는 헤더 파일이 필요하므로 #include <math.h>라는 전처리 지시문을 사용한다.

12.2 수학 함수의 종류

수학 함수의 종류는 다음의 표와 같다. 이들 수학 함수를 사용하기 위해서 프로그램의 맨 앞에 #include <math.h>나 #include <stdlib.h>를 기술해 주어야 한다. 수학 함수의 가인수와 반환값은 대부분 double형이다. abs(i)의 가인수는 int형이고 srand(i)는 가인수는 unsigned int형이며, rand( )는 가인수가 없다. 또한, abs(i)와 rand( )는 반환값이 int형이며, srand(i)는 void형 함수이다.

분류	함수 형식	설명
산술연산 〈math.h〉	double exp(double x)	e^x (exponential)
	double log(double x)	$\log_e x$ (x의 자연 로그)
	double log10(double x)	$\log_{10} x$ (x의 상용 로그)
	double sqrt(double x)	$\sqrt{x}$ (제곱근)
	int abs(int i)	$\mid i \mid$ (정수 i의 절댓값)
	double fabs(double x)	$\mid x \mid$ (실수 x의 절댓값)
	double pow(double x, double y)	x^y
	double ceil(double x)	x보다 큰 정수 중 가장 작은 값을 double형 실수 값으로 반환
	double floor(double x)	x보다 작은 정수 중 가장 큰 값을 double형 실수 값으로 반환

분류	함수 형식	설명
삼각 함수 〈math.h〉	double sin(double x)	sin x (사인 x, x=라디안 값)
	double cos(double x)	cos x (코사인 x, x=라디안 값)
	double tan(double x)	tan x (탄젠트 x, x=라디안 값)
	double asin(double x)	$\sin^{-1}(x)$ (아크 사인 x)
	double acos(double x)	$\cos^{-1}(x)$ (아크 코사인 x)
	double atan(double x)	$\tan^{-1}(x)$ (아크 탄젠트 x)
	double sinh(double x)	sinh x (hyperbolic 사인 x)
	double cosh(double x)	cosh x (hyperbolic 코사인 x)
	double tanh(double x)	tanh x (hyperbolic 탄젠트 x)

분류	함수 형식	설명
기타 〈stdlib.h〉	int rand(void)	난수 발생(0~32767 사이의 값)
	void srand(unsigned i)	난수 발생의 seed i(시작값)를 설정, 반환값은 없음

12.3 산술연산 함수의 활용

예제 1 산술연산 함수 1

```
#include <stdio.h>
#include <math.h>        // 산술연산 함수의 헤더 파일
int main()
{
    printf(" exp 함수:  exp(1.0) = %f \n", exp(1.0) );
    printf(" exp 함수:  exp(-1.0) = %f \n", exp(-1.0) );
    printf(" log 함수:  log(e) = %f \n", log( exp(1.0) ) );
    printf(" log10 함수:  log10(1.0) = %f \n", log(1.0) );
    printf(" log10 함수:  log10(10.0) = %f \n", log10(10.0) );
    return 0;
}
```

실행 결과

```
exp 함수: exp(1.0) = 2.718282
exp 함수: exp(-1.0) =0.367879
log 함수: log(e) = 1.000000
log10 함수: log10(1.0) = 0.000000
log10 함수: log10(10.0) = 1.000000
```

설명 상수 e = 2.71828…로서 자연 로그의 밑이다.

예제 2 산술연산 함수 2

```
#include <stdio.h>
#include <math.h>   // 산술연산 함수의 헤더 파일
int main()
{
    double x, y;
    puts(" 입력한 수의 제곱근을 구합니다.");
    while(scanf_s("%lf", &x) ==1)
    {
        y=sqrt(x);
        printf(" square root of %f = %f \n", x, y);
    }
    puts(" END");
    return 0;
}
```

실행 결과

```
  입력한 수의 제곱근을 구합니다.
2
  square root of 2.000000 = 1.414214
3
  square root of 3.000000 = 1.732051
n
  END
```

설명

- 비정상적인 데이터를 입력하면 scanf_() 함수의 반환값이 0이 되어 while 루프에서 빠져나온다.
- double 형 실수를 입력할 때는 형식 지정자를 "%lf"나 "%lg"로 지정해야 한다.

예제 3 산술연산 함수 3

```
#include <stdio.h>
#include <math.h>       // 산술연산 함수의 헤더 파일
int main()
{
    printf(" abs(-5) = %d \n", abs(-5) );
    printf(" fabs(-7.5) = %f \n", fabs(-7.5) );
    printf(" pow(2.0, 3.0) = %f \n", pow(2.0, 3.0));
    return 0;
}
```

실행 결과

```
abs(-5) = 5
fabs(-7.5) = 7.500000
pow(2.0, 3.0) = 8.000000
```

설명

- $| -5 | = 5$
- $| -7.5 | = 7.5$
- $2.0^{3.0} = 8.000000$

예제 4 산술연산 함수 4

```
#include <stdio.h>
#include <math.h>   // 산술연산 함수의 헤더 파일
int main()
{
    printf(" ceil(5.5) = %f \n", ceil(5.5) );
    printf(" ceil(-5.5) = %f \n", ceil(-5.5) );
    printf(" floor(7.5) = %f \n", floor(7.5) );
    printf(" floor(-7.5) = %f \n", floor(-7.5) );
    return 0;
}
```

실행 결과

```
ceil(5.5) = 6.000000
ceil(-5.5) = -5.000000
floor(7.5) = 7.000000
floor(-7.5) = -8.000000
```

설명

- ceil(x)는 x보다 큰 정수 중 가장 작은 값을 double형 실수 값으로 반환한다.
- floor(x)는 x보다 작은 정수 중 가장 큰 값을 double형 실수 값으로 반환한다.

12.4 삼각 함수의 활용

삼각 함수를 사용할 때, 모든 각도는 라디안(radian) 단위로 표현하여야 한다. 각도(degree) $d\,[\,^{\circ}\,]$을 라디안(radian) $r\,[rad]$으로 바꾸는 식은 다음과 같다.

$$r = \frac{\pi}{180} \times d \ \ [rad]$$, 여기서 π =3.141592653…(원주율)이다.

예제 5 삼각 함수 1

```
#include <stdio.h>
#include <math.h>    // 삼각 함수의 헤더 파일
int main()
{
    double pi = 3.1415927;
    printf(" tan(pi/4.0) = %f \n", tan( pi/4.0 ) );
    printf(" 아크 탄젠트(1.0) = %f [라디안] \n", atan( 1.0 ) );
    printf(" (pi/4.0) = %f [라디안] \n",    ( pi/4.0 ) );
    printf(" hyperbolic 코사인(1.0) : cosh(1.0) = %f \n", cosh( 1.0 ) );
    return 0;
}
```

실행 결과

```
tan(pi/4.0) = 1.000000
아크 탄젠트(1.0) = 0.785398 [라디안]
(pi/4.0) = 0.785398 [라디안]
hyperbolic 코사인(1.0) : cosh(1.0) = 1.543081
```

설명

- $\tan(\frac{\pi}{4}) = \tan(45^\circ) = 1.0$
- $\tan^{-1}(1.0) = 0.785398[rad] = \frac{\pi}{4}[rad] = 45^\circ$
- hyperbolic 사인 x : $\sinh x = \frac{e^x - e^{-x}}{2}$
- hyperbolic 코사인 x : $\cosh x = \frac{e^x + e^{-x}}{2}$
- hyperbolic 탄젠트 x : $\tanh x = \frac{e^x - e^{-x}}{e^x + e^{-x}}$

예제 6 삼각 함수 2

```
#include <stdio.h>
#include <math.h>          // 삼각 함수의 헤더 파일
#define PI 3.1415927
int main()
{
    double d, rad;
    printf(" degree  sin     cos \n");
    for(d=0.0; d<=90.; d=d+10)
    {
        rad = d * PI/180.0;
        printf(" %4.0f %7.3f %7.3f  \n", d, sin(rad), cos(rad));
    }
    return 0;
}
```

실행 결과

```
degree   sin     cos
   0   0.000   1.000
  10   0.174   0.985
  20   0.342   0.940
  30   0.500   0.866
  40   0.643   0.766
  50   0.766   0.643
  60   0.866   0.500
  70   0.940   0.342
  80   0.985   0.174
  90   1.000  -0.000
```

예제 7 삼각 함수 3: 사인 함수 그리기

```
#include <stdio.h>
#include <windows.h>
#include <math.h>          // 삼각 함수의 헤더 파일
#define  PI  3.1415927
void plot(int m);
int main()
{
    int d, m;
    for(d=0; d<=360; d+=10)
    {
        m =30 + (int)(30.0 * sin(d*PI/180.0) );
        plot(m);
    }
    return 0;
}
void plot(int m)
{
    int i;
    for (i=0; i<=m; i++)
        printf(" ");
    printf("*\n");
    Sleep(50);              // 50 ms 씩 지연
}
```

실행 결과

설명	Sleep(n)는 프로그램을 n [ms]동안 지연시키는 함수이다. 이 함수에 필요한 헤더파일은 <windows.h> 이다.

12.5 기타 수학 함수의 활용

rand()는 가인수가 없는 int형 함수로서 0~32767 사이의 난수를 만들어 낸다. 이 함수는 stdlib.h 안에 들어 있다. rand()는 의사 난수(pseudo random number)를 만들어 낸다. 의사 난수는 컴퓨터 알고리즘으로 만들어 내는 난수로서 완전한 무작위의 숫자가 아니기 때문에 "의사"(擬似: 실제와 비슷함)라는 말을 붙인다. 난수는 시작값에 따라 발생하는 숫자가 정해져 있다. 난수의 시작값을 seed라 한다.

예제 8 기타 수학 함수1: rand() 함수

```
#include <stdio.h>
#include <stdlib.h>  // 기타 수학 함수의 헤더 파일
int main()
{
    int i;
    printf(" 발생한 난수 : ");
    for(i=1; i<=8; i++)
        printf("%7d", rand());
    return 0;
}
```

실행 결과 1	발생한 난수: 41 18467 6334 26500 19169 15724 11478 29358

실행 결과 2	발생한 난수: 41 18467 6334 26500 19169 15724 11478 29358

설명	실행을 반복하여도 발생되는 난수는 같다. 난수의 시작값(seed)을 지정하지 않으면, 프로그램을 실행할 때마다 같은 수열이 발생된다.

srand(i)는 난수의 시작값(seed)을 설정하는 void형 함수이다. 이 함수는 stdlib.h 안에 들어 있다. 시작값을 지정하는 가장 일반적인 방법은 현재 시간과 관련된 함수 time(NULL)을 이용하는 것이다.

time(NULL)은 시간 관련 함수로서 time.h 안에 들어 있다. time(NULL)의 값은 현재의 시간에 따라 달라진다.

예제 9 기타 수학 함수 2: srand()로 seed를 설정

```
#include <stdio.h>
#include <stdlib.h>   // 기타 수학 함수의 헤더 파일
#include <time.h>    // 시간 관련 함수의 헤더 파일
int main()
{
    int i, seed;
    puts(" 난수의 seed가 시간에 따라 달라집니다.");
    seed= (int)time(NULL);
    printf(" seed = %d \n",  seed );
    srand( seed );
    printf(" 발생한 난수: ");
    for(i=1; i<=9; i++)
    {
        printf("%7d", rand());
    }
  puts("\n END");
    return 0;
}
```

실행 결과 1

```
난수의 seed가 시간에 따라 달라집니다.
seed = 1514373782
발생한 난수: 26573 18748 23417 17178 11101 26260  9377 30801 31976
END
```

실행 결과 2

```
난수의 seed가 시간에 따라 달라집니다.
seed = 1514374229
발생한 난수: 28033  6389 13310 25575  1427 12036 24387   261  7089
END
```

설명	시간 관련 함수 time(NULL)의 값으로 난수의 seed를 지정한다. 시간의 흐름에 따라 seed가 달라진다. 이에 따라 발생되는 난수도 달라진다.

12.6 문자열 처리 함수

문자열 처리 함수의 종류는 다음의 표와 같다. 이들 함수를 사용하기 위해서 프로그램의 맨 앞에 #include <string.h>를 기술해 주어야 한다.

분류	함수 형식	설명
문자열 처리 〈string.h〉	strcpy_s(str1, str2);	← 문자열 str2를 문자열 str1로 복사한다.
	strlen(str);	← 문자열 str에서 NULL 문자('\0')를 제외한 나머지 문자열의 길이를 반환한다.
	strcmp(str1, str2);	← 문자열 str1과 str2를 비교하여 같으면 0을, 다르면 0이 아닌 값을 반환한다.
	strcat_s(str1, str2);	← 문자열 str1의 끝에 문자열 str2를 연결한다.

strcpy_s() 함수는 한 문자열을 다른 문자열로 복사한다.

형식	strcpy_s(str1, str2);	← 문자열 str2를 문자열 str1로 복사한다.

예

```
char str1[20] = "computer" ;
char str2[20] = "programming";
strcpy_s(str1, str2);
strcpy_s(str2, "안녕하세요?");
```

← 문자열 "안녕하세요?"를 문자열 str2로 복사한다.

예제 10 strcpy_s() 함수 사용

```
#include <stdio.h>
#include <string.h>  // 문자열 처리의 헤더 파일
int main()
{
    char str1[20] = "computer" ;
    char str2[20] = "programming";
    printf(" 원래의 문자열 1 = %s \n", str1);
    strcpy_s(str1, str2 );
    printf(" 복사된 문자열 1 = %s \n \n", str1);

    printf(" 원래의 문자열 2 = %s \n", str2);
    strcpy_s(str2, "안녕하세요?" );
    printf(" 복사된 문자열 2 = %s \n", str2);
    return 0;
}
```

실행 결과

```
원래의 문자열 1 = computer
복사된 문자열 1 = programming

원래의 문자열 2 = programming
복사된 문자열 2 = 안녕하세요?
```

strlen() 함수는 NULL 문자를 제외한 문자열의 길이를 구하여 정숫값으로 반환한다.

형식 `n = strlen( str );` ← 문자열 str의 길이를 구하여 n에 대입한다.

예

```
char str[20] = "computer" ;
strlen(str);
strlen("programming");
```

예제 11 strlen() 함수 사용

```
#include <stdio.h>
#include <string.h>  // 문자열 처리의 헤더 파일
int main()
{
    char str[20] = "computer" ;
    int n;        // 문자열의 길이
    n = strlen(str);
    printf(" 문자열 %s의 길이 = %d \n", str, n);
    printf(" 문자열 programming의 길이 = %d \n", strlen("programming") );
    return 0;
}
```

실행 결과

```
문자열 computer의 길이 = 8
문자열 programming의 길이 = 11
```

strcmp() 함수는 두 문자열을 비교하여 두 문자열이 같으면 0을, 다르면 0이 아닌 값을 반환한다.

형식	n = strcmp(str1, str2);	← 문자열 str1과 str2를 비교하여 같으면 0을, 다르면 0이 아닌 값을 반환한다.

예

```
char str1[20] = "computer" ;
char str2[20] = "programming";
n = strcmp(str1, str2);
```

예제 12 strcmp() 함수 사용

```
#include <stdio.h>
#include <string.h>  // 문자열 처리의 헤더 파일
int main()
{
    int n;
    char str1[20] = "computer" ;
    char str2[20] = "programming";
    n = strcmp(str1, str2);
    if (n==0) printf(" 두 문자열이 같습니다. n = %d", n );
    else      printf(" 두 문자열이 다릅니다. n = %d", n );
    return 0;
}
```

실행 결과 두 문자열이 다릅니다. n = -1

strcat_s() 함수는 앞 문자열의 끝에 뒤의 문자열을 연결한다. 연결된 문자열은 앞 문자열에 저장된다.

형식

```
strcat_s( str1, str2 );        ← 문자열 str1의 끝에 문자열 str2를 연결한다.
```

예

```
char str1[20] = "computer" ;
char str2[20] = "programming";
strcat_s(str1, str2);
strcat_s(str2, "…ABC");        ← 문자열 str2의 끝에 "…ABC"를 연결한다.
```

예제 13 strcat_s() 함수 사용

```
#include <stdio.h>
#include <string.h>  // 문자열 처리의 헤더 파일
int main()
{
    char str1[20] = "computer" ;
    char str2[20] = "programming";
    strcat_s(str1, str2);
    printf(" 연결된 문자열 = %s \n", str1);
    strcat_s(str2, "…ABC");
    printf(" 연결된 문자열 = %s \n", str2);
}
```

실행 결과

```
연결된 문자열 = computerprogramming
연결된 문자열 = programming…ABC
```

표준 함수의 활용

학습과제

[과제 1] 다음의 함수를 실행할 경우, 콘솔 창에 나타나는 내용을 적으시오.

```
#include <stdio.h>
#include <math.h>
int main()
{
    printf(" exp(2.0) = %f \n", exp(2.0) );
    printf(" exp(-2.0) = %f \n", exp(-2.0) );
    printf(" log( exp(2.0) ) = %f \n", log( exp(2.0) ) );
    printf(" log10(100.0) = %f \n", log10(100.0) );
    return 0;
}
```

[과제 2] 다음의 함수를 실행할 경우, 콘솔 창에 나타나는 내용을 적으시오.

```
#include <stdio.h>
#include <math.h>
int main()
{
    printf(" sqrt(5) = %f \n", sqrt(5) );
    printf(" abs(-10) = %d \n", abs(-10) );
    printf(" fabs(-3.5) = %f \n", fabs(-3.5) );
    printf(" pow(4.0, 2.0) = %f \n", pow(4.0, 2.0));
    return 0;
}
```

[과제 3] 다음의 함수를 실행할 경우, 콘솔 창에 나타나는 내용을 적으시오.

```
#include <stdio.h>
#include <math.h>
int main()
{
    printf(" ceil(2.5) = %f \n", ceil(2.5) );
    printf(" ceil(-2.5) = %f \n", ceil(-2.5) );
    printf(" floor(2.5) = %f \n", floor(2.5) );
    printf(" floor(-2.5) = %f \n", floor(-2.5) );
    return 0;
}
```

[과제 4] 다음의 함수를 실행할 경우, 콘솔 창에 나타나는 내용을 적으시오.

```
#include <stdio.h>
#include <math.h>           // 삼각 함수의 헤더 파일
int main()
{
    printf(" tan(0.5) = %f \n", tan(0.5) );
    printf(" 아크 탄젠트(0.546302) = %f [라디안] \n",
            atan(0.546302) );
    return 0;
}
```

[과제 5] 다음의 표는 실수 x의 값은 0.0부터 3.0까지 0.5의 간격으로 나열되어 있습니다. 각 x에 대한 cos x의 값을 구하는 프로그램을 작성하시오.

x =	0.0	0.5	1.0	1.5	2.0	2.5	3.0
cos x =							

[과제 6] rand() 함수를 사용하여 이용하여 난수를 1,000개 발생시키고, 그중에서 홀수와 짝수의 개수를 구하여 출력하는 프로그램을 작성하시오.

PART 13

지역 변수와 전역 변수

- 변수의 유효 범위에 대해 이해한다.
- 지역 변수를 사용하는 방법을 익힌다.
- 전역 변수를 사용하는 방법을 익힌다.
- 변수의 유효 범위와 생존 기간에 대해 이해한다.
- 자동 변수와 extern 변수 등을 사용하는 방법을 익힌다.

PART 13

지역 변수와 전역 변수

변수는 선언된 위치에 따라 사용할 수 있는 유효 범위가 다르다. 변수의 생존 기간(lifetime)도 변수가 존재하는 기억 클래스(storage class)에 따라 달라진다. 이 장에서는 변수의 유효 범위와 생존 기간에 대해 알아본다.

13.1 변수의 유효 범위

유효 범위(scope)는 선언된 변수나 상수 등을 사용할 수 있는 프로그램 영역을 말한다. 유효 범위는 다음과 같이 두 가지로 나눌 수 있다.

- 블록 ~ 변수나 상수 등이 선언된 함수나 블록
- 전역 ~ 변수나 상수 등이 선언된 프로그램의 전체 영역

변수는 선언된 위치에 따라 크게 지역 변수(local variable)와 전역 변수(global variable)로 나누어진다. 지역 변수는 함수나 블록의 내부에서 선언한 변수이다. 전역 변수는 함수의 외부에서 선언한 변수이다. 배열도 함수나 블록의 내부에서 선언하면 지역 변수의 특성을, 함수의 외부에서 선언하면 전역 변수의 특성을 가진다.

	지역 변수(local variable)	전역 변수(global variable)
선언 위치	함수나 블록의 내부	함수의 외부
사용 범위	함수나 블록의 내부	변수가 선언된 위치 이후의 프로그램 전체 영역
생존 기간	- 함수나 블록의 내부에서 변수가 선언되면 생성 - 함수나 블록을 벗어나면 소멸	- 변수가 선언되면 생성 - 프로그램이 끝날 때까지 생존
초기화	- 자동으로 초기화되지 않음 - 초기화하지 않으면 쓰레기 값을 가짐	생성과 동시에 0으로 초기화

13.2 지역 변수

지역 변수(local variable)는 함수나 블록의 내부에서 선언되고, 선언된 함수나 블록의 내부에서만 사용이 가능한 변수이다. 이를 내부 변수라고도 부른다. 함수나 블록의 내부에서 변수를 선언하면 지역 변수가 생성된다. 함수나 블록을 빠져나오면 지역 변수가 자동으로 소멸되어 버린다. 이러한 방법은 메모리를 절약하지만, 함수나 블록을 자주 드나드는 경우에 변수의 생성과 소멸을 반복해야 하는 단점이 있다. 함수의 가인수는 함수가 호출될 때 생성되고, 함수가 종료될 때 소멸되는 지역 변수이다. 지역 변수는 스택(stack)이라는 메모리 영역에 저장된다. 지역 변수는 다음과 같은 특성을 가진다.

① 지역 변수는 앞에서 먼저 선언이 되어 있어야 사용할 수 있다. 지역 변수를 선언하면 메모리가 할당되어 지역 변수가 생성된다. 다음의 예 1과 같이, 지역 변수를 선언하기 전에 먼저 사용하면, 컴파일러는 "선언되지 않은 식별자(undeclared identifier)"라는 오류 메시지를 보인다. 식별자(identifier)는 변수나 함수, 기호상수 등을 구분하기 위해 붙인 고유한 이름이다.

예 1

```
#include <stdio.h>
int main()
{
    a=3;                    ← 변수 사용(오류)
    int a;                  ← 변수 선언
    return 0;
}
```

② 지역 변수는 선언된 블록을 벗어나면 소멸된다. 다음의 예 2에서, 변수 b와 같이 블록의 내부에서 선언된 변수는 그 블록의 내부에서만 사용할 수 있다. 블록을 벗어나면 변수 b는 소멸되므로 사용할 수 없다. 반면, 변수 a와 같이 블록의 외부에서 선언된 변수는 블록의 외부나 내부에서 모두 사용할 수 있다.

예 2

```
#include <stdio.h>
int main()
{
    int a = 5;
    printf(" 블록 외부에서 a = %d \n", a);
    {           // 블록
        int b = 8;
        printf(" 블록 내부에서 b = %d \n", b);
        printf(" 블록 내부에서 a = %d \n", a);
    }
    printf(" 블록 외부에서 b = %d \n", b);  // 오류
    return 0;
}
```

③ **이름이 같은 변수도 선언된 함수나 블록이 다르면 서로 다른 변수이다.** 다음의 예 3과 같이 블록의 외부에서 선언된 변수 a = 5이고, 같은 이름으로 블록의 내부에서 선언된 변수 a = 300이다.

같은 이름을 가지는 변수가 여러 개 있으면, 가장 가까운 블록 내부에서 선언된 변수가 우선적으로 사용된다.

블록의 내부에서, 그 블록에서 선언된 변수 a가 우선적으로 사용되므로 a = 300이다. 다시 블록의 외부로 나가면 a는 원래의 값인 a = 5가 된다.

예 3

```
#include <stdio.h>
int main()
{
    int a = 5;
    printf(" 블록의 외부에서 a = %d \n", a);
    {           // 블록
        int a = 300;
        printf(" 블록의 내부에서 a = %d \n", a);
    }
    printf(" 블록의 외부에서 a = %d \n", a);
    return 0;
}
```

④ 함수의 가인수(매개변수)는 지역 변수이다. 가인수는 함수가 호출될 때 생성되고 함수를 벗어나면 소멸된다. 다음의 예 4에서, 함수 sq()의 가인수 n은 함수 내부에서만 사용할 수 있고, 함수가 끝나면 소멸된다. 함수 sq()의 가인수 n과 메인함수의 변수 n은 이름을 같지만 서로 다른 변수이다.

예 4

```
#include <stdio.h>

int sq(int n)      // n은 가인수
{
    n = n*n;
    printf(" 함수 sq()에서 n = %d \n", n);   // n = 25
    return n;
}

}
int main()
{
    int a, n=100;
    a = sq(5);
    printf(" 메인함수에서 a = %d \n", a);    // a = 25
    printf(" 메인함수에서 n = %d \n", n);    // n = 100
    return 0;
}
```

⑤ 지역 변수의 초깃값은 쓰레기(trash) 값이다. 지역 변수를 사용하기 전에 반드시 초기화를 해 주어야 한다.

13.3 전역 변수

전역 변수(global variable)는 함수의 외부에서 선언된 변수로서, 변수를 선언할 때 생성되며, 그 후로 프로그램의 전체 영역에서 사용된다. 전역 변수는 한 번 생성되면 프로그램이 종료될 때까지 생존한다. 함수나 블록을 드나들더라도 지역 변수와 다르게 생성과 소멸을 반복하지 않는다. 전역 변수는 사용하지 않더라도 메모리 공간을 계속 차지한다. 전역 변수는 다음과 같은 특성을 가진다.

① 전역 변수는 컴파일할 때 생성되며, 0의 값으로 초기화된다.

② 전역 변수는 앞에서 먼저 선언이 되어 있어야 사용할 수 있다. 전역 변수는 선언된 문장 이후의 영역에서만 사용할 수 있다. 전역 변수는 프로그램의 맨 앞에서 선언하는 것이 좋다.

③ 전역 변수와 같은 이름을 가지는 지역 변수가 있으면, 지역 변수가 전역 변수보다 우선적으로 사용된다.

다음의 예에서 전역 변수로 선언된 변수 a=0으로 초기화된다. 메인함수에서 a=0이다. 함수 fcn()에서 선언된 변수 a는 전역 변수 a와 이름은 같지만, 함수 내부에서는 지역 변수가 우선적으로 사용되므로 a=300이다. 다시 메인함수로 돌아오면 a는 전역 변수로서 원래의 값인 a = 0이다.

예

```
#include <stdio.h>
int a;                //전역 변수 a 선언

void fcn()
{
    int a = 300;  // 지역 변수 a 선언
    printf(" 함수 fcn()에서 a = %d \n", a);   // a = 300
}

int main()
{
    printf(" 메인함수에서 a = %d \n", a);   // a = 0
    fcn();
    printf(" 메인함수에서 a = %d \n", a);   // a = 0
    return 0;
}
```

전역 변수는 프로그램의 전체에서 사용할 수 있으므로 함수 간의 데이터 전달에 이용할 수 있다.

예제 1 전역 변수를 이용한 데이터 전달

```
#include <stdio.h>
int x, y, z;          // 전역 변수 선언

void mul()            // 가인수(매개변수) 없음
{
    z = x * y;    // x, y, z = 전역 변수
}

int main()
{
    x = 3;
    y = 5;
    mul();            // 실인수 없음        // 함수 mul()의 변환값 없음
    printf(" x = %d, y = %d, z = %d \n", x, y, z);
    return 0;
}
```

실행 결과 x = 3, y = 5, z = 15

설명

- 메인함수에서 함수 mul()을 호출할 때 실인수를 사용하지 않아도, 함수 mul()에서 전역 변수 x와 y를 사용하여 연산을 할 수 있다. 연산 결과는 전역 변수 z에 저장된다.
- 함수 mul()에서 반환값이 없어도, 메인함수에서 연산 결과인 z의 값을 사용할 수 있다.

13.4 변수의 유효 범위와 생존 기간

변수는 선언된 위치에 따라 지역 변수와 전역 변수로 구분되고 변수의 유효 범위도 달라진다.

변수의 생존 기간(lifetime)은 변수가 메모리 공간을 할당받을 때부터 소멸될 때까지 기간을 말한다. 변수의 생존 기간은 변수가 존재하는 기억 클래스(storage class)에 따라 달라진다. 기억 클래스란 변수가 저장되는 위치로서, 이에 따라 변수의 특성이 결정된다. 변수의 종류는 기억 클래스나 생존 기간, 선언 위치에 따라 다음의 표와 같이 분류된다.

지역 변수: 자동 변수, 레지스터 변수, 지역 정적 변수
전역 변수: 전역 정적 변수, extern 변수

변수의 종류	기억 클래스 지정자	기억 클래스	생존 기간	선언 위치
자동 변수 (auto variable)	auto	스택(stack) 영역	일시적	함수 내부
레지스터 변수 (register variable)	register	register 영역	일시적	함수 내부
지역 정적 변수 (local static variable)	static	정적 데이터 영역(RAM)	영구적	함수 내부
전역 정적 변수 (global static variable)	static	정적 데이터 영역(RAM)	영구적	함수 외부
extern 변수 (external variable)	extern	정적 데이터 영역(RAM)	영구적	함수 외부

기억 클래스 지정자(storage class specifier)는 변수가 저장되는 기억 클래스를 명시하기 위하여 붙이는 예약어로서 auto, register, static 그리고 extern이 있다.

스택(stack)은 컴퓨터에서 사용되는 기본 데이터 구조 중 하나로서 메인 메모리의 일부분이다.

13.5 자동 변수

자동 변수(automatic variable)는 모든 지역 변수를 의미하며, 함수나 블록의 내부에서 선언되고 선언된 함수나 블록의 내부에서만 사용이 가능하다. 기억 클래스 지정자는 auto 이나 이를 생략한다.

형식 데이터형 변수명; ← 자동 변수를 선언

예

```
int A;
double B;
```

자동 변수는 다음과 같은 특성을 가진다.

① 모든 지역 변수는 자동 변수이며 스택이라는 메모리 영역에 존재한다.

② 같은 이름을 가지는 여러 변수가 있으면, 가장 가까운 블록의 내부에서 선언된 변수가 우선적으로 사용된다.

③ 자동 변수를 선언하면 스택 영역에 생성되고, 함수나 블록을 빠져 나오면 소멸된다. 메모리를 절약할 수는 있으나 생성과 소멸을 반복하므로 시간을 낭비한다.

④ 자동 변수를 초기화하지 않으면 쓰레기 값을 가진다.

예제 2 자동 변수의 유효 범위와 생존 기간

```
#include <stdio.h>
int main()
{                // 첫 번째 블록
   int a=10;
   int b=11;
   {             // 두 번째 블록
      int a=20;
      {          // 세 번째 블록
         int a=30;
         printf(" 세 번째 블록 : a = %d \n", a);
         printf(" 세 번째 블록 : b = %d \n", b);
      }
      printf(" 두 번째 블록 : a = %d \n", a);
      printf(" 두 번째 블록 : b = %d \n", b);
   }
   printf(" 첫 번째 메인 블록 : a = %d \n", a);
   return 0;
}
```

실행 결과

```
세 번째 블록: a = 30
세 번째 블록: b = 11
두 번째 블록: a = 20
두 번째 블록: b = 11
첫 번째 블록: a = 10
```

설명	[세 번째 블록에서] • 변수 a=30은 블록의 바깥에 있는 변수 a=20보다 우선적으로 사용된다. • 변수 b는 그대로 사용된다. [두 번째 블록에서] • 변수 a=20은 블록의 바깥에 있는 변수 a=10보다 우선적으로 사용된다. • 변수 b는 그대로 사용된다.

13.6 레지스터 변수

레지스터 변수(register variable)는 CPU 속에 있는 여분의 레지스터(register)를 기억 장소로 하는 변수이다. 기억 클래스 지정자는 register이다.

레지스터 변수는 다음과 같은 특성을 가진다.

① 변수가 선언된 함수나 블록이 실행될 때만 존재하고, 실행이 종료되면 소멸된다.

② 변수는 선언된 함수나 블록 안에서만 사용되고, 바깥에서 사용할 수 없다.

③ 변수를 초기화하지 않으면 쓰레기 값을 가진다.

④ 생존 기간이나 유효범위는 자동 변수와 같다.

⑤ 생존하는 장소가 CPU의 내부이기 때문에 접근 속도가 빠르다.

⑥ 선언 가능한 변수의 개수가 제한되어 있고, 길이가 짧다.

⑦ 연산에 자주 쓰이는 변수를 레지스터 변수로 지정하면, 프로그램의 실행속도를 높일 수 있다.

형식	register 데이터형 변수명;	← 레지스터 변수를 선언

예	register char ch; register int a;

예제 3 레지스터 변수

```
#include <stdio.h>
int main()
{
    register char c;        // 레지스터 변수
    for(c=65; c<70; c++){
        printf(" 대문자 : %d,  %c    ", c, c);
        printf(" 소문자 : %d, %c  \n", (c+32), (c+32));
    }
    return 0;
}
```

실행 결과

```
대문자: 65, A   소문자: 97, a
대문자: 66, B   소문자: 98, b
대문자: 67, C   소문자: 99, c
대문자: 68, D   소문자: 100, d
대문자: 69, E   소문자: 101, e
```

13.7 정적 변수

정적 변수(static variable)는 메모리의 정적(static) 영역에 존재하는 변수이다. 기억 클래스 지정자는 static이다. 지역 변수를 정적 변수로 지정하면 지역 정적 변수(local static variable)가 된다. 전역 변수를 정적 변수로 지정하면 전역 정적 변수(global static variable)가 된다. 정적 변수는 컴파일할 때 생성되고, 이와 동시에 초기화되어 프로그램이 끝날 때까지 생존하는 변수이다.

형식 static 데이터형 변수명; ← 정적 변수를 선언

예

```
static int A;
static float B;
```

정적 변수를 생성할 때 자동으로 부여되는 초깃값은 다음과 같다.

데이터형	초깃값
static char	'\0'
static int	0
static float	0.0
static double	0.0

지역 정적 변수는 지역 변수를 정적 변수로 지정한 것이다. 지역 정적 변수는 프로그램이 시작될 때 생성되어 프로그램이 종료할 때까지 생존한다. 지역 정적 변수는 선언된 함수의 내부에서만 사용할 수 있다. 함수를 빠져나오더라도 소멸되지 않고 변수의 값을 그대로 가지고 있다. 그러나 변수의 값이 감추어져 사용할 수 없는 상태가 된다. 함수가 다시 호출되면 이전에 가지고 있던 값을 계속 사용한다. 이에 비해 일반적인 지역 변수는 함수가 호출될 때마다 생성되고, 함수를 빠져나오면 소멸된다. 지역 정적 변수의 선언문은 컴파일할 때 한 번만 실행되고, 그 후로는 실행되지 않는다.

	지역 변수	지역 정적 변수
선언 위치	함수 내부	함수 내부
기억 클래스	스택 영역	정적 데이터 영역
생존 기간	일시적 (함수가 끝나면 소멸됨)	영구적 (함수가 끝나도 소멸되지 않음)
유효 범위	함수 내부	함수 내부

전역 정적 변수는 전역 변수를 정적 변수로 지정한 것이다. 전역 정적 변수는 자신이 선언된 프로그램에서만 사용할 수 있다. 다른 프로그램에서 현재 프로그램의 전역 정적 변수를 사용할 수 없다.

	전역 변수	전역 정적 변수
선언 위치	함수 외부	함수 외부
기억 클래스	정적 데이터 영역	정적 데이터 영역
생존 기간	영구적	영구적

	전역 변수	전역 정적 변수
유효 범위	프로그램 전체 이 전역 변수를 다른 프로그램에서 extern 변수로 선언하면, 다른 프로그램에서 이 전역 변수를 사용할 수 있음	자신이 선언된 프로그램 - 다른 프로그램에서 이 전역 정적 변수를 사용할 수 없음 - 전역 정적 변수는 다른 프로그램에서 이 변수에 접근하는 것을 제한함

예제 4 지역 정적 변수 선언 1

```
#include <stdio.h>
int main()
{
    static int a = 100;          // 지역 정적 변수 선언
    printf("  블록 외부 a = %d \n", a);
   {
        static int a = 200;      // 지역 정적 변수 선언
        printf("  블록 내부 a = %d \n", a);
    }
}
```

실행 결과

```
블록 외부 a = 100
블록 내부 a = 200
```

설명

같은 이름을 가지는 지역 정적 변수가 여러 개 있으면, 가장 가까운 블록의 내부에서 선언된 지역 정적 변수가 우선적으로 사용된다.

예제 5 지역 정적 변수 선언 2

```
#include <stdio.h>
int main()
{
    int i;
    for(i=1; i<=5;  i++)
    {
        int a = 1;           // 자동 변수는 매번 생성(초기화)된다.
        static int s = 1;    // 지역 정적 변수의 선언문은 컴파일할 때
                             // 한 번만 실행되고, 그 후로 실행되지 않음
        printf(" 자동 변수 a = %d,  정적 변수 s = %d \n", a, s);
        a++;
        s++;
    }
}
```

실행 결과

```
자동 변수 a = 1,  정적 변수 s = 1
자동 변수 a = 1,  정적 변수 s = 2
자동 변수 a = 1,  정적 변수 s = 3
자동 변수 a = 1,  정적 변수 s = 4
자동 변수 a = 1,  정적 변수 s = 5
```

설명

- for 루프에서 자동 변수 a는 매번 초기화된다.
- 지역 정적 변수의 선언문은 컴파일할 때 한 번만 실행되고, 그 후로 실행되지 않는다.

예제 6 전역 정적 변수의 유효 범위

```
#include <stdio.h>
static int s;          // 전역 정적 변수 선언
void fcn()
{
    s = s+5;
    printf("  함수 fcn에서 s = %d \n", s);
}
int main()
{
    printf("  메인함수에서 s = %d \n", s);
    fcn();
    printf("  다시 메인함수에서 s = %d \n", s);
    return 0;
}
```

실행 결과

```
메인함수에서 s = 0
함수 fcn에서 s = 5
다시 메인함수에서 s = 5
```

설명 전역 정적 변수는 전역 변수와 같은 특성을 가진다. 단, 다른 프로그램에서 현재 프로그램의 전역 정적 변수를 사용할 수 없다.

13.8 extern 변수

extern 변수(external variable)는 외부에 정의되어 있는 전역 변수를 사용하기 위한 선언이다. extern 변수를 선언하는 것은 그 변수가 다른 곳에서 이미 전역 변수로 선언되어 있다는 것을 컴파일러에게 알려준다. 즉 다른 곳에서 이미 선언된 전역 변수를 별도의 메모리 할당 없이 그대로 사용한다는 것이다.

외부에 선언(정의)되어 있는 전역 변수를 extern 변수로 선언하면

- 외부 프로그램(파일)에 선언(정의)되어 있는 전역 변수를 현재의 위치에서 사용할 수 있다.
- 실제 전역 변수가 선언(정의)된 위치에 상관없이 현재의 위치에서 전역 변수를 사용할 수 있다.

형식	extern 데이터형 변수명;	← 변수명을 extern 변수로 선언
예	extern int a, b;	← 외부에 정의되어 있는 전역 변수 a와 b를 사용하기 위한 선언

예제 7 외부에 선언(정의)되어 있는 전역 변수를 extern 변수로 선언

```
#include <stdio.h>
int mul();
int main()
{
    extern int a, b;          // 외부의 전역 변수 a, b를 extern 변수로 선언
    int c;
    a = 3;
    b = 5;
    c = mul();
    printf(" a = %d, b = %d, c = %d \n", a, b, c);
    return 0;
}
int a, b;                     // 실제 전역 변수 a, b를 선언(정의)
int mul()
{
     return(a*b);
}
```

실행 결과 a = 3, b = 5, c = 15

설명 외부의 전역 변수 a, b를 extern 변수로 선언하면, 실제 전역 변수가 선언(정의)된 위치보다 앞부분에서도 이들을 사용할 수 있다.

예제 8 외부 프로그램(파일)에 선언(정의)되어 있는 전역 변수를 extern 변수로 선언

```
#include <stdio.h>
#include "mul.c"          // 외부 프로그램 "mul.c"를 포함시킴
int mul();
int main()
{
    extern int a, b;        // 외부의 전역 변수 a, b를 extern 변수로 선언
    int c;
    a = 3;
    b = 5;
    c = mul();
    printf(" a = %d, b = %d, c = %d \n", a, b, c);
    return 0;
}
```

[외부 프로그램] 다음의 프로그램을 별도로 작성하여 파일명을 "mul.c"로 저장한다.

```
int a, b;      // 실제 전역 변수 a, b를 선언(정의)
int mul()
{
    return(a*b);
}
```

실행 결과 a = 3, b = 5, c = 15

설명

- 전처리 지시문
  #include "mul.c" 는 외부 프로그램 "mul.c"를 현재의 프로그램에 포함시킨다.
- 메인함수에서
  extern int a, b; 는 외부 프로그램(파일)에 선언(정의)되어 있는 전역 변수를 사용한다.

지역 변수와 전역 변수

학습과제

[과제 1] 지역 변수와 전역 변수를 비교하여 설명하시오.

[과제 2] 다음의 함수를 실행할 경우, 콘솔 창에 나타나는 내용을 적으시오.

```
#include <stdio.h>
int a, b, c;          // 전역 변수 선언
void add()
{
    c = a + b;
}
int main()
{
    a = 100;
    b = 200;
    add();
    printf(" a = %d, b = %d, c = %d \n", a, b, c);
    return 0;
}
```

[과제 3] 다음의 함수를 실행할 경우, 콘솔 창에 나타나는 내용을 적으시오.

```
#include <stdio.h>
int main()
{
    float x = 1.1f;
    printf(" 블록 외부에서 x = %f \n", x);
    {
        float x = 2.2f;
        printf(" 블록 내부에서 x = %f \n", x);
    }
    printf(" 블록 외부에서 x = %f \n", x);
    return 0;
}
```

[과제 4] 다음의 함수를 실행할 경우, 콘솔 창에 나타나는 내용을 적으시오.

```
#include <stdio.h>
void fcn()
{
    static int s=100;    // 지역 정적 변수 선언
    s = s+100;
    printf("   함수 fcn에서 s = %d \n", s);
}
int main()
{
    int s =1;
    printf("   메인함수에서 s = %d \n", s);
    fcn();
    printf("   메인함수에서 s = %d \n", s);
    fcn();
    return 0;
}
```

[과제 5] 다음의 변수를 설명하시오.

① 자동 변수

② 레지스터 변수

③ 내부정적 변수

④ 외부 정적 변수

⑤ extern 변수

[과제 6] 다음의 함수를 실행할 경우, 콘솔 창에 나타나는 내용을 적으시오.

```
#include <stdio.h>
void div();
int main()
{
    extern float x, y, z;
    x = 200.2f;
    y = 100.1f;
    printf(" 전역 변수 x = %f, y= %f \n", x, y);
    div();
    printf(" x/y = %f \n", z);
    return 0;
}
float x, y, z;
void div()
{
    z = x/y;
}
```

PART 14

구조체와 공용체

- 구조체를 이해하고, 구조체 변수를 사용하는 방법을 익힌다.
- 구조체 포인터를 이해하고 사용하는 방법을 익힌다.
- 중첩된 구조체를 이해하고 사용하는 방법을 익힌다.
- 공용체를 사용하는 방법을 익힌다.
- 열거형에 대해 이해한다.
- typedef 문을 사용하는 방법을 익힌다.

PART 14

구조체와 공용체

14.1 구조체

구조체(structure)는 여러 가지 데이터형을 가지는 변수들을 하나의 명칭으로 묶은 것을 말한다. 예를 들어 다음의 표와 같은 내용을 처리할 때, 이름, 번호, C 언어 점수 그리고 수학 점수는 서로 다른 데이터형을 가지고 있지만, 이들을 묶어서 하나의 구조체로 통합하면 관리하기가 편하다.

이름(name)	번호(no)	C 언어 점수(clan)	수학 점수(math)
KIM	11	85	92.5
CHO	12	90	82.5
LEE	13	75	85.5

14.2 구조체와 구조체 변수의 선언

구조체 선언은 구조체의 태그를 정하고, 구조체 멤버를 명시하는 것이다. 구조체를 선언하는 것은 데이터 구조만 정하는 것으로, 실제로 변수를 정의하는 것은 아니므로 메모리가 할당되지 않는다. 구조체를 선언하려면 다음의 형식과 같이, struct와 태그, 그리고 구조체 멤버명을 기술한다.

태그(tag)는 다른 구조체를 구분하기 위해 붙이는 구조체 이름이다.

구조체 멤버(member)는 구조체를 구성하는 변수들이다. 구조체 멤버에는 char형이나 int형, double형 등 서로 다른 데이터형의 변수나 배열이 들어갈 수 있다.

형식

```
struct 태그                    ← 구조체를 선언
{                              ← 중괄호 '{'는 구조체의 시작을 표시
  데이터형 구조체_멤버명;      ← 구조체_멤버
  데이터형 구조체_멤버명;      ← 구조체_멤버
  ......
};                             ← 중괄호 '}'는 구조체의 끝을 표시
                                 맨 끝에 세미콜론(;)을 붙임
```

예

```
struct spec                    ← 구조체 spec을 선언, 태그 = spec
{
    char  name[20];            ← 구조체_멤버
    int   no;                  ← 구조체_멤버
    int   clan;                ← 구조체_멤버
    float math;                ← 구조체_멤버
};
```

구조체 변수는 어떤 구조체와 같은 데이터 구조를 가지는 실제의 변수를 말한다. 구조체 변수를 선언하는 방법에는 1) 구조체와 구조체 변수를 별도로 선언하는 방법과 2) 동시에 선언하는 방법이 있다.

14.2.1 구조체와 구조체 변수를 별도로 선언하는 방법

구조체를 먼저 선언한 다음, 별도의 문장에 struct와 태그, 구조체 변수명 순으로 기술한다.

형식

```
struct 태그                    ← 구조체를 선언
{
  데이터형 구조체_멤버명;
  데이터형 구조체_멤버명;
  ......
};
  ......
struct 태그 구조체_변수명;     ← 구조체_변수를 선언
```

예

```
struct    spec                          ← 구조체 spec을 선언
{
  char  name[20];
  int   no;
  int   clan;
  float math;
};
   ……
struct spec s;                          ← 구조체_변수 s를 선언
```

여러 개의 구조체 변수를 선언하려면, 태그 다음에 구조체 변수를 콤마로 분리하여 나열한다. 즉

```
struct spec a, b, c;
```

으로 둔다. 여기서 구조체 변수 a, b, c는 모두 구조체 spec과 같은 데이터 구조를 가진다. 배열을 구조체 변수로 선언할 수도 있다.

```
struct spec D[20];
```

배열 D[20]의 배열 원소는 구조체 spec과 같은 데이터 구조를 가진다.

14.2.2 구조체와 구조체 변수를 동시에 선언하는 방법

구조체를 먼저 선언하고, 구조체의 맨 끝에 구조체 변수명을 적는다. 여러 개의 구조체 변수를 선언하려면, 구조체 변수를 콤마로 분리하여 나열한다.

형식

```
struct 태그                             ← 구조체를 선언
{
   데이터형 구조체_멤버명;
   데이터형 구조체_멤버명;
   ……
} 구조체_변수명;                        ← 구조체의 끝에 구조체_변수를 선언
```

예

```
struct    spec                          ← 구조체 spec을 선언
{
  char  name[20];
  int   no;
  int   clan;
  float math;
} s;                                    ← 구조체_변수 s를 선언
```

메모리 영역에서 살펴보면, 위에서 선언한 구조체 변수 s에는 구조체 멤버가 나열된 순서대로 메모리에 할당되어 있다.

char 형 name[20]	int 형 no	int 형 clan	float 형 math

구조체_변수 s

14.3 구조체 변수의 사용 방법

구조체 멤버의 변수명은 "구조체 변수명" 다음에 도트(dot) '.'와 "구조체 멤버명"을 붙여서 만든다. 도트 '.'도 일종의 연산자이다.

구조체_변수명	+	도트	+	구조체_멤버명	=	구조체_멤버의 변수명		참조할 구조체_멤버명
				name		s.name	→	name[20]
s	+	.	+	no	=	s.no	→	no
				clan		s.clan	→	clan
				math		s.math	→	math

구조체 변수 s를 선언한 것은 네 개의 변수 s.name, s.no, s.clan 그리고 s.math를 동시에 선언한 것과 같다. 이렇게 선언된 구조체 멤버의 변수는 일반 변수와 마찬가지로 자유롭게 사용할 수 있다.

태그는 구조체의 데이터 구조를 나타내는 형틀(template)이므로, 같은 태그로 여러 개의 구조체 변수를 선언할 수 있다.

예

```
struct   spec                  ← 구조체 spec을 선언
{                                태그 = spec
  char  name[20];
  int   no;
  int   clan;
  float math;
};
struct spec a;                 ← 구조체_변수 a를 선언
struct spec b;                 ← 구조체_변수 b를 선언
struct spec D[10];             ← 구조체_변수 배열 D[10]을 선언
```

구조체 변수 a의 멤버는 a.name, a.no, a.clan 그리고 a.math이다. 구조체 변수 b의 멤버는 b.name, b.no, b.clan 그리고 b.math이다. 구조체 변수가 배열인 경우, 구조체 멤버의 변수명은 "배열 원소" 다음에 도트(dot) '.'와 "구조체 멤버명"을 붙여서 만든다. 앞에서 선언한 struct spec D[10]인 경우, 구조체 멤버의 변수명은 다음과 같다.

배열 원소	구조체_멤버의 변수명		참조할 구조체_멤버명
D[0]	D[0].name D[0].no D[0].clan D[0].math	→ → → →	name[20] no clan math
D[1]	D[1].name D[1].no D[1].clan D[1].math	→ → → →	name[20] no clan math
D[2]	D[2].name D[2].no D[2].clan D[2].math	→ → → →	name[20] no clan math
⋮	⋮		

예제 1 구조체 변수

```
#include <stdio.h>
struct spec                    // 구조체 spec을 선언
{
    char  name[20];
    int   clan;
    float  math;
};
int main()
{
    struct spec a;             // 구조체 변수 a를 선언
    a.name[0] = 'K'; a.name[1] = 'I'; a.name[2] = 'M'; a.name[3] = '\0';
    a.clan = 85;
    a.math = 92.5f;
    printf( " a.name = %s, a.clan = %4d 점, a.math = %6.2f 점 \n", a.name, a.clan, a.math );
    return 0;
}
```

실행 결과

```
a.name = KIM, a.clan = 85점, a.math = 92.50점
```

설명

- 구조체 멤버에 데이터를 직접 입력할 수 있다.
- char 형 배열의 값은

```
a.name[0] = 'K';
a.name[1] = 'I';
a.name[2] = 'M';
a.name[3] = '\0';
```

과 같이 하나의 배열 원소에 하나의 문자만 대입한다. 여기서 주의할 점은

```
a.name = "KIM";      ← char형 배열에 다른 문자열을 대입하면 오류
```

과 같이, 배열명에 문자열을 한꺼번에 대입하면 안 된다. "KIM"은 리터럴 상수로서 문자열의 주소를 나타낸다. 이를 char형 배열의 시작 주소인 a.name에 대입할 수 없다(8.2절의 내용 참조).

14.4 구조체 변수의 초기화

구조체 변수는 선언과 동시에 초기화를 할 수 있다.

형식

```
struct 태그                                    ← 구조체를 선언
{
    데이터형 구조체_멤버명;
    데이터형 구조체_멤버명;
    ......
} 구조체_변수명 = { 초기화_데이터 };           ← 멤버의 순서대로 초깃값을 대입
```

예

```
struct spec                                    ← 구조체 spec을 선언
{
    char  name[20];
    int   no;
    int   clan;
    float  math;
} s = { "KIM", 11, 85, 92.5f };                ← 멤버의 순서대로 초깃값을 대입
```

이것은 s.name="KIM", s.no=11, s.clan=85 그리고 s.math=92.5를 대입한 것이다. 다음 예제는 구조체 변수 D[]를 선언하고 동시에 초기화한다.

예제 2 구조체 변수의 초기화

```
#include <stdio.h>
#define SIZE 3
struct spec           // 구조체를 선언
{
    char name[20];
    int  no;
    int  clan;
    float math;
};
struct spec D[SIZE] = { { "KIM",  11, 85, 92.5f },
                        { "CHO", 12, 90, 82.5f },
                        { "LEE",  13, 75, 85.5f } };
int main()
{
    int k;
    for (k=0; k<SIZE; k++)
       printf( "  %s [%2d] %4d 점, %6.2f 점 \n", D[k].name, D[k].no, D[k].clan, D[k].math );
    return 0;
}
```

실행 결과

```
KIM [11] 85 점, 92.5 점
CHO [12] 90 점, 82.5 점
LEE  [13] 75 점, 85.5 점
```

설명

- 구조체 변수 D[ ]를 선언하고 동시에 초기화한다.
- char형 배열을 가지는 멤버에는 문자열을 대입한다.

예제 3 구조체 변수 활용

```
#include <stdio.h>
#define SIZE 3
struct spec              // 구조체를 선언
{
    char name[20];
    int  no;
    int  clan;
    float  math;
};
struct spec D[SIZE] = { { "KIM",  11, 85, 92.5f },
                        { "CHO", 12, 90, 82.5f },
                        { "LEE",  13, 75, 85.5f } };
int main()
{
    int k, c_sum=0;
    float m_sum=0.0, c_avg, m_avg;

    for (k=0; k<SIZE ; k++)
    {
        c_sum+=D[k].clan;
        m_sum+=D[k].math;
    }
    c_avg = (float)c_sum/(float)SIZE;
    m_avg = m_sum/(float)SIZE;
    printf( " C 언어 평균 = %6.2f 점 \n 수학 평균 = %6.2f 점 \n", c_avg, m_avg);
    return 0;
}
```

실행 결과

```
C 언어 평균 = 83.33 점
수학 평균 = 86.83 점
```

태그가 같은 구조체 변수들이 있을 때, 한 구조체 변수를 다른 구조체 변수에 대입할 수 있다.

형식	구조체_변수 2 = 구조체_변수 1;	← 구조체_변수 1을 구조체_변수 2에 대입

예	b = a;	← 구조체_변수 a를 구조체_변수 b에 대입한다. a의 모든 멤버가 b의 모든 멤버에 대입된다.

예제 4 한 구조체 변수를 다른 구조체 변수에 대입

```
#include <stdio.h>
struct spec                          // 구조체를 선언
{
    char  name[20];
    int   no;
    int   clan;
    float math;
};
struct spec a = { "KIM", 11, 85, 92.5f };    // 구조체_변수 a를 선언
struct spec b;                       // 구조체_변수 b를 선언
int main()
{
   b = a;                            // 구조체 변수 a를 구조체 변수 b에 대입
    printf( " 구조체 a: %s, %4d 점, %6.2f 점 \n", a.name, a.clan, a.math );
    printf( " 구조체 b: %s, %4d 점, %6.2f 점 \n", b.name, b.clan, b.math );
    return 0;
}
```

실행 결과

```
구조체 a: KIM, 85 점, 92.50 점
구조체 b: KIM, 85 점, 92.50 점
```

설명

- 변수 a와 b는 구조체 태그가 같다.
- a를 b에 대입하면 a의 모든 멤버가 b의 모든 멤버에 복사된다.

14.5 구조체 포인터

구조체 포인터는 구조체 변수의 멤버를 참조하기 위한 포인터로서, 구조체 변수와 함께 선언된다. 구조체 포인터를 사용하면, 구조체 변수의 멤버를 다루기가 쉽다. 또 함수의 가인수에 구조체 포인터를 전달할 수가 있으므로, 함수 간의 데이터 전달이 쉽다. 다음의 형식은 구조체 포인터와 구조체 변수를 선언한다. 구조체 변수의 주소를 구조체 포인터에 대입하면, 구조체 포인터를 사용하여 구조체 변수의 멤버를 참조할 수 있다.

형식

```
struct 태그                                  ← 구조체를 선언
{
    데이터형 구조체_멤버명;
    데이터형 구조체_멤버명;
    ......
};
    ......
struct 태그 구조체_포인터, 구조체_변수;      ← 구조체_포인터와 구조체_변수를 선언
```

예

```
struct spec                  ← 구조체 spec을 선언
{
    char  name[20];
    int   no;
    int   clan;
    float math;
};
struct spec *ps, s;          ← 구조체 포인터 ps와 구조체 변수 s를 선언

ps = &s;                     ← 구조체 변수 s의 주소를 구조체 포인터 ps에 대입
```

구조체 포인터 ps에 구조체 변수 s의 주소가 대입되면, 이를 이용하여 구조체 변수의 멤버를 참조할 수 있다. 구조체 멤버의 변수명은 "(*구조체 포인터)" 다음에 도트 '.'와 "구조체 멤버명"을 붙여서 만든다.

(*구조체_포인터)	+	도트	+	구조체_멤버명	=	구조체_멤버의 변수명		참조할 구조체_멤버명
				name		(*ps).name	→	name[20]
(*ps)	+	.	+	no	=	(*ps).no	→	no
				clan		(*ps).clan	→	clan
				math		(*ps).math	→	math

여기서 도트 '.'는 간접 연산자 '*'보다 연산자의 우선순위가 앞서기 때문에, 구조체 포인터의 괄호 ()를 생략하면 안 된다. 예를 들어 (*ps).no의 괄호를 생략하여 *ps.no로 쓰면, *(ps.no)로 잘못 인식된다.

화살표(arrow) 연산자 "->"는 구조체 변수의 멤버를 참조하기 위한 연산자이다. 화살표 연산자는 -(마이너스 부호)와 >(부등호 기호)를 붙여서 쓴다. 구조체 멤버의 변수명은 "구조체 포인터" 다음에 "화살표 연산자"와 "구조체 멤버명"을 붙여서 만든다.

구조체 포인터	+	화살표 연산자	+	구조체_멤버명	=	구조체_멤버의 변수명		참조할 구조체_멤버명
				name		ps->name	→	name[20]
ps	+	->	+	no	=	ps->no	→	no
				clan		ps->clan	→	clan
				math		ps->math	→	math

지금까지 설명한 구조체 멤버의 변수명을 정리하면 다음과 같다.

도트 연산자를 이용한 표현	구조체 포인터를 이용한 표현	화살표 연산자를 이용한 표현		참조할 구조체_멤버명
s.name	(*ps).name	ps->name	→	name[20]
s.no	(*ps).no	ps->no	→	no
s.clan	(*ps).clan	ps->clan	→	clan
s.math	(*ps).math	ps-> math	→	math

예제 5 구조체 포인터와 화살표 연산자

```
#include <stdio.h>
#define SIZE 3
struct spec                    // 구조체 spec을 선언
{
    char name[20];
    int  no;
    int  clan;
    float math;
};
struct spec *ps, s[SIZE] = { { "KIM", 11, 85, 92.5f },
                             { "CHO", 12, 90, 82.5f },
                             { "LEE", 13, 75, 85.5f} };
                             // 구조체 포인터와 변수를 선언
int main()
{
    int k;
    for (k=0; k<SIZE ; k++){
        ps=&s[k];              // 구조체 변수 s[k]의 주소를 포인터 ps에 대입
        printf( "(*ps) : [%2d]  %s,  %4d 점,    %6.2f 점 \n",
                (*ps).no, (*ps).name, (*ps).clan, (*ps). math );
        printf( " ps-> : [%2d]  %s,  %4d 점,    %6.2f 점 \n",
                 ps->no,  ps->name, ps->clan,  ps-> math );
    }
    return 0;
}
```

실행 결과

```
(*ps) : [11]  KIM,   85점,  92.5점
ps-> : [11]  KIM,   85점,  92.5점
(*ps) : [12]  CHO,   90점,  82.5점
ps-> : [12]  CHO,   90점,  82.5점
(*ps) : [13]  LEE,   75점,  85.5점
ps-> : [13]  LEE,   75점,  85.5점
```

구조체 포인터나 구조체 변수를 함수의 가인수나 함수의 반환값으로 사용할 수 있다. 다음의 예제는 구조체 변수의 값을 함수로 전달하는 과정을 보여준다.

예제 6	구조체 변수와 구조체 변수의 주소를 함수로 전달

```
#include <stdio.h>
struct spec
{
    char name[20];
    int  no;
    int  clan;
    float math;
};
void test_b(struct spec b)      // 구조체 변수 b
{
    printf( " [구조체 변수를 전달] %s, %4d 점, %6.2f 점 \n", b.name, b.clan, b.math);
}
void test_c(struct spec *c)     // 구조체 포인터 c
{
    printf( " [구조체 변수의 주소를 전달] %s, %4d 점, %6.2f 점 \n", c->name, c->clan, c->math);
}
int main()
{
    struct spec a = { "KIM", 11, 85, 92.5f };
    test_b(a);                  // 구조체 변수를 전달
    test_c(&a);                 // 구조체 변수의 주소를 전달
    return 0;
}
```

실행 결과

```
[구조체 변수를 전달]          KIM,  85점,  92.50점
[구조체 변수의 주소를 전달]   KIM,  85점,  92.50점
```

설명

- 함수 test_b()를 호출할 때, 실인수로 구조체 변수 a를 전부 넘겨 준다. 변수 a의 데이터가 많으면 시간이 걸린다.
- 함수 test_c()를 호출할 때, 실인수로 구조체 변수의 주소 &a를 넘겨 준다. 함수에서는 구조체 포인터 c를 사용하여 필요한 멤버의 값을 참조할 수 있다.

14.6 중첩된 구조체

중첩된 구조체(nested structure)는 구조체 안에 또 다른 구조체를 포함하는 구조체를 말한다. 구조체의 멤버에 다른 구조체 변수가 포함되어 있다.

예

```
struct ID                          ← 구조체 ID를 선언
{
    char school[20];
    char major[20];
};
struct spec                        ← 구조체 spec을 선언
{
    char name[20];
    int   clan;
    float  math;
    struct ID pupil;               ← 구조체 spec의 멤버에 다른 구조체 변수 pupil을 포함
};
struct spec test;                  ← 구조체 변수 test를 선언
```

위의 예에서 구조체 spec의 멤버에 다른 구조체 변수 pupil이 들어가 있다. 구조체 멤버의 변수명은 "구조체 변수명" 다음에 도트 '.'와 "구조체 멤버명"을 붙여서 만든다.

구조체_변수명		도트		구조체_멤버명		구조체_멤버의 변수명		참조할 구조체_멤버
	+		+		=			
				name		test.name	→	name[20]
test	+	.	+	clan	=	test.clan	→	clan
				math		test.math	→	math

중첩된 구조체 멤버의 변수명은 "구조체 변수명" 다음에 도트 '.', "중첩된 구조체 변수명", 도트 '.' 그리고 "구조체 멤버명"을 붙여서 만든다.

구조체_변수명		도트		중첩된 구조체_변수명		도트		구조체_멤버명		구조체_멤버의 변수명		참조할 구조체_멤버
	+		+		+		+		=			
test	+	.	+	pupil	+	.	+	school	=	test.pupil.school	→	school[20]
								major		test.pupil.major	→	major[20]

예제 7 중첩된 구조체

```
#include <stdio.h>
struct ID
{
    char school[20];
    char major[20];
};
struct spec
{
    char name[20];
    int  clan;
    float  math;
    struct ID pupil;
};
int main()
{
     struct spec test = { "KIM", 85, 92.5f, "코넬", "컴퓨터"};
     printf(" 구조체 변수 test의 멤버 \n");
     printf(" name = %s \n", test.name);
     printf(" clan = %3d \n", test.clan);
     printf(" math = %5.2f \n", test.math);
     printf(" school = %s \n", test.pupil.school);
     printf(" major = %s \n", test.pupil.major);
     return 0;
}
```

실행 결과

```
구조체 변수 test의 멤버
name = KIM
clan =   85
math =92.50
school = 코넬
major = 컴퓨터
```

자기 참조 구조체는 구조체 멤버에 자신의 구조체를 가리키는 포인터를 포함하는 구조체를 말한다. 다음의 예는 구조체 list에 자신의 구조체를 가리키는 포인터 next를 포함시켜 자기 참조 구조체를 만든다.

예

```
struct list{                  ← 구조체 list를 선언
    char  name[20];
    int   clan;
    struct list *next;        ← 자신의 구조체를 가리키는 포인터
};
```

자기 참조 구조체는 데이터의 구조를 나타내는 형틀(template)이므로, 이러한 구조를 가지는 구조체 변수를 여러 개 선언할 수 있다. 포인터 next는 자신의 구조체와 같은 구조를 가지는 다른 구조체 변수를 가리키게 할 수 있다. 여기서 주의할 점은 자신을 가리키는 구조체 포인터 next 대신에 구조체 변수를 쓰면 안 된다는 것이다.

예

```
struct list{
    char  name[20];
    int   clan;
    struct list tmp;          ← 구조체 포인터 next 대신에 구조체 변수 tmp를 쓰면 안 됨
};
```

만일, 자신을 가리키는 구조체 포인터 대신에 구조체 변수를 쓴다면, 그 구조체 안에서도 자신의 구조체 변수를 계속해서 생성한다. 결국, 구조체 변수가 무한정 늘어나게 되어 프로그램에 오류가 생긴다. 이를 막기 위해서 반드시 구조체 포인터를 사용한다. 자기 참조 구조체를 가지는 구조체 변수는 다음과 같이 선언한다.

예

```
struct list{                  ← 자기 참조 구조체 list를 선언
  char name[20];
  int  clan;
  struct list *next;          ← *next = 구조체 포인터
};
struct list  a, b, c, d;      ← list = 자기 참조 구조체
                                a, b, c, d = 구조체 변수
```

이렇게 선언된 네 개의 자기 참조 구조체 변수는 모두 같은 모양을 가진다.

구조체 변수 a	구조체 변수 b	구조체 변수 c	구조체 변수 d
a.name	b.name	c.name	d.name
a.clan	b.clan	c.clan	d.clan
*a.next	*b.next	*c.next	*d.next

각 구조체 포인터에 그다음에 연결될 구조체 변수의 주소를 대입하면, 구조체 변수들을 연결할 수 있다.

```
a.next = &b;        ← 구조체 변수 b의 주소를 구조체 포인터 a.next에 대입
b.next = &c;        ← 구조체 변수 c의 주소를 구조체 포인터 b.next에 대입
c.next = &d;        ← 구조체 변수 d의 주소를 구조체 포인터 c.next에 대입
d.next = NULL;      ← 마지막 구조체 포인터 d.next에는 NULL('\0')을 대입
```

이렇게 되면 구조체 변수 a, b, c, d는 다음의 그림과 같이 순서대로 연결된다.

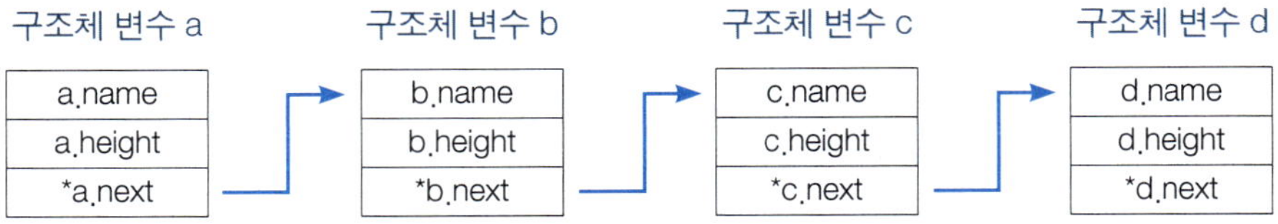

선형 연결 리스트(linear linked list)는 같은 모양을 가진 구조체 변수를 여러 개 연결한 것이다. 다음의 예는 선형 연결 리스트를 생성한다. 맨 아래의 자기 참조 구조체 포인터 p는 선형 연결 리스트를 참조할 때 쓰인다.

예

```
struct list{                  ← 자기 참조 구조체 list를 선언
  char  name[20];             ← 이름
  int   clan;                 ← C 언어 점수
  struct list *next;          ← 구조체 포인터
};
struct list a, b, c, d;       ← 선언할 구조체 변수
a.next = &b;
b.next = &c;
c.next = &d;
d.next = '\0';                ← 마지막 구조체 포인터에 NULL('\0')을 대입
struct list *p;               ← 선형 연결 리스트에 사용할 포인터
```

예제 8

선형 연결 리스트

표의 내용을 선형 연결 리스트에 대입하고, 이들을 출력해 본다.

순서	이름	C언어 점수
1	KIM	85
2	CHO	90
3	LEE	75
4	이영현	98

```
#include <stdio.h>
struct list{
    char   name[20];
    int    clan;
    struct list *next;
};
int  main()
{
    struct list a={ "KIM", 85};
    struct list b={ "CHO", 90};
    struct list c={ "LEE", 75};
    struct list d={ "이영현", 98};
    a.next = &b;            // 다음에 연결될 구조체 변수의 주소를 대입
    b.next = &c;
    c.next = &d;
    d.next = '\0';
    struct list *p;         // 선형 연결 리스트에 사용할 포인터
    for(p=&a; p; p=p->next)
        printf(" 이름 = %s, C언어 점수 = %d 점 \n", p->name,   p->clan);
    return 0;
}
```

실행 결과

```
이름 = KIM, C 언어 점수 = 85점
이름 = CHO, C 언어 점수 = 90점
이름 = LEE,  C 언어 점수 = 75점
이름 = 이영현, C 언어 점수 = 98점
```

설명

- 선형 연결 리스트에 사용할 포인터 p를 선언하고, 이를 이용하여 각 구조체 변수를 참조한다.
- for 문에서 p=&a로 두어, 포인터 p가 첫 번째 구조체 변수 a를 가리키게 한다.
- p=p->next로 두면, 포인터 p는 다음 구조체 변수 b를 가리킨다.
- 같은 방법으로 구조체 변수 c와 d를 계속해서 가리키게 할 수 있다.
- 마지막 구조체 변수의 포인터에는 NULL('\0')이 대입되어 있으므로, for 문이 끝난다.

예제 9

선형 연결 리스트에 추가

새로운 구조체 변수 e(이름 = 김예림, C 언어 점수 = 88점)를 예제 8의 선형 연결 리스트에 세 번째로 추가하려 한다.

```
#include <stdio.h>
struct list{
    char name[20];
    int   clan;
    struct list *next;
};
int  main()
{
    struct list a={ "KIM", 85};
    struct list b={ "CHO", 90};
    struct list c={ "LEE", 75};
    struct list d={ "이영현", 98};
    struct list e={ "김예림", 88};       // 추가된 부분
    a.next = &b;
    b.next = &e;                        // 수정된 부분
    e.next = &c;                        // 추가된 부분
    c.next = &d;
    d.next = '\0';
    struct list *p;
     for(p=&a; p; p=p->next)
        printf(" 이름 = %s, C 언어 점수 = %d 점 \n", p->name,   p->clan);
    return 0;
}
```

실행 결과

이름 = KIM, C 언어 점수 = 85점
이름 = CHO, C 언어 점수 = 90점
이름 = 김예림, C 언어 점수 = 88점
이름 = LEE, C 언어 점수 = 75점
이름 = 이영현, C 언어 점수 = 98점

설명

새로운 구조체 변수 e를 추가하려면 구조체 포인터를 조작하여, 선형 연결 리스트의 순서를 바꾼다.

① 구조체 포인터 b.next를 수정하여 구조체 변수 e를 나타내도록 한다.
② 구조체 포인터 e.next를 추가하여 구조체 변수 c를 나타내도록 한다.

현재의 선형 연결 리스트

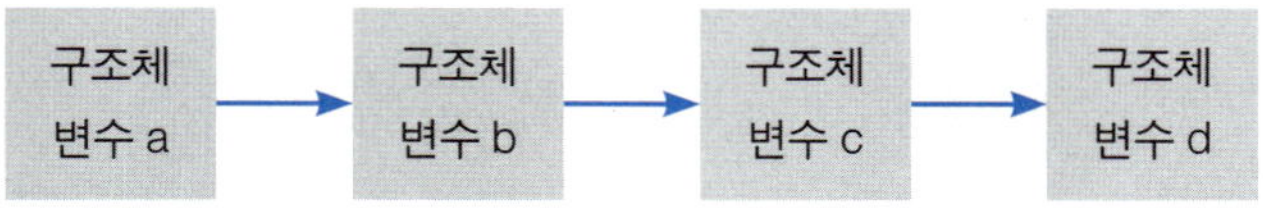

수정된 선형 연결 리스트

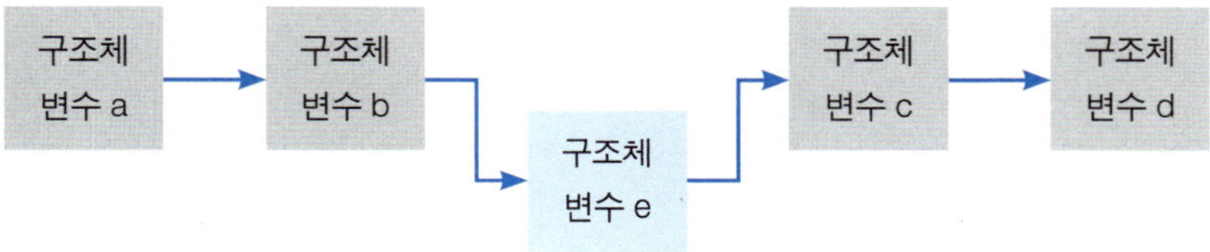

예제 10

선형 연결 리스트에서 삭제

예제 8의 선형 연결 리스트에서 세 번째 구조체 변수 c를 삭제하려 한다.

```
#include <stdio.h>
struct list{
    char name[20];
    int  clan;
    struct list *next;
};
int  main()
{
    struct list a={ "KIM", 85};
    struct list b={ "CHO", 90};
                                    // 삭제된 부분
    struct list d={ "이영현", 98};
    a.next = &b;
    b.next = &d;                    // 수정된 부분
                                    // 삭제된 부분
    d.next = '\0';
    struct list *p;

    for(p=&a; p; p=p->next)
        printf(" 이름 = %s, C언어 점수 = %d 점 \n", p->name,  p->clan);
    return 0;
}
```

실행 결과

```
이름 = KIM,  C 언어 점수 = 85점
이름 = CHO,  C 언어 점수 = 90점
이름 = 이영현, C 언어 점수 = 98점
```

설명

① 세 번째 구조체 변수 c를 삭제한다.
② 구조체 포인터 b.next를 수정하여 구조체 d를 나타내도록 한다.

현재의 선형 연결 리스트

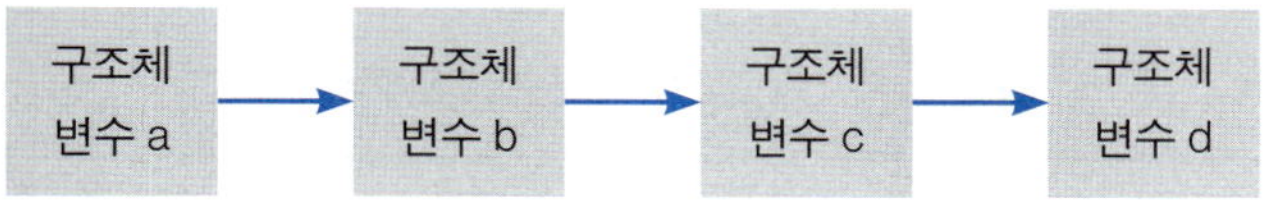

수정된 선형 연결 리스트

14.7 공용체

공용체(union)는 동일한 메모리 영역을 서로 다른 데이터형이 공통으로 사용하는 데이터 구조를 말한다. 공용체의 선언과 사용 방법은 구조체의 경우와 완전히 같다.

- 공용체와 공용체 변수의 선언 방법은 구조체의 경우와 같다.
- 공용체 변수는 동일한 메모리 영역을 공통으로 쓴다. 공용체 변수의 길이는 가장 긴 멤버의 길이와 같다. 구조체에 비해 메모리를 절약할 수 있다.
- 구조체의 도트(dot) '.'와 화살표 연산자 "->"를 공용체에도 사용 가능하다.

공용체와 공용체 변수는 다음의 형식으로 선언한다.

형식

```
union 태그                    ← 공용체를 선언
{                             ← 중괄호 '{'는 공용체의 시작을 표시
    데이터형 공용체_멤버명;     ← 공용체_멤버
    데이터형 공용체_멤버명;     ← 공용체_멤버
    ......
} 공용체_변수명;               ← 중괄호 '}'는 공용체의 끝을 표시
                                공용체의 끝에 공용체_변수를 선언
```

예

```
union spec              ← 공용체 "spec"을 선언
{
    char   ch;          ← 공용체_멤버
    int    i;           ← 공용체_멤버
    double d;           ← 공용체_멤버
} un;                   ← 공용체_변수 un을 선언
```

공용체 멤버는 공용체를 구성하는 변수들이다. 공용체 멤버의 변수명은 "공용체 변수명" 다음에 도트(dot) '.'와 "공용체 멤버명"을 붙여서 만든다. 이렇게 선언된 공용체 멤버의 변수는 일반 변수처럼 사용할 수 있다.

공용체_변수명	+	도트	+	공용체_멤버명	=	공용체_멤버의 변수명		참조할 공용체_멤버
				ch		un.ch	→	ch
un	+	.	+	i	=	un.i	→	i
				d		un.d	→	d

구조체 멤버들은 각각 별도의 메모리 영역을 확보하는 데 비해, 공용체 멤버들은 동일한 메모리 영역을 공통으로 사용한다. 공용체 멤버들의 시작 주소는 모두 같다. 길이가 짧은 멤버의 메모리 영역은 길이가 긴 멤버의 메모리 영역 안에 포함된다. 공용체 변수의 길이는 멤버 중 가장 긴 것과 같다. 아래의 그림에서 공용체 변수의 길이는 8바이트이다.

공용체_멤버의 주소(각 멤버의 시작 주소는 모두 같다.)

un.ch(1 byte)	01	23	45	67	89	AB	CD	EF
un.i(4 byte)	01	23	45	67	89	AB	CD	EF
un.d(8 byte)	01	23	45	67	89	AB	CD	EF

공용체 멤버는

```
un.ch = 0x01                    // 시작 주소부터 1바이트의 값
un.i = 0x01234567               // 시작 주소부터 4바이트의 값
un.d = 0x0123456789ABCDEF       // 시작 주소부터 8바이트의 값
```

의 값을 가진다. 각 멤버의 값은 메모리의 시작 주소부터 순서대로 들어 있는 값이다. 공용체 멤버들은 같은 메모리 영역을 공통으로 사용하므로, 어떤 멤버의 값을 바꾸면 다른 멤버의 값도 따라 바뀌게 된다. 그러므로 공용체 멤버의 값은 가장 최근에 대입한 값만 유효하고 이전의 값은 의미가 없게 된다. 공용체 멤버들은 동시에 사용되지 않는다.

예제 11 공용체 멤버의 값

```
#include <stdio.h>
int main()
{
    union spec
    {
        char ch;
        int i;
        double d;
    } un;
    un.d = 12.345;
    printf( " un.ch = %c, un.i=%d, un.d=%f \n", un.ch, un.i, un.d );
    un.i = 99;
    printf( " un.ch = %c, un.i = %d, un.d = %f \n", un.ch, un.i, un.d );
    un.ch='a';
    printf( " un.ch = %c, un.i = %d, un.d = %f \n", un.ch, un.i, un.d );
    return 0;
}
```

실행 결과

```
un.ch = q,  un.i = -687194767,  un.d = 12.345000
un.ch = c,  un.i = 99,  un.d = 12.344994
un.ch = a,  un.i = 97,  un.d = 12.344994
```

설명

- 공용체 멤버의 값은 가장 최근에 대입한 값만 유효하다.
- 공용체 멤버들은 동시에 사용되지 않는다.

예제 12 공용체 변수의 크기

```
#include <stdio.h>
int main()
{
    union spec
    {
        char ch;
        int  i;
        double f;
    } un;
    printf( " 공용체 변수의 크기 = %d [바이트] \n", sizeof(un));
    printf( " un.ch의 주소 = %p \n", &un.ch);
    printf( " un.i의 주소 = %p \n", &un.i);
    printf( " un.f의 주소 = %p \n", &un.f);
    return 0;
}
```

실행 결과

```
공용체 변수의 크기 = 8[바이트]
un.ch의 주소 = 0019FD28
un.i의 주소 = 0019FD28
un.d의 주소 = 0019FD28
```

설명

- 공용체 변수의 길이는 가장 긴 멤버의 길이와 같다.
- 공용체의 멤버들은 시작 주소가 모두 같다.

[참고] 공용체 변수의 길이는 메모리 정렬(memory alignment) 방식에 의하여 8의 배수가 된다.

공용체 멤버 안에 구조체 변수가 있는 경우에, 공용체 멤버를 참조하는 방법을 알아본다.

예

```
struct data{             ← 구조체
    int  a;              ← 구조체_멤버
    float b;             ← 구조체_멤버
};
union {                  ← 공용체
    struct  data d1;     ← 구조체_변수 d1
    struct  data d2;     ← 구조체_변수 d2
} un;                    ← 공용체_변수
```

공용체 멤버의 변수명은 "공용체 변수명" 다음에 도트 '.', "구조체 변수명", 도트 '.' 그리고 "구조체 멤버명"을 붙여서 만든다.

공용체_ 변수명	+	도트	+	구조체_ 변수명	+	도트	+	구조체_ 멤버명	=	공용체_ 멤버의 변수명
un	+	.	+	d1 d2	+	.	+	a b	=	un.d1.a un.d1.b un.d2.a un.d2.b

14.8 비트필드 구조체

비트필드(bit field) 구조체는 비트(bit)를 기본 단위로 데이터를 세분화할 수 있는 구조체이다. 비트 단위의 연산, 즉 비트의 이동이나 플래그(flag) 비트 및 한글 처리 등을 실행할 때 유용하게 쓰인다. 비트필드 구조체는 다음과 같은 방법으로 선언한다.

형식

```
struct 비트필드_구조체명              ← 비트필드_구조체를 선언
{
  데이터형 멤버명 : 비트_크기;        ← 멤버명 다음에 콜론 ':'을 씀
  데이터형 멤버명 : 비트_크기;        ← 멤버명 다음에 콜론 ':'을 씀
  ......
} 비트필드_구조체_변수명;             ← 비트필드_구조체_변수
```

예

```
struct bit_fd                        ← 비트필드 구조체 bit_fd를 선언
{
  unsigned int a : 2;                ← 멤버명 = a, 비트_크기 = 2
  unsigned int b : 3;                ← 멤버명 = b, 비트_크기 = 3
  unsigned int   : 3;                ← 멤버명 = 생략, 비트_크기= 3
  ......                               멤버명이 생략된 비트는 사용할 수 없음

  unsigned int d : 4;                ← 멤버명 = d, 비트_크기 = 4
} b_data;                            ← 비트필드_구조체_변수명 = b_data
```

설명	위의 예는 비트필드 구조체 bit_fd와 구조체 변수 b_data를 선언한다. • 멤버의 데이터형은 int형이나 unsigned int형으로 둔다. • 멤버명 다음에 콜론 ':'을 쓰고 비트의 크기를 지정한다. • 멤버명이 생략된 비트들은 사용할 수 없다. • 비트필드 구조체의 멤버를 참조할 때도, 구조체의 경우와 같이 도트 '.'와 화살표 연산자 "->"를 사용할 수 있다.

선언된 비트필드 구조체 변수는 다음과 같은 구조를 가진다.

bit0	bit1	bit2	bit3	bit4	bit5	bit6	bit7	bit8	bit9	bit10	bit11
b_data.a		b_data.b			사용안함			b_data.d			

14.9 열거형

열거형(enumeration type)은 변수가 가질 수 있는 정숫값을 문자열로 정하여 나열한 것이다. 열거형으로 선언된 변수는 중괄호 { } 안에 나열된 문자열("열거 상수"라 함) 중에서 어느 한 값을 가질 수 있다. 열거형은 정숫값을 문자열로 대치하여 사용하므로, 프로그램을 작성하거나 디버깅하는데 편리하다.

열거 상수는 중괄호 { } 안에 나열된 문자열을 의미한다.

열거형과 열거형 변수를 동시에 선언하는 방법은 다음과 같다.

형식	enum 태그 { 열거_상수 1, 열거_상수 2, …… } 열거형_변수;

예	enum logic {TRUE, FALSE, END} a, b; ← 열거형 logic과 열거형_변수 a와 b를 선언한다. 열거_상수는 TRUE, FALSE 그리고 END이다.

설명	• 열거형_변수는 열거_상수 중 어느 한 값을 가진다. • 열거_상수는 문자열이지만 이들이 가지는 값은 정숫값이다. C 컴파일러는 열거_상수가 나열된 순서대로, 열거_상수에 0부터 1씩 더한 정숫값을 배정한다. TRUE=0, FALSE=1 그리고 END=2가 된다. • 위와 같이 열거형과 열거형_변수를 동시에 선언할 때는 태그를 생략해도 된다.

열거형과 열거형 변수를 별도로 선언하는 방법은 다음과 같다.

예		
	enum logic {TRUE, FALSE, END};	← 열거형_선언
	enum logic a, b;	← 열거형_변수 a와 b를 선언

열거 상수에 다른 값을 지정하려면, 열거 상수의 뒤에 등호(=)와 다른 값을 넣어주면 된다.

예

enum logic { TRUE = 10, FALSE = 20, END = 30, F, G} a;
← 열거_상수에 값을 대입

설명

- 열거_상수에 값을 지정한다. TRUE=10, FALSE=20, END=30이 된다.
- 값이 지정되지 않은 F는 앞에서 지정된 마지막 값(30)보다 1이 증가된 31이 지정된다. 즉 F=31이고 G=32가 된다.
- 모든 열거_상수의 값을 지정하지 않으면, 열거_상수가 나열된 순서대로 0부터 1씩 더한 정수 값이 배정된다.

예제 13 열거 상수와 열거형 변수

```
#include <stdio.h>
int main()
{
    enum logic { TRUE =10, FALSE = 20, END };
    enum logic a;
    printf(" TRUE는 정수 %d 이다. \n", TRUE);
    printf(" END는 정수  %d 이다. \n", END);
    a = TRUE;
    printf(" a(TRUE)의 값 = %d 이다. \n", a);
    a = FALSE;
    printf(" a(FALSE)의 값 = %d 이다. \n", a);
    return 0;
}
```

실행 결과

```
TRUE는 정수 10이다.
END는 정수 21이다.
a(TRUE)의 값 = 10이다.
a(FALSE)의 값 = 20이다.
```

예제 14 열거 상수

```
#include <stdio.h>
int main()
{
    enum days { sun, mon, tue, wed, thu, fri, sat};     // 0부터 6까지 정수
    int  to_day, ref_day, difference;
    ref_day = sat;                                       // ref_day = 6
    printf(" [일요일] [ %d ] 입력 \n", sun);
    printf(" [월요일] [ %d ] 입력 \n", mon);
    printf(" [화요일] [ %d ] 입력 \n", tue);
    printf(" [수요일] [ %d ] 입력 \n", wed);
    printf(" [목요일] [ %d ] 입력 \n", thu);
    printf(" [금요일] [ %d ] 입력 \n", fri);
    printf(" [토요일] [ %d ] 입력 \n", sat);
    printf(" 오늘의 요일을 숫자로 넣으시오 = ");
    scanf_s("%d", &to_day);
    if(to_day<0||to_day>6)
    {   printf(" 입력 범위를 넘어선 값입니다."); return 0;   }
    difference = ref_day-to_day;
    printf(" 토요일까지 [%d] 일 남았습니다. \n", difference );
    return 0;
}
```

실행 결과

```
[일요일] [ 0 ] 입력
[월요일] [ 1 ] 입력
[화요일] [ 2 ] 입력
[수요일] [ 3 ] 입력
[목요일] [ 4 ] 입력
[금요일] [ 5 ] 입력
[토요일] [ 6 ] 입력
오늘의 요일을 숫자로 넣으시오 = 3
토요일까지 [ 3 ]일 남았습니다.
```

설명 오늘의 요일을 숫자로 입력하면, 토요일까지 남은 날짜를 출력한다.

14.10 typedef 문

typedef 문은 기존의 데이터형을 새로운 이름으로 선언한다. C에서 제공하는 char, int, float 등의 데이터형을 사용자가 알기 쉬운 이름으로 새로 선언하여 사용할 수 있게 해준다.

형식 typedef 기존_데이터형 새로운_이름;

예 1 typedef int fourbyte; ← 기존_데이터형 = int
새로운_이름 = fourbyte

설명 기존_데이터형 "int"를 새로운_이름 "fourbyte"로 선언한다. 다음의 두 문장은 같은 표현이다. typedef 문은 모든 데이터형에 대해 적용이 가능하다.

int a; ←같은 표현→ fourbyte a;

예 2
typedef float silsu; ← "float"를 "silsu"로 선언
typedef unsigned int uint; ← "unsigned int"를 "uint"로 선언

예제 15 typedef 문

```
#include <stdio.h>
typedef int fourbyte;
typedef float silsu;
int main()
{
    int  a = 100;
    printf( " 정수 a = %d \n", a);
    fourbyte  b = 200;
    printf( " 정수 b = %d \n", b);
    silsu c = 1.23f;
    printf( " 실수 c = %f \n", c);
    return 0;
}
```

실행 결과

```
정수 a = 100
정수 b = 200
실수 c = 1.230000
```

구조체와 공용체

학습과제

[과제 1] 구조체와 공용체를 비교하여 설명하시오.

[과제 2] 다음의 프로그램을 실행할 경우, 콘솔 창에 나타나는 내용을 적으시오.

```
#include <stdio.h>
struct spec
{
    char name[10];
    int  no;
    int  year;
};
struct spec x[3] = { { "computer", 1, 2018},
                     { "mouse",   2, 2020},
                     { "keyboard", 3, 2022} };
int main()
{
    int k;
    for (k = 0; k<3; k++)
        printf( "  %s, %2d 대, %4d 년 \n",
                x[k].name, x[k].no, x[k].year);
    return 0;
}
```

[과제 3] 다음의 용어를 설명하시오.

① 선형 연결 리스트

② 열거형

③ typedef 문

[과제 4] 다음의 프로그램을 실행할 경우, 콘솔 창에 나타나는 내용을 적으시오.

```
#include <stdio.h>
struct spec
{
    char ch[20];
    int  day;
    float temp;
};
struct spec *p, a[3] = { { "JAN", 1, 2.5f },
                         { "FEB", 2,  12.5f },
                         { "MAR", 3, 15.5f } };

int main()
{
    int k;
    for (k=0; k<3 ; k++){
      p=&a[k];
      printf( " p-> : %s, %3d, %5.2f \n",
              p->ch, p->day, p->temp);
    }
    return 0;
}
```

[과제 5] 다음의 프로그램을 실행할 경우, 콘솔 창에 나타나는 내용을 적으시오.

```
#include <stdio.h>
struct  data{
    int a;
    double b;
};
int main()
{
    union spec
    {
        char ch;
        int  i;
        double f;
        struct data d1;
        struct data d2;
    } un;
    printf( " 공용체 변수의 크기 = %d [바이트] \n",
            sizeof(un));
    printf( " un.ch의 주소 = %p \n", &un.ch);
    printf( " un.i의 주소 = %p \n", &un.i);
    printf( " un.f의 주소 = %p \n", &un.f);
    printf( " un.d1.a의 주소 = %p \n", &un.d1.a);
    printf( " un.d1.b의 주소 = %p \n", &un.d1.b);
    printf( " un.d2.a의 주소 = %p \n", &un.d2.a);
    printf( " un.d2.b의 주소 = %p \n", &un.d2.b);
    return 0;
}
```

PART 15
전처리기

- 전처리기의 기능을 이해한다.
- 매크로 상수를 이해하고 사용하는 방법을 익힌다.
- 매크로 함수를 이해하고 사용하는 방법을 익힌다.
- #include 문을 사용하는 방법을 익힌다.
- 조건부 컴파일을 이해한다.
- #pragma 문을 이해한다.
- 사운드 파일을 출력하는 프로그램을 작성한다.

PART 15

전처리기

15.1 전처리기

전처리기(preprocessor)는 컴파일러가 소스 프로그램을 컴파일하기 전에, 먼저 처리하는 프로그램이다. 전처리기는 소스 프로그램의 내용 중에서, 전처리기가 해야 할 명령만 먼저 실행하여 새로운 C 프로그램을 만든다. 컴파일러는 새로운 C 프로그램을 목적 파일로 만들고, 링커는 이를 실행 파일로 변환한다.

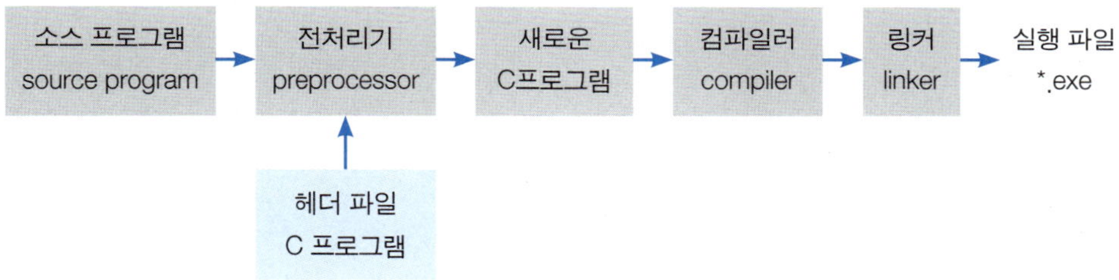

전처리기가 실행할 명령은 # 기호를 붙여서 표시한다. 여기에는 다음의 표와 같이 여러 가지 명령이 있다. 이러한 명령은 선언된 문장부터 프로그램의 끝까지 영향을 미친다. 전처리기의 명령은 맨 끝에 세미콜론(;)을 붙이지 않는다. 명령이 한 행을 넘어갈 때는 역 슬래시(\)를 붙이고 다음 행에서 계속 쓸 수 있다.

전처리기 명령	전처리기가 실행할 기능
#define	매크로 상수와 매크로 함수를 선언
#	연산자 바로 뒤의 인수를 문자열로 변환
##	연산자 앞뒤의 두 인수를 결합하여 하나의 문자열로 변환
#include	외부의 소스 파일을 삽입
#undef	#define에서 선언된 매크로를 취소
#if #endif #elif #else #ifdef #ifndef	조건부 컴파일
#line	행 번호와 파일명을 임시로 변경
#error	컴파일을 중지하고 오류 메시지를 출력
#pragma warning	컴파일러의 경고 메시지를 제어
#pragma comment	주석이나 라이브러리를 추가하여 링크

15.2 #define 문(매크로 상수)

매크로(macro)는 #define 문을 사용하여, 수식이나 문장을 하나의 이름으로 만든 것이다. 매크로는 매크로 상수와 매크로 함수로 나누어진다.

① 매크로 상수는 기호상수이다. 프로그램에서 자주 사용하는 상숫값을 매크로 상수로 선언해 두고 사용하면 편리하다.

② 매크로 함수(macro function)는 일반 함수처럼 가인수(매개변수)를 갖는 함수이다.

이 절은 매크로 상수에 대해 알아본다.

#define 문은 다음의 형식과 같이, "매크로 상수"를 뒤에 나오는 "치환 문자열"로 선언한다. 이렇게 매크로 상수를 선언하고 나면, 이후로 나오는 모든 문장에서 "매크로 상수"와 같은 문자열은 "치환 문자열"로 대치된다. 이중 인용부호 " "의 내부에 들어 있는 문자열은 매크로 상수로 대치되지 않는다.

형식

```
#define 매크로_상수 치환_문자열          ← 매크로_상수를 선언
```

이후로 "매크로_상수"와 같은 문자열은 "치환_문자열"로 대치된다.

예

```
#define PI     3.14                 ← 매크로_상수=PI, 치환_문자열=3.14.
#define PI_2   (PI*2)               ← PI_2는 (PI*2)로 대치
#define MSG  "Hello "               ← MSG는 "Hello"로 대치
```

#define 문을 사용할 때 주의할 점은 다음과 같다.

① #define, 매크로 상수 그리고 치환 문자열의 사이에는 하나 이상의 공백을 두어 이들을 분리해야 한다.

② #define 문의 끝에 세미콜론 ';'을 붙이지 않아야 한다. 세미콜론 ';'을 붙이면 이것도 치환 문자열에 포함된다.

③ 이중 인용부호 " "의 내부에 들어 있는 문자열은 매크로 상수로 대치되지 않는다. 즉 문자열에 매크로 상수와 같은 부분이 있더라도, 이 부분은 치환 문자열로 대치되지 않는다.

④ 다른 식별자와 구분하기 위하여, 매크로 상수는 대개 대문자로 쓴다.

⑤ #define 문이 길어져서 한 행을 넘어갈 때는, 행의 끝에 역 슬래시 '\'를 붙이고 다음 행에서 계속 쓸 수 있다.

예

원래의 소스 프로그램

```
#define PI    3.14
#define NG   3.14;
int main()
{
   float a;

   a =  PI/2.0;

   printf(" PI의 값 = %f", PI);

   printf(" NG의 값 = %f",NG);
}
```

→ 전처리를 수행한 소스 프로그램

```


int main()
{
   float a;

   a = 3.14 /2.0;

   printf(" PI의 값 = %f", 3.14);

   printf(" NG의 값 = %f", 3.14;);
}
```

설명

- PI는 3.14로 대치된다.
- 이중 인용부호 " "의 내부에 있는 PI는 3.14로 대치되지 않는다.
- 주목할 점은

#define NG 3.14;

에서 3.14 다음에 세미콜론 ';'을 잘못 붙인 것이다. 전처리기를 실행하면 NG 부분은 3.14;(세미콜론 포함)로 대치된다. 위의 예에서

printf(" NG의 값 = %f", 3.14;);

로 변환되므로, 세미콜론 ';' 때문에 오류가 생긴다.

예제 1 #define 문(매크로 상수)

```
#include <stdio.h>
#define     C    4+8
#define     D    (4+8)
int main()
{
    printf(" C/2 = %d \n", C/2);
    printf(" D/2 = %d \n", D/2);
    return 0;
}
```

실행 결과

```
C/2 = 8
D/2 = 6
```

설명

- 매크로 상수 C를 이용한 계산 결과는
  C/2; → (C를 치환 문자열로 대치하면) → 4+8/2;이다.
- 매크로 상수 D를 이용한 계산 결과는
  D/2; → (D를 치환 문자열로 대치하면) → (4+8)/2;이다.
- 매크로 상수를 쓸 때는, 연산의 우선순위를 고려하여 먼저 연산할 부분은 괄호 ()로 묶어준다.

예제 2 #define 문(매크로 상수)

```
#include <stdio.h>
#define   PI   3.14
#define   STR1  " 반지름 =%6.2f \n"
#define   STR2  " 원의 면적 = %6.2f \n"
int main()
{
    double radius=10.0;
    double area;
    area= PI*radius*radius;
    printf(STR1, radius);
    printf(STR2, area);
    return 0;
}
```

실행 결과

```
반지름 = 10.00
원의 면적 = 314.00
```

15.3 #define 문(매크로 함수)

매크로 함수(macro function)는 일반 함수처럼 가인수(매개변수)를 갖는 함수이다. 매크로 함수는 다음의 형식으로 선언한다. 매크로 함수를 선언하면, 이후로 나오는 모든 문장에서 "매크로 함수"와 같은 문자열은 "치환 문자열"로 대치된다.

형식	#define 매크로_함수(가인수) 치환_문자열	← 매크로_함수를 선언
예	#deifne AVE(x, y) (x+y)/2	← 매크로_함수 = AVE(x, y) 치환_문자열 = (x+y)/2

매크로 함수를 사용할 때 주의할 점은 다음과 같다.

① #define, 매크로 함수(가인수) 그리고 치환 문자열의 사이에는 하나 이상의 공백을 두어 이들을 분리해야 한다.

② #define 문의 끝에는 세미콜론 ';'은 붙이지 않아야 한다. 세미콜론 ';'을 붙이면 이것도 치환 문자열에 포함된다.

③ 매크로 함수와 (가인수) 사이에 공백을 두면 안 되며, 각 가인수는 콤마로 분리하여 나열한다.

④ 매크로 함수의 가인수는 데이터형을 가지지 않으므로, 가인수의 데이터형에 상관없이 사용할 수 있다. 매크로 함수는 함수라기보다는 치환 문자열로 대치하는 기능만 한다.

⑤ 매크로 함수는 대부분 한 줄 안에 작성하므로 복잡한 처리를 할 수 없다.

⑥ 매크로 함수는 가인수를 전달하는 과정에서 잘못이 생기는 경우가 많으므로, 치환 문자열에 괄호 ()를 사용하여 수식을 명확하게 쓰는 것이 좋다.

⑦ 이중 인용부호 " "의 내부에 들어 있는 문자열은 매크로 함수로 대치되지 않는다. 즉 문자열에 매크로 함수와 같은 부분이 있더라도, 이 부분은 치환 문자열로 대치되지 않는다.

⑧ 다른 식별자와 구분하기 위하여, 매크로 함수는 대개 대문자로 쓴다.

⑨ #define 문이 길어져서 한 행을 넘어갈 때는, 행의 끝에 역 슬래시 '\'를 붙이고 다음 행에서 계속 쓸 수 있다.

매크로 함수를 사용하는 방법은 일반 함수와 같다.

예

```
#define AVE(x, y)  (x+y)/2        ← 매크로_함수 AVE(x, y)를 선언
    ......
c = AVE(10, 20);                  ← 매크로_함수 AVE(x, y)를 사용
```

설명

전처리기는 매크로 함수 AVE(x, y)가 사용된 부분을 치환 문자열 (x+y)/2로 대치한다.

c = AVE(10, 20); → c = (10+20)/2;

매크로 함수에서 잘못된 연산이 생기는 경우를 살펴보자. 두 수 a와 b의 곱을 구하는 매크로 함수 MUL(a, b)를 다음과 같이 작성한다.

예

```
#define MUL(a, b)  a*b            ← 매크로_함수 MUL(a, b)를 선언
    ......
d = MUL(2, 4+3);                  ← 매크로_함수 MUL(a, b)를 사용
```

설명	전처리기는 매크로 함수 MUL(a, b)가 사용된 부분을 a*b로 대치한다. 즉 **d = MUL(2, 4+3);　→　d = 2*4+3;** 으로 대치되므로 원래의 의도와 다른 식이 된다.

올바른 계산을 하려면, 괄호를 사용하여 매크로 함수를 다음과 같이 수정한다.

예

```
#define MUL_2(a, b) ((a)*(b))        ← MUL_2(a, b)를 선언
  ......
e = MUL_2(2, 4+3);                   ← MUL_2(a, b)를 사용
```

설명	매크로 함수에 불필요한 괄호를 쓴 것처럼 보인다. 전처리기는 매크로 함수 MUL(a, b)가 사용된 부분을 ((a)*(b))로 대치한다. 즉 **e = MUL_2(2, 4+3);　→　e = ((2)*(4+3));** 으로 대치되므로 올바른 연산이 된다. 매크로 함수를 쓸 때는 괄호를 사용하여 잘못된 연산을 예방할 필요가 있다.

예제 3　#define 문(매크로 함수1)

```
#include <stdio.h>
#define AVE(x, y)  (x+y)/2
#define MUL(a, b)  a*b
#define MUL_2(a, b) ((a)*(b))
int main()
{
    int c, d, e;
    c = AVE(10, 20);
    printf(" AVE(x, y) 사용: c = %d \n", c);
    d = MUL(2, 4+3);
    printf(" MUL(a, b) 사용: d = %d \n", d);
    e = MUL_2(2, 4+3);
    printf(" MUL_2(a, b) 사용:  e = %d \n", e);
    return 0;
}
```

실행 결과

```
AVE(x, y) 사용: c = 15
MUL(a, b) 사용: d = 11
MUL_2(a, b) 사용: e = 14
```

예제 4 #define 문(매크로 함수2)

```
#include <stdio.h>
#define   MAX(x, y) (((x)>(y)) ? (x):(y))        // x, y 중 큰 값을 구하는 매크로
int main()
{
    double a, b, c, tem, maximum;
    a=2.5;
    b=5.9;
    c=12.8;
    tem=MAX(a, b);
    maximum=MAX(tem, c);
    printf("  a = %f \n  b = %f \n  c = %f \n", a, b, c);
    printf(" 가장 큰 수 maximum = %6.2f \n", maximum);
    return 0;
}
```

실행 결과

```
a = 2.500000
b = 5.900000
c = 12.800000
가장 큰 수 maximum = 12.80
```

설명

- 매크로 함수 MAX(x, y)는 두 개의 숫자 x와 y 중에서 큰 숫자를 구한다.
- tem=MAX(a, b);는 숫자 a와 b 중에서 큰 숫자를 구하여 tem에 저장한다.
- maximum=MAX(tem, c);는 tem과 숫자 c 중에서 큰 숫자를 구하여 maximum에 저장한다.

사용자가 선언한 매크로 외에도, C 컴파일러가 기본적으로 제공하는 매크로가 있다. 예를 들어 헤더 파일 <stdio.h>에는 기본적인 입출력 매크로가, <math.h>에는 수학 관련 매크로가, <string.h>에는 문자열 처리를 위한 매크로가 각각 포함되어 있다. 디렉터리 include에 있는 헤더 파일을 읽어 보면 여러 가지 매크로를 확인할 수 있다. 헤더 파일에 들어 있는 매크로를 사용하기 위해서는 #include 문을 사용하여 필요한 헤더 파일을 삽입한다.

연산자는 바로 뒤의 인수를 문자열로 변환한다. 이 연산자는 매크로 함수에서 변수명이나 문자열을 출력하는 데 이용한다.

형식 #인수 ← # 뒤의 인수를 문자열 상수로 변환한다. 즉 인수를 이중 인용부호 " "로 둘러싸인 문자열 상수로 만든다.

변수명과 변수의 값을 동시에 출력하려면, 다음과 같은 매크로 함수를 작성한다.

예

```
#define MYPRINT(s) printf(#s"= %d \n", s)
   ......
MYPRINT(i[6]);
```

설명

전처리기를 거치면, s에 i[6]이 대입되어, # 뒤의 인수 s는 문자열 "i[6]"으로 변환된다. 매크로 함수

MYPRINT(i[6]); → printf("i[6]"" = %d \n", i[6]);

로 대치된다. 두 개의 문자열이 인접한 경우는 하나의 문자열로 통합된다. 즉

printf("i[6]""= %d \n", i[6]); → printf("i[6]= %d \n", i[6]);

이 된다. 이 매크로 함수는 printf 문에서 변수명 "i[6]"과 변수의 값 i[6]을 동시에 출력한다. 매크로 함수의 인수에 a+b+c를 넣어보면

MYPRINT(a+b+c); → printf("a+b+c= %d \n", a+b+c);

로 대치된다.

예제 5 #define 문(# 연산자)

```
#include <stdio.h>
#define MYPRINT(s) printf(#s" = %d \n", s)
int main()
{
    int i[10], a, b, c;
    i[6] = 123;
    MYPRINT(i[6]);
    a = b = c = 1;
    MYPRINT(a+b+c);
    return 0;
}
```

실행 결과

```
i[6] = 123
a+b+c = 3
```

연산자는 이 연산자의 앞에 있는 인수와 뒤에 있는 인수를 결합하여 하나의 문자열로 변환한다. 이 연산자는 매크로 함수에서 문자열을 결합할 때 이용한다.

형식 인수 1##인수 2 ← 인수 1과 인수 2를 연결하여 하나의 문자열로 변환한다.

예

```
#define CONS(x, y) x##y
    ......
CONS(i, [6]) = 5;
CONS(a, 3) = 7;
```

설명

매크로 함수에서 x##y는 x와 y를 연결하여 하나의 문자열로 변환한다. 전처리기를 거치면

CONS(i, [6]) = 5; → i[6] = 5;
CONS(a, 3) = 7; → a3 = 7;

로 대치된다.

예제 6 #define 문(## 연산자)

```
#include <stdio.h>
#define CONS(x, y) x##y
int main()
{
    int i[10], a3;
    CONS(i, [6]) = 5;
    CONS(a, 3) =7;
    printf(" i[6] = %d,  a3 = %d \n", i[6], a3);
    return 0;
}
```

실행 결과 i[6] = 5, a3 = 7

15.4 #include 문

#include 문은 외부의 소스 파일(프로그램)을 #include 문이 있는 위치에 삽입한다.

형식

```
#include 〈포함시킬_소스_파일〉
#include "포함시킬_소스_파일"
```

#include 문을 사용할 때 주의할 점은 다음과 같다.

① #include 문이 있는 위치에 포함시킬 소스 파일이 삽입된다.

② #include <포함시킬 소스 파일>은 C에서 미리 정해둔 디렉터리 include에서 포함시킬 소스 파일을 찾는다.

③ #include "포함시킬 소스 파일"은 현재 사용 중인 디렉터리에서 포함시킬 소스 파일을 찾는다.

④ #include로 삽입하는 파일 안에 또 다른 #include 문을 쓸 수도 있다.

#include 문으로 읽어 들일 파일은 텍스트 파일로서, C 언어로 작성된 것이면 모두 가능하다. #include 문에 많이 쓰이는 파일로는 헤더 파일(header file)이 있다. 헤더 파일에는 각종 함수나 변수의 선언, extern 변수의 선언, 매크로의 선언 등이 들어 있는데 확장자는 ".h"이다. 헤더 파일은 C에서 미리 정해둔 디렉터리 include에 있으므로 파일명은 < > 속에 넣는다. 사용자가 만든 파일은 대개 현재 작업 중인 디렉터리에 있으므로 " " 속에 넣는다. 포함시키려는 파일의 경로를 지정할 수도 있다. 예를 들어 C:/user/test.c를 포함시키려면

```
#include "C://user//test.c"
```

로 둔다. 슬래시는 두 개씩 사용하여 "//"로 표시한다.

예제 7

#include 문

다음에 있는 매크로 함수 MAX(x, y)를 작성하여 현재 사용 중인 디렉터리에 "mymax.c"란 이름으로 저장한다.

```
#define MAX(x, y) (((x)>(y)) ? (x):(y))
```

예제 4와 같이 세 개의 숫자 중 가장 큰 수를 구하는 프로그램을 작성한다.

```
#include <stdio.h>
#include "mymax.c"        // "mymax.c"를 포함시킨다.
int main()                // 이하의 내용은 예제 4와 같음
{
    double a, b, c, tem, maximum;
    a=2.5;
    b=5.9;
    c=12.8;
    tem=MAX(a, b);
    maximum=MAX(tem, c);
    printf("  a = %f \n  b = %f \n  c = %f \n", a, b, c);
    printf(" 가장 큰 수 maximum = %6.2f \n", maximum);
    return 0;
}
```

실행 결과

```
a = 2.500000
b = 5.900000
c = 12.800000
가장 큰 수 maximum = 12.80
```

15.5 #undef 문

#undef 문은 #define 문에서 선언된 매크로를 취소한다. #undef 문으로 이전의 매크로를 취소하면, 이후의 문장에서 취소된 매크로를 사용할 수 없다.

형식 #undef 매크로 ← 매크로를 취소

예 1

```
#undef  PI    3.14          ← 매크로 PI를 취소
#undef  MSG  "Hello"        ← 매크로 MSG를 취소
```

예 2

```
#define  MAX  100           ← MAX를 선언
x = MAX;                    ← x = 100이 된다.
#undef MAX                  ← MAX를 취소
x = MAX;                    ← 컴파일러는 다음의 오류 메시지를 보인다.
                              'MAX'는 선언되지 않은 식별자입니다.
```

15.6 조건부 컴파일

조건부 컴파일이란 특정한 조건을 만족하면 #if 블록의 내용을 컴파일하고, 그렇지 않으면 컴파일하지 않도록 하는 것을 말한다. 조건부 컴파일에 사용되는 명령어는 if-else 문과 거의 같은 구조를 이룬다.

#if 문은 #if 다음의 조건식이 "참"(1)이면 내용 1, 내용 2, …… 등, #endif 문의 이전까지 나오는 내용을 컴파일한다. 조건식이 "거짓"이면 이들을 컴파일하지 않는다.

#endif 문은 #if 문의 끝을 나타내므로 반드시 써 주어야 한다.

형식

```
#if  조건식                 ← 조건부 컴파일
    내용 1;                 ← 조건식이 "참"이면 처리
    내용 2;                 ← 조건식이 "참"이면 처리
    …… ;
#endif                      ← #if 문의 끝을 표시
```

예

```
#if SIZE==10                ← 조건식 SIZE==10
    #include "TEST10.c"     ← 조건식이 "참"이면 처리
    #define   TEMP 10       ← 조건식이 "참"이면 처리
#endif
```

그리고 #elif 문이나 #else 문은 다음의 형식과 같이 쓰인다.

#elif 문는 else if의 약자로서, 위에 있는 #if 문의 조건식 1이 "거짓"일 때, 조건식 2를 다시 검사한다. #elif 문의 조건식 2가 "참"이면 그다음에 나오는 내용 3, 내용 4를 처리한다.

#else 문에는 이전에 나온 #if 문의 조건식 1과 #elif 문의 조건식 2가 모두 "거짓"인 경우에 처리할 내용이 들어 있다. #elif 문이나 #else 문은 생략하여도 된다.

형식

```
#if    조건식 1
        내용 1;
        내용 2;
          …
#elif 조건식 2                  ← 조건식 1이 "거짓"일 때 조건식 2를 검사
       내용 3;                  ← 조건식 2가 "참"이면 처리
       내용 4;                  ← 조건식 2가 "참"이면 처리
          …
#else
       내용 5;                  ← 조건식1과 조건식 2가 모두 "거짓"이면 처리
       내용 6;                  ← 조건식 1과 조건식 2가 모두 "거짓"이면 처리
          …
#endif                          ← #if 문의 끝을 표시
```

예

```
#if SIZE==10                    ← 조건식 1
  #include "TEST10.c"           ← 조건식 1이 "참"이면 처리
  #define   TEMP 10             ← 조건식 1이 "참"이면 처리
#elif SIZE==20                  ← 조건식 2
                                  조건식 1이 "거짓"일 때 조건식 2를 검사
  #include "TEST20.c "          ← 조건식 1이 "거짓"이고 조건식 2가 "참"이면 처리
  #define   TEMP 20             ← 조건식 1이 "거짓"이고 조건식 2가 "참"이면 처리
#else
  #include "TEST30.c "          ← 조건식 1과 조건식 2가 모두 "거짓"이면 처리
  #define   TEMP 30             ← 조건식 1과 조건식 2가 모두 "거짓"이면 처리
#endif                          ← #if 문의 끝을 표시
```

#ifdef 문은 다음에 나오는 문자열이 앞에서 선언되어 있을 경우에만 그다음 내용을 처리하고, 그렇지 않으면 처리하지 않도록 한다. #if 문과 유사하나 조건식 대신에 "문자열이 이전에 선언된 것인지"를 확인한다는 점에서 차이가 있다. #else 문은 생략할 수 있다.

형식

```
#ifdef 문자열
    내용 1;                ← 문자열이 앞에서 선언되어 있으면 처리
#else
    내용 2;                ← 문자열이 앞에서 선언되어 있지 않으면 처리
#endif                    ← #ifdef 문의 끝을 표시
```

예

```
#ifdef SIZE
  #define TEMP 40         ← "SIZE"가 앞에서 선언되어 있으면 처리
#else
  #define TEMP 50         ← "SIZE"가 앞에서 선언되어 있지 않으면 처리
#endif
```

#ifndef 문은 #ifdef 문과 정반대로, 다음에 나오는 문자열이 앞에서 선언되어 있지 않은 경우에만 그다음의 내용을 처리하도록 한다. #else 문은 생략할 수 있다.

형식

```
#ifndef 문자열
    내용 1;                ← 문자열이 앞에서 선언되어 있지 않으면 처리
#else
    내용 2;                ← 문자열이 앞에서 선언되어 있으면 처리
#endif                    ← #ifndef 문의 끝을 표시
```

예

```
#ifndef SIZE
  #define TEMP 60         ← "SIZE"가 앞에서 선언되어 있지 않으면 처리
#else
  #define TEMP 70         ← "SIZE"가 앞에서 선언되어 있으면 처리
#endif
```

15.7 시스템에서 선언한 매크로 상수

ANSI 표준 C인 경우, 사용자의 편의를 위해 다음과 같은 기본적 매크로 상수가 선언되어 있다. 시스템에서 제공하는 이 매크로 상수의 앞과 뒤에는 두 개씩의 밑줄 기호 __를 사용한다.

매크로 상수	내용
__TIME__	소스 파일이 컴파일된 시간을 "시:분:초"로 나타내는 문자열
__DATE__	소스 파일이 컴파일된 날짜를 "월 일 년"으로 나타내는 문자열
__FILE__	컴파일된 소스 파일의 이름과 저장된 경로를 나타내는 문자열
__LINE__	현재 처리 중인 소스 파일의 행 번호를 10진수로 나타내는 정수형 상수

예제 8 시스템 선언 매크로 상수

```
#include <stdio.h>
int main()
{
    printf(" 컴파일 시간 = %s \n", __TIME__ );
    printf(" 컴파일 날짜 = %s \n", __DATE__ );
    printf(" 파일명 = %s \n", __FILE__ );
    printf(" 현재 소스의 행 번호 = %d \n", __LINE__ );
    return 0;
}
```

실행 결과

```
컴파일 시간 = 07:34:35
컴파일 날짜 = Jan 7 2020
파일명 = c:\users\cho\source\repos\project1\project1\소스.c
현재 소스의 행 번호 = 7
```

15.8 기타 전처리 지시문

#line 문은 행 번호와 파일명을 임시로 변경할 때 쓰이는 전처리 지시문이다. line 문은 행 번호를 새로 지정한 행 번호로 변경한다. 뒤에 있는 파일명은 생략 가능하다. 파일명을 새로 지정하려면 이중 인용부호 " " 속에 넣는다. 이후로 파일의 이름은 새로 지정된 파일명으로 변경된다.

형식

```
#line 행_번호 "파일명"
```

← 행_번호와 파일명을 변경
- 행_번호는 새로 지정할 행 번호
- 파일명은 새로 지정할 파일명

예

```
#line   100   "test.c"
```

← 행 번호가 100으로 변경된다.
파일명이 "test.c"로 변경된다.

예제 9 #line 문

```
#include <stdio.h>
#line   100   "test.c"
int main()
{
    printf(" 현재 소스의 행 번호 = %d \n", __LINE__ );
    printf(" 파일명 = %s \n", __FILE__ );
    return 0;
}
```

실행 결과

```
현재 소스의 행 번호 = 102
파일명 = c:\users\cho\source\repos\project1\project1\test.c
```

#error 문은 컴파일을 중지하고 오류 메시지를 출력시키는 전처리기 지시문이다. #error의 다음에 나오는 내용이 그대로 출력된다. 출력할 메시지를 이중 인용부호 " " 속에 넣을 필요는 없다. 출력할 메시지를 " " 속에 넣으면 " "도 함께 출력된다.

형식

```
#error 출력할_메시지
```

← 전처리기가 #error 문을 만나면 무조건 컴파일을 중단하고, 출력할_메시지를 오류 메시지로 출력한다.

➶ 예	#error FILE NOT FOUND　　← 무조건 컴파일을 중단하고 메시지 FILE NOT FOUND를 출력한다.

#pragma warning 문은 컴파일러의 경고 메시지를 제어한다.

➶ 형식	#pragma warning(경고_지시문 : 경고번호)

경고_지시문(warning specifier)은 여러 가지가 있다. 그중 몇 가지만 정리하면 다음과 같다.

① 1,2,3,4 ~ 지정된 경고에 대해 주어진 수준을 적용한다.
② default ~ 경고 동작을 기본값으로 재설정한다.
③ disable ~ 지정된 경고 메시지를 발생하지 않도록 한다.
④ error ~ 지정된 경고를 오류로 보고한다.
⑤ once ~ 지정된 경고를 한 번만 표시한다.

➶ 예	#pragma warning(disable:4996) • disable은 경고_지시문으로 지정된 경고 메시지를 발생하지 않도록 한다. • 4996은 경고 번호이다. (주) scanf_s() 함수 대신에 scanf() 함수를 쓰면 컴파일러는 경고 메시지(C4996)를 발생한다.

#pragma comment 문은 생성된 목적 파일의 안에 주석을 넣는다는 것을 나타내는 컴파일러 지시문(compiler directive)이다. 이 주석은 목적 파일을 처리할 때 링커에 의해 읽혀질 수 있다. comment형에 따라 주석이나 라이브러리를 추가하여 링크하도록 한다.

➶ 형식	#pragma comment (comment_형, comment_문자열) ← comment_형에 따라 주석이나 라이브러리를 추가하여 링크하도록 한다. • comment_형은 주석 기록 형식을 지정하는 식별자로서 여기에는 compiler, exestr, lib, linker, user가 들어갈 수 있다. 예를 들어 lib는 명시적으로 라이브러리를 지정해준다.

➶ 예	#pragma comment(lib, "winmm.lib") ← 라이브러리 "winmm.lib"를 추가하여 링크하도록 한다. • comment_형은 lib이다. • comment_문자열은 "winmm.lib"이다.

예제 10 사운드(sound) 파일을 스피커로 출력하기

```
#include <stdio.h>
#include <windows.h>              // PlaySound()를 사용하는데 필요한 헤더 파일
#pragma comment(lib, "winmm.lib")  // PlaySound()에 필요한 라이브러리
int main ()
{
   printf(" >>>>> 사운드 출력 중 >>>>> ");
   PlaySound(TEXT("Y_Te_Vas.wav"), NULL, SND_SYNC);
                                  // 사운드 출력 함수
   return 0;
}
```

실행 결과

>>>>> 사운드 출력 중 >>>>>
(사운드 파일이 스피커로 출력된다.)

설명

- <windows.h>은 PlaySound() 함수를 실행하는데 필요한 헤더 파일이다.
- #pragma comment(lib, "winmm.lib")는 라이브러리 "winmm.lib"를 추가하여 링크하도록 한다.
- PlaySound() 함수는 사운드 파일을 스피커로 출력하는 함수이다. 이 함수는 확장자가 ".wav"인 파일만 재생할 수 있다.
- 출력할 사운드 파일의 이름은 "Y_Te_Vas.wav"이다. 이 파일은 실행 파일이 있는 폴더와 같은 폴더에 들어 있어야 한다.
- SND_SYNC는 사운드 파일을 동기적으로 재생한다.

전처리기

학습과제

[과제 1] 다음의 용어를 설명하시오.

① #include 문

② #undef 문

③ #line 문

④ #error 문

⑤ #pragma warning 문

⑥ #pragma comment 문

[과제 2] 다음의 프로그램을 실행할 경우, 콘솔 창에 나타나는 내용을 적으시오.

```
#include <stdio.h>
#define MAX  5
#define MIN  1
#define MSG  " %2d 의 제곱 = %4d \n"
#define OUT(x, y) printf(MSG, x, y)
int main()
{
    int x;
    for(x=MIN; x<=MAX; x++) OUT(x, x*x);
    return 0;
}
```

[과제 3] 다음의 프로그램을 실행할 경우, 콘솔 창에 나타나는 내용을 적으시오.

```
#include <stdio.h>
#define SQ(x)  (x)*(x)

int main()
{
    int  x = 3;
    int s;
    s = SQ(++x);
    printf("  x = %d, s = %d", x, s);
    return 0;
}
```

[과제 4] 다음 프로그램은 두 수 x와 y를 곱하는 매크로 함수를 두 가지 방법으로 나누어 본 것입니다. 이 프로그램을 실행할 경우, 콘솔 창에 나타나는 내용을 적으시오.

```
#include <stdio.h>
#define  MUL_1(x, y)   x*y     // 방법 1
#define  MUL_2(x, y) (x)*(y)   // 방법 2
int main()
{
   int a=4,   b=5;
   printf(" MUL_1(a, b) = %d, MUL_2(a, b) = %d \n",
            MUL_1(a, b),          MUL_2(a, b) );
   printf(" MUL_1(a+1,b+1) = %d, MUL_2(a+1,b+1) = %d \n",
            MUL_1(a+1,b+1),          MUL_2(a+1, b+1) );
   return 0;
}
```

[과제 5] 다음의 프로그램을 실행할 경우, 콘솔 창에 나타나는 내용을 적으시오.

```
#include <stdio.h>
#define MSG_PRINT(s) printf(#s" = %d \n", s)
#define STRCAT(x, y) x##y
int main()
{
    int a = 100, b = 100, ab;
    STRCAT(a, b) = 300;
    MSG_PRINT(a+b);
    MSG_PRINT(ab);
    return 0;
}
```

[과제 6] 다음 프로그램은 시스템에서 선언되어 있는 매크로 상수를 출력합니다. 이 프로그램을 실행할 경우, 콘솔 창에 나타나는 내용을 적으시오.

```
#include <stdio.h>
int main()
{
   printf("time =%s\n", __TIME__);
   printf("date =%s\n", __DATE__);
   printf("file name =%s\n", __FILE__);
   printf("line no   =%d\n", __LINE__);
  return 0;
}
```

[개정판]

알기 쉬운 C 프로그래밍

2018년 6월 25일 1판 1쇄 발 행
2022년 2월 20일 2판 1쇄 발 행

지 은 이 : 조정호 · 최명수 · 전현민 · 김응주
장문수 · 김영진

펴 낸 이 : 박정태

펴 낸 곳 : **광 문 각**

10881
경기도 파주시 파주출판문화도시 광인사길 161
광문각 B/D 4층
등 록 : 1991. 5. 31 제12-484호
전 화(代) : 031-955-8787
팩 스 : 031-955-3730
E-mail : kwangmk7@hanmail.net
홈페이지 : www.kwangmoonkag.co.kr

ISBN : 978-89-7093-700-7 93560

값 : 25,000원

KSPA 한국과학기술출판협회회원